中国内地与香港特别行政区诉讼程序研究

姜裕峰／主　编
刘静坤　刘晓华　张玉环／副主编

A STUDY OF
LITIGATION PROCEDURES
IN MAINLAND OF CHINA
AND
HONG KONG SPECIAL ADMINISTRATIVE REGION

法律出版社
LAW PRESS·CHINA
北京

图书在版编目（CIP）数据

中国内地与香港特别行政区诉讼程序研究 / 姜裕峰主编. -- 北京 : 法律出版社, 2025. -- ISBN 978 - 7 - 5197 - 9599 - 3

Ⅰ. D925.04

中国国家版本馆 CIP 数据核字第 20257SN551 号

中国内地与香港特别行政区诉讼程序研究
ZHONGGUO NEIDI YU XIANGGANG TEBIE XINGZHENGQU SUSONG CHENGXU YANJIU

姜裕峰 主编

责任编辑 翁潇潇
装帧设计 汪奇峰　苏　慰

出版发行 法律出版社
编辑统筹 法规出版分社
责任校对 张红蕊
责任印制 耿润瑜
经　　销 新华书店

开本 710 毫米×1000 毫米　1/16
印张 18　　**字数** 210 千
版本 2025 年 7 月第 1 版
印次 2025 年 7 月第 1 次印刷
印刷 保定市中画美凯印刷有限公司

地址:北京市丰台区莲花池西里 7 号(100073)
网址:www. lawpress. com. cn
投稿邮箱:info@ lawpress. com. cn
举报盗版邮箱:jbwq@ lawpress. com. cn

销售电话:010 - 83938349
客服电话:010 - 83938350
咨询电话:010 - 63939796

书号:ISBN 978 - 7 - 5197 - 9599 - 3　　**定价**:88. 00 元

凡购买本社图书,如有印装错误,我社负责退换。电话:010 - 83938349

姜裕峰

西南政法大学法学学士，香港城市大学普通法硕士，香港城市大学JSD（博士）在读。浙江省高级人民法院三级高级法官，浙江省审判业务专家，浙江中青年法学法律人才库成员。参与编写《中国内地与香港司法制度比较》《涉外民商事审判实务指引》。在《人民司法》等刊物发表《仲裁司法审查中的法律适用》《仲裁司法审查的程序规范与审查标准》等文章。

刘静坤

法学博士，博士后，剑桥大学法学硕士。曾任最高人民法院法官，现为中国政法大学教授。曾参与推进以审判为中心的诉讼制度改革、严格实行非法证据排除规则改革、量刑规范化改革等中央司法改革项目。出版《中国涉外法治蓝皮书》《刑事程序的权利逻辑》《证据审查规则与分析方法》《公正何以难行》《刑事诉讼法注释书》《犯罪心理学》《犯罪重建》《司法错误论》等著作、译著十余部，在《法学研究》《中外法学》《政法论坛》《环球法律评论》《人民日报》《光明日报》《法治日报》等发表文章百余篇。

刘晓华

山东大学法学学士，香港城市大学普通法硕士，山东大学民商法学博士。现任山东省泰安市中级人民法院党组副书记、副院长，三级高级法官。首批山东省法学法律研究领军人物，首批山东省法院审判业务专家，山东省法治人才库成员。出版专著《私法上的信赖保护原则研究》，参与编写《民法总则适用要略》《中华人民共和国民法典学习读本》等。在《法学论坛》《东岳论丛》《人民司法》《法律适用》等刊物发表专业论文多篇。

张玉环

武汉大学国际经济法专业法学硕士，香港城市大学普通法硕士。现任浙江省高级人民法院三级高级法官。参与编写《中国内地与香港司法制度比较》《建设工程施工合同纠纷案件审判实务》等著作，在《中国审判》等刊物发表论文多篇。承办的案件入选全国“依法维护妇女儿童权益十大案例”，获“全国维护妇女儿童权益先进个人”称号。

序

历史的长河滚滚向前，现实的需求不断演变。由于独特的历史背景，中国内地与香港特别行政区形成了各具特色的法律体系。内地以成文法为基础，注重法律的系统性和逻辑性，通过立法机关的精细立法程序逐步展开法律规则；香港特别行政区则是普通法的判例制度，将司法判例视为动态发展的“活法”体系，强调经验理性和个案正义。这种法律体系的差异为在法治领域的交流合作提供了绝佳的平台。

在“一带一路”倡议稳步推进、国际商事法庭体系日益完善、国际公约履约能力显著提升的背景下，中国正以制度型开放的战略定力应对全球化的深刻变革。在全球化与区域协同发展的双重背景下，法律制度的互鉴与融合已超越国家治理现代化的内在需求，成为中国参与全球法治话语权重构的核心支点。在此过程中，“一国两制”框架下内地与香港特别行政区的法治互动实践，如同璀璨的明珠镶嵌在国家法治战略版图中，不仅为国内法治体系与国际规则体系的衔接架设了天然桥梁，更为多元法域规则互动提供了具有范式意义的中国样本。

本书以统筹推进国内法治与涉外法治为背景，立足于内地与香港特别行政区法律制度的历史演进和现实发展需求，对诉讼程序规则的结构性差异进行深度分析，旨在为构建更加科学完备的跨境司法协助机制提供规则支撑与实践指引。值得称道的是，作者兼具内地审判实务经验与普通法研习背景，使本书贯穿“双向镜鉴”的方法论。这种跨法系的研究，既避免了制度比较的表面化，又为规则衔接的实践路径提供了严谨的分析框架。书中展现的“甘当铺路石”的学术品格，正是当代法学研究应坚守的价值取向。

特别值得关注的是，本书将仲裁司法审查程序纳入准诉讼程序进行系统化研究，不仅拓展了传统诉讼法学的研究领域，也与当前多元化纠纷解决机制的改革路径高度契合。书中精心编排的典型案例如多维棱镜，通过具体的司法实践场景，生动展现了不同诉讼制度的运行逻辑与实践智慧，为读者搭建了从规范认知到实务操作的立体化桥梁。

本书付梓之际，正值粤港澳大湾区建设深入推进，中国涉外法治建设实现从“规则跟随”到“规则引领”历史性跨越的关键时期，期待本书能成为法律职业共同体跨法域对话的重要平台，为“一国两制”法治实践注入新的学术动能。

2025 年 4 月 24 日于香港特别行政区

缩略语表

序号	全　　称	简　称
法　　律		
1	《中华人民共和国刑事诉讼法》	《刑事诉讼法》
2	《中华人民共和国监察法》	《监察法》
3	《中华人民共和国刑法》	《刑法》
4	《中华人民共和国仲裁法》	《仲裁法》
5	《中华人民共和国香港特别行政区基本法》	《香港特别行政区基本法》
6	《中华人民共和国民事诉讼法》	《民事诉讼法》
7	《中华人民共和国行政诉讼法》	《行政诉讼法》
8	《中华人民共和国涉外民事关系法律适用法》	《涉外民事关系法律适用法》
9	《中华人民共和国香港特别行政区维护国家安全法》	《香港国安法》
司法解释		
1	《最高人民法院关于内地与香港特别行政区相互执行仲裁裁决的安排》	《香港安排》
2	《最高人民法院关于审理仲裁司法审查案件若干问题的规定》	《审查规定》
3	《最高人民法院关于适用〈中华人民共和国仲裁法〉若干问题的解释》	《仲裁法解释》

续表

序号	全　　称	简　称
4	《最高人民法院关于人民法院办理仲裁裁决执行案件若干问题的规定》	《仲裁执行规定》
5	《最高人民法院关于仲裁司法审查案件报核问题的有关规定》	《报核规定》
6	《最高人民法院关于适用〈中华人民共和国涉外民事关系法律适用法〉若干问题的解释(一)》	《涉外民事关系法律适用法解释（一）》
7	《最高人民法院关于适用〈中华人民共和国刑事诉讼法〉的解释》	《刑事诉讼法解释》
8	《最高人民法院关于适用〈中华人民共和国民事诉讼法〉的解释》	《民事诉讼法解释》
9	《最高人民法院关于民事诉讼证据的若干规定》	《民事诉讼证据规定》
10	《最高人民法院关于适用〈中华人民共和国行政诉讼法〉的解释》	《行政诉讼法解释》
11	《最高人民法院关于内地与香港特别行政区相互执行仲裁裁决的补充安排》	《补充安排》
12	《最高人民法院关于内地与澳门特别行政区相互认可和执行仲裁裁决的安排》	《澳门安排》
13	《最高人民法院关于认可和执行台湾地区仲裁裁决的规定》	《台湾规定》
14	《最高人民法院关于仲裁司法审查案件归口办理有关问题的通知》	《归口办理通知》
	地　　区	
1	香港特别行政区	香港特区
2	澳门特别行政区	澳门特区
	国际公约	
1	《承认及执行外国仲裁裁决公约》	《纽约公约》
2	《联合国国际贸易法委员会国际商事仲裁示范法》	《贸法委示范法》

目 录

Contents

第一章

刑事诉讼程序

第一节 中国内地刑事诉讼程序

中国内地刑事诉讼程序以系统的成文的《刑事诉讼法》为基础，最高人民法院和最高人民检察院结合《刑事诉讼法》的适用，分别出台司法解释作为配套规定，此外，还有针对相关问题的规范性文件作为补充。在程序设置上，既有立案、侦查、起诉、审判等常规诉讼程序，也有死刑复核、审判监督等特色制度，还有未成年人案件诉讼程序等特别诉讼程序。从内地刑事诉讼程序的发展历程看，1979 年《刑事诉讼法》具有较为浓厚的职权主义色彩，经过 1996 年、2012 年和 2018 年三次修正后，该法借鉴了当事人主义的诉讼理念和制度，更加重视兼顾实体公正和程序公正，兼顾打击犯罪和保障人权，刑事程序法治化的水平不断提高。

一、立案程序

在内地刑事诉讼程序中，对于公诉案件，立案是开始和必经程序。公安机关或者人民检察院发现犯罪事实或者犯罪嫌疑人，应当按照管辖范围立案侦查。对自诉案件，被害方有权向人民法院直接起诉。

（一）立案的材料来源

立案的材料来源，包括公安机关或者人民检察院自行调查发现的犯罪事实或者犯罪嫌疑人，单位、个人或者被害人的报案、举报或者控告，以及犯罪嫌疑人的自首等。上述材料来源可以用书面或者口头方式提出，办案人员应当制作成笔录，并由相关人员签名或者盖章。

接受控告、举报的办案人员应当向控告人、举报人说明诬告应负的法律责任。但是，只要不是捏造事实、伪造证据，即使控告、举报的事实有出入，甚至是错告的，也要和诬告严格加以区别。同时，人民法院、人民检察院或者公安机关应当保障报案人、控告人、举报人及其近亲属的安全。上述人员如果不愿公开姓名和报案、控告、举报的行为，人民法院、人民检察院或者公安机关应当保守秘密。

（二）立案的条件和程序

立案必须以一定的事实材料为依据。《刑事诉讼法》规定，人民法院、人民检察院或者公安机关对于报案、控告、举报和自首的材料，应当按照管辖范围，迅速进行审查，认为有犯罪事实需要追究刑事责任的时候，应当立案；认为没有犯罪事实，或者犯罪事实显著轻微，不需要追究刑事责任的时候，不予立案，并且将不立案的原因通知控告人。控告人如果对不立案的决定不服，可以申请复议。

人民法院、人民检察院或者公安机关决定立案的，应当填写立案决定表，写明立案机关名称，立案的材料来源和案由，案发的时间、地点，犯罪事实和现有的证据材料，立案的法律依据、时间和办案人员姓名等，连同有关证据材料报送本机关主管领导审批。经批准后，填写立案决定书并由负责审批人签名或盖章，以表明正式立案。决定不予立案的，应当制作不予立案决定书，写明案件的材料来源、决定不立案的理由和法律依据、决定不立案的机关等。不予立案决定书也需要经过主管机关或者主管部门的负责人批准。

为避免出现违法立案、有案不立等问题，人民检察院对公安机关的立案活动是否合法进行监督。《刑事诉讼法》规定，人民检察院认为公安机关对应当立案侦查的案件不立案侦查的，应当要求公安机关说明不立案的理由。人民检察院认为公安机关不立案理由不能成立的，应当通知公安机关立案，公安机关接到通知后应当立案。

二、侦查程序

（一）侦查的属性和任务

侦查既是刑事诉讼的起始阶段，也是起诉和审判的基础。《刑事诉讼法》规定，侦查，是指公安机关、人民检察院对于刑事案件，依照法律进行的收集证据、查明案情的工作和有关的强制性措施。需要指出的是，根据《监察法》的规定，监察机关行使监督、调查职权，有权依法向有关单位和个人了解情况，收集、调取证据。因此，伴随着监察制度改革，在刑事诉讼程序中，实际上形成了侦查、调查并行的事实调查机制。

侦查权作为公权力，其行使主体具有特定性，主要是公安机关和人民检察院。根据《刑事诉讼法》的规定，国家安全机关依照法律规定，办理危害国家安全的刑事案件，行使与公安机关相同的侦查权；对于军队内部发生的刑事案件、罪犯在监狱内犯罪的案件、海上发生的刑事案件，分别由军队保卫部门、监狱和中国海警局进行侦查。除此之外，任何机关、团体和个人都无权行使侦查权。

侦查的任务是收集证据，查明犯罪事实和查获犯罪嫌疑人，为打击和预防犯罪、促进诉讼顺利进行提供可靠的根据。从预防司法错误角度看，侦查取证应当避免确证偏见，全面收集、调取犯罪嫌疑人有罪或者无罪、罪轻或者罪重的证据材料。

根据《刑事诉讼法》的规定，公安机关完成侦查任务，分为侦破和预审两个阶段。其中，侦破阶段的主要任务是收集证据和查获犯罪嫌疑人，预审阶段的主要任务是对收集、调取的证据材料予以核实。

（二）侦查行为

侦查行为，是指侦查机关在办案过程中依照法律规定进行的各种专门调查工作。《刑事诉讼法》主要规定了以下几类侦查行为：讯问犯罪嫌疑人，询问证人，勘验、检查，搜查，查封、扣押物证、书证，鉴定，技术侦查措施和通缉。与各类侦查行为相对应，《刑事诉讼法》规定了法定的证据种类，包括：（1）物证；（2）书证；（3）证人证言；（4）被害人陈述；（5）犯罪嫌疑人、被告人供述和辩解；（6）鉴定意见；（7）勘验、检查、辨认、侦查实验等笔录；（8）视听资料、电子数据。对于具体个案究竟采取哪些侦查行为，要视案件具体情况而定。这里重点介绍讯问和技术侦查措施。

1. 讯问

讯问是一项传统侦查措施，由于其容易侵犯犯罪嫌疑人的人权，因此，需要遵循法定的程序和方式。

第一，关于讯问人员。《刑事诉讼法》规定，讯问犯罪嫌疑人必须由侦查人员负责进行，且不得少于两人。

第二，关于讯问地点。犯罪嫌疑人被送交看守所羁押以后，侦查人员对其进行讯问，应当在看守所内进行，且应当保证犯罪嫌疑人的饮食和必要的休息时间。

第三，关于讯问方式。严禁刑讯逼供和以威胁、引诱、欺骗以及其他非法方法收集证据，不得强迫任何人证实自己有罪。在侦查、审查起诉、审判时发现有应当排除的证据的，应当依法予以排除，不得作为起诉意见、起诉决定和判决的依据。侦查人员在讯问犯罪嫌疑人的时候，应当告知犯罪嫌疑人如实供述自己的罪行可以从宽处理的法律规定。讯问笔录应当交犯罪嫌疑人核对，对于没有阅读能力的，应当向他宣读。

第四，关于特殊对象的保护。讯问聋、哑的犯罪嫌疑人，应当有通晓聋、哑手势的人参加，并且将这种情况记明笔录。

第五，2012 年修正的《刑事诉讼法》设立了讯问录音录像制度。侦查人员在讯问犯罪嫌疑人的时候，可以对讯问过程进行录音或者录像；对于可能判处无期徒刑、死刑的案件或者其他重大犯罪案件，应当对讯问过程进行录音或者录像。录音或者录像应当全程进行，保持完整性。

2. 技术侦查措施

为适应科技时代侦查工作的现实需要，2012 年修正的《刑事诉讼法》增加规定了技术侦查措施。为避免技术侦查措施运用失范，《刑事诉讼法》规定了严格的程序要求。

第一，关于适用主体和案件范围。《刑事诉讼法》规定，公安机关对于危害国家安全犯罪、恐怖活动犯罪、黑社会性质的组织犯罪、重大毒品犯罪或者其他严重危害社会的犯罪案件，人民检察院对于利用职权实施的严重侵犯公民人身权利的重大犯罪案件，根据侦查犯罪的需要，经过严格的批准手续，可以采取技术侦查措施。追捕被通缉或者批准、决定逮捕的在逃的犯罪嫌疑人、被告人，经过批准，可以采取追捕所必需的技术侦查措施。

第二，关于审批手续。批准决定应当根据侦查犯罪的需要，确定采取技术侦查措施的种类和适用对象。批准决定自签发之日起3个月以内有效。对于不需要继续采取技术侦查措施的，应当及时解除；对于复杂、疑难案件，期限届满仍有必要继续采取技术侦查措施的，经过批准，有效期可以延长，每次不得超过3个月。

第三，关于适用要求。侦查人员对采取技术侦查措施过程中知悉的国家秘密、商业秘密和个人隐私，应当保密；对采取技术侦查措施获取的与案件无关的材料，必须及时销毁。采取技术侦查措施获取的材料，只能用于对犯罪的侦查、起诉和审判，不得用于其他用途。

第四，关于特殊手段。为查明案情，在必要的时候，经公安机关负责人决定，可以由有关人员隐匿其身份实施侦查。但不得诱使他人犯罪，不得采用可能危害公共安全或者发生重大人身危险的方法。对涉及给付毒品等违禁品或者财物的犯罪活动，公安机关根据侦查犯罪的需要，可以依照规定实施控制下交付。

第五，采取侦查措施收集的材料在刑事诉讼中可以作为证据使用。如果使用该证据可能危及有关人员的人身安全，或者可能产生其他严重后果，应当采取不暴露有关人员身份、技术方法等保护措施，必要的时候，可以由审判人员在庭外对证据进行核实。

（三）侦查终结

侦查终结是侦查的最后一个环节，指侦查机关对立案侦查的案件，经过开展相应的侦查活动，认为案件事实已经查清，证据确实、充分，足以认定犯罪嫌疑人是否有罪和应否对其追究刑事责任而决定结束侦查，并对案件依法作出结论和处理的诉讼活动。

关于侦查终结的条件，《刑事诉讼法》规定，公安机关侦查终结的案件，应当做到犯罪事实清楚，证据确实、充分，并且写出起诉意见书，连同案卷材料、证据一并移送同级人民检察院审查决定；同时将案件移送情况告知犯罪嫌疑人及其辩护律师。

在侦查过程中，如果发现不应对犯罪嫌疑人追究刑事责任，应当撤销案件；犯罪嫌疑人已被逮捕的，应当立即释放，发给释放证明，并且通知原批准逮捕的人民检察院。

为防止案件久拖不决，保障犯罪嫌疑人的合法权益，《刑事诉讼法》规定了侦查羁押的期限。对犯罪嫌疑人逮捕后的侦查羁押期限不得超过2个月。案情复杂、期限届满不能终结的案件，可以经上一级人民检察院批准延长1个月。《刑事诉讼法》还规定了因各种特殊原因延长羁押期限的情形。

（四）犯罪嫌疑人、被告人的辩护权

犯罪嫌疑人自被侦查机关第一次讯问或者采取强制措施之

日起，有权委托辩护人；在侦查期间，只能委托律师作为辩护人。被告人有权随时委托辩护人。

为保障被指控人的辩护权，《刑事诉讼法》规定了法律援助和指定辩护制度。犯罪嫌疑人、被告人因经济困难或者其他原因没有委托辩护人的，本人及其近亲属可以向法律援助机构提出申请。对符合法律援助条件的，法律援助机构应当指派律师为其提供辩护。犯罪嫌疑人、被告人是盲、聋、哑人，或者是尚未完全丧失辨认或者控制自己行为能力的精神病人，没有委托辩护人的，人民法院、人民检察院和公安机关应当通知法律援助机构指派律师为其提供辩护。犯罪嫌疑人、被告人可能被判处无期徒刑、死刑，没有委托辩护人的，人民法院、人民检察院和公安机关应当通知法律援助机构指派律师为其提供辩护。

2018 年修正的《刑事诉讼法》，确立了法律援助值班律师制度。法律援助机构可以在人民法院、看守所等场所派驻值班律师。犯罪嫌疑人、被告人没有委托辩护人，法律援助机构没有指派律师为其提供辩护的，由值班律师为犯罪嫌疑人、被告人提供法律咨询、程序选择建议、申请变更强制措施、对案件处理提出意见等法律帮助。人民法院、人民检察院、看守所应当告知犯罪嫌疑人、被告人有权约见值班律师，并为犯罪嫌疑人、被告人约见值班律师提供便利。

辩护律师享有法定的辩护权利。第一，在侦查期间可以为犯罪嫌疑人提供法律帮助；代理申诉、控告；申请变更强制措施；向侦查机关了解犯罪嫌疑人涉嫌的罪名和案件有关情况，提出意见。第二，辩护律师可以同在押的犯罪嫌疑人、被告人会见和通信。其他辩护人经人民法院、人民检察院许可，也可以同在押的犯罪嫌疑人、被告人会见和通信。第三，辩护律师持律师执业证书、律师事务所证明和委托书或者法律援助公函要求会见在押的犯罪嫌疑人、被告人的，看守所应当及时安排会见，至迟不得超过48小时。对于危害国家安全犯罪、恐怖活动犯罪，在侦查期间辩护律师会见在押的犯罪嫌疑人，应当经侦查机关许可。前述案件，侦查机关应当事先通知看守所。第四，辩护律师会见在押的犯罪嫌疑人、被告人，可以了解案件有关情况，提供法律咨询等；自案件移送审查起诉之日起，可以向犯罪嫌疑人、被告人核实有关证据。辩护律师会见犯罪嫌疑人、被告人时不被监听。第五，辩护人认为在侦查、审查起诉期间公安机关、人民检察院收集的证明犯罪嫌疑人、被告人无罪或者罪轻的证据材料未提交的，有权申请人民检察院、人民法院调取。

辩护人应当履行特定的法律义务和职责。第一，辩护人收集的有关犯罪嫌疑人不在犯罪现场、未达到刑事责任年龄、属于依法不负刑事责任的精神病人的证据，应当及时告知公安机关、人民检察院。第二，辩护人或者其他任何人，不得帮助犯罪嫌疑人、被告人隐匿、毁灭、伪造证据或者串供，不得威胁、引诱证人作伪证以及进行其他干扰司法机关诉讼活动的行为。第三，辩护律师对在执业活动中知悉的委托人的有关情况和信息，有权予以保密。但是，辩护律师在执业活动中知悉委托人或者其他人，准备或者正在实施危害国家安全、公共安全以及严重危害他人人身安全的犯罪的，应当及时告知司法机关。

三、起诉程序

起诉意味着对犯罪行为追诉机制的正式启动。起诉程序分自诉和公诉两种情形。《刑事诉讼法》规定，自诉案件包括下列案件：（1）告诉才处理的案件；（2）被害人有证据证明的轻微刑事案件；（3）被害人有证据证明对被告人侵犯自己人身、财产权利的行为应当依法追究刑事责任，而公安机关或者人民检察院不予追究被告人刑事责任的案件。对于自诉案件，由自诉人向人民法院起诉，适用自诉程序审判。对其他刑事案件，需要提起公诉。下面重点介绍公诉程序。

（一）审查起诉的主体和内容

《刑事诉讼法》规定，凡需要提起公诉的案件，一律由人民检察院审查决定。据此，提起公诉是法律赋予人民检察院专有的诉讼职能，其他任何机关、团体和个人都无权行使。

人民检察院受理移送审查起诉案件，应当阅卷审查。根据《人民检察院刑事诉讼规则》的规定，重点查明以下情况：（1）犯罪嫌疑人身份状况是否清楚，包括姓名、性别、国籍、出生年月日、职业和单位等；单位犯罪的，单位的相关情况是否清楚。（2）犯罪事实、情节是否清楚；实施犯罪的时间、地点、手段、危害后果是否明确。（3）认定犯罪性质和罪名的意见是否正确；有无法定的从重、从轻、减轻或者免除处罚情节及酌定从重、从轻情节；共同犯罪案件的犯罪嫌疑人在犯罪活动中的责任认定是否恰当。（4）犯罪嫌疑人是否认罪认罚。（5）证明犯罪事实的证据材料是否随案移送；证明相关财产系违法所得的证据材料是否随案移送；不宜移送的证据的清单、复制件、照片或者其他证明文件是否随案移送。（6）证据是否确实、充分，是否依法收集，有无应当排除非法证据的情形。（7）采取侦查措施包括技术侦查措施的法律手续和诉讼文书是否完备。（8）有无遗漏罪行和其他应当追究刑事责任的人。（9）是否属于不应当追究刑事责任的。（10）有无附带民事诉讼；对于国家财产、集体财产遭受损失的，是否需要由人民检察院提起附带民事诉讼；对于破坏生态环境和资源保护，食品药品安全领域侵害众多消费者合法权益，侵害英雄烈士的姓名、肖像、名誉、荣誉等损害社会公共利益的行为，是否需要由人民检察院提起附带民事公益诉讼。（11）采取的强制措施是否适当，对于已经逮捕的犯罪嫌疑人，有无继续羁押的必要。（12）侦查活动是否合法。（13）涉案财物是否查封、扣押、冻结并妥善保管，清单是否齐备；对被害人合法财产的返还和对违禁品或者不宜长期保存的物品的处理是否妥当，移送的证明文件是否完备。

（二）审查起诉的步骤和方法

人民检察院审查起诉实行专人审查、集体讨论、检察长决定的制度。根据法律规定，审查起诉主要遵循以下步骤和方法：

第一，对起诉意见书以及全部案卷材料和证据进行全面、认真的审查。具体内容即前述阅卷审查的内容。

第二，讯问犯罪嫌疑人，听取辩护人、被害人及其诉讼代理人的意见，并记录在案。辩护人、被害人及其诉讼代理人提出书面意见的，应当附卷。

第三，补充侦查。人民检察院审查案件，可以要求公安机关提供法庭审判所必需的证据材料，可以要求公安机关对证据收集的合法性作出说明。对于需要补充侦查的，可以退回公安机关补充侦查，也可以自行侦查。对于补充侦查的案件，应当在 1 个月以内补充侦查完毕。补充侦查以二次为限。对于二次补充侦查的案件，人民检察院仍然认为证据不足，不符合起诉条件的，应当作出不起诉的决定。

第四，认罪认罚程序。2018 年修正的《刑事诉讼法》规定，犯罪嫌疑人自愿认罪，同意量刑建议和程序适用的，应当在辩护人或者值班律师在场的情况下签署认罪认罚具结书。犯罪嫌疑人认罪认罚，有下列情形之一的，不需要签署认罪认罚具结书：（1）犯罪嫌疑人是盲、聋、哑人，或者是尚未完全丧失辨认或者控制自己行为能力的精神病人的；（2）未成年犯罪嫌疑人的法定代理人、辩护人对未成年人认罪认罚有异议的；（3）其他不需要签署认罪认罚具结书的情形。

（三）审查起诉后的处理

人民检察院经审查起诉后，应当对案件作出处理，处理方式分为起诉和不起诉两种。不起诉又分为法定不起诉和酌定不起诉。

对犯罪事实已经查清，证据确实、充分，依法应当追究刑事责任的，应当作出起诉决定，按照审判管辖的规定，向人民法院提起公诉，并将案卷材料、证据移送人民法院。

对犯罪嫌疑人没有犯罪事实，或者有法定不予追究刑事责任情形的，应当作出不起诉决定。对犯罪情节轻微，依照刑法规定不需要判处刑罚或者免除刑罚的，可以作出不起诉决定。

不起诉的决定，应当公开宣布，并且将不起诉决定书送达被不起诉人及其所在单位。如果被不起诉人在押，应当立即释放。对公安机关移送起诉的案件，决定不起诉的，应当将不起诉决定书送达公安机关。公安机关可以要求复议，如果意见不被接受，可以向上一级人民检察院提请复核。对有被害人的案件，决定不起诉的，应当将不起诉决定书送达被害人。被害人如果不服，可以自收到决定书后 7 日以内向上一级人民检察院申诉，请求提起公诉。人民检察院应当将复查决定告知被害人。

（四）附带民事诉讼

被害人因被告人的犯罪行为而遭受物质损失的，在刑事诉讼过程中，有权提起附带民事诉讼。被害人死亡或者丧失行为能力的，被害人的法定代理人、近亲属有权提起附带民事诉讼。如果是国家财产、集体财产遭受损失，人民检察院在提起公诉的时候，可以提起附带民事诉讼。

人民法院审理附带民事诉讼案件，可以进行调解，或者根据物质损失情况作出判决、裁定。附带民事诉讼应当同刑事案件一并审判，只有为了防止刑事案件审判的过分迟延，才可以在刑事案件审判后，由同一审判组织继续审理附带民事诉讼。

四、第一审程序

内地刑事诉讼实行两审终审制。就管辖而言，基层人民法院管辖第一审普通刑事案件。中级人民法院管辖下列第一审刑事案件：（1）危害国家安全、恐怖活动案件；（2）可能判处无期徒刑、死刑的案件。高级人民法院管辖的第一审刑事案件，是全省（自治区、直辖市）性的重大刑事案件。最高人民法院管辖的第一审刑事案件，是全国性的重大刑事案件。实践中，一审案件基本上是由基层和中级人民法院管辖。

一审程序是审判的必经程序，涉及公诉案件、自诉案件两种情形。自诉案件审判程序较为简单，其独特之处在于可以调解、和解，被告人可以对自诉人提出反诉。此处重点介绍公诉案件一审程序。基于合理配置司法资源、促进案件繁简分流的考虑，公诉案件一审程序分为普通程序和简易程序两种模式。

（一）普通程序

1. 审查受理与庭前准备

对提起公诉的案件，人民法院应当在收到起诉书和案卷、证据后进行审查。根据《刑事诉讼法解释》第218条的规定，重点要审查以下内容：（1）是否属于本院管辖。（2）起诉书是否写明被告人的身份，是否受过或者正在接受刑事处罚、行政处罚、处分，被采取留置措施的情况，被采取强制措施的时间、种类、羁押地点，犯罪的时间、地点、手段、后果以及其他可能影响定罪量刑的情节；有多起犯罪事实的，是否在起诉书中将事实分别列明。（3）是否移送证明指控犯罪事实及影响量刑的证据材料，包括采取技术调查、侦查措施的法律文书和所收集的证据材料。（4）是否查封、扣押、冻结被告人的违法所得或者其他涉案财物，查封、扣押、冻结是否逾期；是否随案移送涉案财物、附涉案财物清单；是否列明涉案财物权属情况；是否就涉案财物处理提供相关证据材料。（5）是否列明被害人的姓名、住址、联系方式；是否附有证人、鉴定人名单；是否申请法庭通知证人、鉴定人、有专门知识的人出庭，并列明有关人员的姓名、性别、年龄、职业、住址、联系方式；是否附有需要保护的证人、鉴定人、被害人名单。（6）当事人已委托辩护人、诉讼代理人或者已接受法律援助的，是否列明辩护人、诉讼代理人的姓名、住址、联系方式。（7）是否提起附带民事诉讼；提起附带民事诉讼的，是否列明附带民事诉讼当事人的姓名、住址、联系方式等，是否附有相关证据材料。（8）监察调查、侦查、审查起诉程序的各种法律手续和诉讼文书是否齐全。（9）被告人认罪认罚的，是否提出量刑建议、移送认罪认罚具结书等材料。（10）有无《刑事诉讼法》第 16 条第 2 项至第 6 项规定的不追究刑事责任的情形。

人民法院对提起公诉的案件审查后，对于起诉书中有明确的指控犯罪事实的，应当决定开庭审判。《刑事诉讼法解释》还规定了因不属于本院管辖或者被告人不在案等情形而退回人民检察院等案件处理方式。人民法院决定开庭审判后，应当确定合议庭的组成人员，将人民检察院的起诉书副本至迟在开庭 10 日以前送达被告人及其辩护人。

2012 年修正的《刑事诉讼法》增设了庭前会议程序。在开庭以前，审判人员可以召集公诉人、当事人和辩护人、诉讼代理人，对回避、出庭证人名单、非法证据排除等与审判相关的问题，了解情况，听取意见。根据《刑事诉讼法解释》的规定，在庭前会议中，审判人员可以询问控辩双方对证据材料有无异议，对有异议的证据，应当在庭审时重点调查；无异议的，庭审时举证、质证可以简化。

人民法院确定开庭日期后，应当将开庭的时间、地点通知人民检察院，传唤当事人，通知辩护人、诉讼代理人、证人、鉴定人和翻译人员，传票和通知书至迟在开庭 3 日以前送达。公开审判的案件，应当在开庭 3 日以前先期公布案由、被告人姓名、开庭时间和地点。

刑事审判以公开审判为原则。《刑事诉讼法》规定，审判案件应当公开进行。案件涉及国家秘密或者个人隐私的，不公开审理；涉及商业秘密，当事人提出申请的，法庭可以决定不公开审理。不公开审理的案件，任何人不得旁听，但法律另有规定的除外。精神病人、醉酒的人、未经人民法院批准的未成年人以及其他不宜旁听的人不得旁听案件审理。

2. 宣布开庭与法庭调查

审判长宣布开庭，传被告人到庭后，应当查明被告人的基本信息以及案件相关情况，随后宣布案件的来源、起诉的案由、附带民事诉讼当事人的姓名及是否公开审理。不公开审理的，应当宣布理由。

开庭后，审判长应当告知当事人及其法定代理人、辩护人、诉讼代理人在法庭审理过程中依法享有的申请回避，提出证据，申请重新鉴定或者勘验、检查，以及辩护等诉讼权利，这是一项重要程序。被告人认罪认罚的，审判长应当告知被告人享有的诉讼权利和认罪认罚的法律规定，审查认罪认罚的自愿性和认罪认罚具结书内容的真实性、合法性。

公诉案件，人民检察院应当派员出席法庭支持公诉。审判长宣布法庭调查开始后，应当先由公诉人宣读起诉书。在审判长主持下，被告人、被害人可以就起诉书指控的犯罪事实分别陈述。

《刑事诉讼法》规定，被告人需要接受讯问。公诉人可以就起诉书指控的犯罪事实讯问被告人。经审判长准许，被害人可以补充发问；被告人的法定代理人、辩护人可以在控诉一方就某一问题讯问完毕后向被告人发问。审判人员也可以讯问被告人。

法律并未要求所有案件中的所有证人都出庭作证。只有具备以下三个条件，即控辩双方对证人证言有异议，且该证人证言对案件定罪量刑有重大影响，人民法院认为证人有必要出庭作证的，证人才应当出庭作证。经人民法院通知，证人没有正当理由不出庭作证的，可以强制其到庭，但是被告人的配偶、父母、子女除外。对拒绝出庭作证的证人予以惩罚。同时，《刑事诉讼法》相应地规定了证人补偿和保护措施。经人民法院通知，鉴定人拒不出庭作证的，鉴定意见不得作为定案的根据。由此可见，对鉴定意见实行了更为彻底的直接言词原则。

证人、鉴定人出庭后，应当先由提请通知的一方发问；发问完毕后，经审判长准许，对方也可以发问。向证人发问应当遵循以下规则：（1）发问的内容应当与本案事实有关；（2）不得以诱导方式发问；（3）不得威胁证人；（4）不得损害证人的人格尊严。向证人、鉴定人、有专门知识的人发问应当分别进行。审判人员认为必要时，可以询问证人、鉴定人、有专门知识的人。

在法庭审理过程中，对与定罪、量刑有关的事实、证据，都应当进行调查。公诉人、辩护人应当向法庭出示物证，让当事人辨认，对未到庭的证人的证言笔录、鉴定人的鉴定意见、勘验笔录和其他作为证据的文书，应当当庭宣读。审判人员应当听取公诉人、当事人和辩护人、诉讼代理人的意见。

在法庭审理过程中，审判人员认为可能存在以非法方法收集证据情形的，应当对证据收集的合法性进行法庭调查。当事人及其辩护人、诉讼代理人有权申请人民法院对以非法方法收集的证据依法予以排除。申请排除以非法方法收集的证据的，应当提供相关线索或者材料。在对证据收集的合法性进行法庭调查的过程中，人民检察院应当对证据收集的合法性加以证明。对于经过法庭审理，确认或者不能排除存在以非法方法收集证据情形的，对有关证据应当予以排除。

举证方当庭出示证据后，由对方发表质证意见。控辩双方可以互相质问、辩论。法庭对证据有疑问的，可以告知公诉人、当事人及其法定代理人、辩护人、诉讼代理人补充证据或者作出说明；必要时，可以宣布休庭，对证据进行调查核实。公诉人申请出示开庭前未移送或提交人民法院的证据，辩护方提出异议的，审判长应当要求公诉人说明理由；理由成立并确有出示必要的，应当准许。

审判期间，公诉人发现案件需要补充侦查，建议延期审理的，合议庭可以同意，但建议延期审理不得超过两次。当事人及其辩护人、诉讼代理人可以申请通知新的证人到庭，调取新的证据，申请重新鉴定或者勘验。法庭认为有必要的，应当同意，并宣布延期审理；不同意的，应当说明理由并继续审理。

对被告人认罪的案件，在确认被告人了解起诉书指控的犯罪事实和罪名，自愿认罪且知悉认罪的法律后果后，法庭调查可以主要围绕量刑和其他有争议的问题进行。对被告人不认罪或者辩护人作无罪辩护的案件，法庭调查应当在查明定罪事实的基础上，查明有关量刑事实。

3. 法庭辩论与最后陈述

合议庭认为案件事实已经调查清楚的，应当由审判长宣布法庭调查结束，开始就定罪量刑的事实、证据和适用法律等问题进行法庭辩论。法庭辩论在审判长的主持下，按照下列顺序进行：（1）公诉人发言；（2）被害人及其诉讼代理人发言；（3）被告人自行辩护；（4）辩护人辩护；（5）控辩双方进行辩论。

人民检察院可以提出量刑建议并说明理由，量刑建议一般应当具有一定的幅度。当事人及其辩护人、诉讼代理人可以对量刑提出意见并说明理由。

对于被告人认罪的案件，法庭辩论时，应当引导控辩双方主要围绕量刑和其他有争议的问题进行。对于被告人不认罪或者辩护人作无罪辩护的案件，法庭辩论时，可以引导控辩双方先辩论定罪问题，后辩论量刑和其他问题。

审判长宣布法庭辩论终结后，合议庭应当保证被告人充分行使最后陈述的权利。被告人在最后陈述中提出新的事实、证据，合议庭认为可能影响正确裁判的，应当恢复法庭调查；被告人提出新的辩解理由，合议庭认为可能影响正确裁判的，应当恢复法庭辩论。

4. 评议案件与宣告判决

被告人最后陈述后，审判长应当宣布休庭，由合议庭进行评议。合议庭评议案件，应当根据已经查明的事实、证据和有关法律规定，在充分考虑控辩双方意见的基础上，依法作出裁判。

对公诉案件，人民法院审理后，应当按照下列情形分别作出判决：（1）案件事实清楚，证据确实、充分，依据法律认定被告人有罪的，应当作出有罪判决；（2）依据法律认定被告人无罪的，应当作出无罪判决；（3）证据不足，不能认定被告人有罪的，应当作出证据不足、指控的犯罪不能成立的无罪判决。宣告判决前，人民检察院要求撤回起诉的，人民法院应当审查撤回起诉的理由，作出是否准许的裁定。

2018年修正的《刑事诉讼法》建立了认罪认罚从宽制度。对于认罪认罚案件，人民法院依法作出判决时，一般应当采纳人民检察院指控的罪名和量刑建议，但有下列情形的除外：（1）被告人的行为不构成犯罪或者不应当追究其刑事责任的；（2）被告人违背意愿认罪认罚的；（3）被告人否认指控的犯罪事实的；（4）起诉指控的罪名与审理认定的罪名不一致的；（5）其他可能影响公正审判的情形。人民法院经审理认为量刑建议明显不当，或者被告人、辩护人对量刑建议提出异议的，人民检察院可以调整量刑建议。人民检察院不调整量刑建议或者调整量刑建议后仍然明显不当的，人民法院应当依法作出判决。

裁判文书应当写明裁判依据，阐释裁判理由，反映控辩双方的意见并说明采纳或者不予采纳的理由。宣告判决，一律公开进行。

（二）简易程序

2012 年修正的《刑事诉讼法》扩大了简易程序的适用范围。基层人民法院管辖的案件，符合下列条件的，可以适用简易程序审判：（1）案件事实清楚、证据充分的；（2）被告人承认自己所犯罪行，对指控的犯罪事实没有异议的；（3）被告人对适用简易程序没有异议的。人民检察院在提起公诉的时候，可以建议人民法院适用简易程序。实践中，基层人民法院审理的大部分案件是通过简易程序审判的。

适用简易程序审理案件，人民检察院应当派员出席法庭。其中，对可能判处 3 年有期徒刑以下刑罚的，既可以组成合议庭进行审判，也可以由审判员一人独任审判；对可能判处有期徒刑超过 3 年的，应当组成合议庭进行审判。

在审理过程中，审判人员应当确认被告人是否同意适用简易程序审理。经审判人员许可，被告人及其辩护人可以同公诉人、自诉人及其诉讼代理人互相辩论。《刑事诉讼法解释》规定了简易程序庭审的简化方式：（1）公诉人可以摘要宣读起诉书。（2）公诉人、辩护人、审判人员对被告人的讯问、发问可以简化或者省略。（3）对控辩双方无异议的证据，可以仅就证据的名称及所证明的事项作出说明；对控辩双方有异议，或者法庭认为有必要调查核实的证据，应当出示，并进行质证。（4）控辩双方对与定罪量刑有关的事实、证据没有异议的，法庭审理可以直接围绕罪名确定和量刑问题进行。

在适用简易程序独任审判过程中，审判人员发现对被告人可能判处的有期徒刑超过 3 年的，应当转由合议庭审理。简易程序案件，一般应当当庭宣判。

五、第二审程序

第二审程序作为救济程序，实行全面审查原则。2012 年修正的《刑事诉讼法》扩大了二审开庭的案件范围，进一步明确了上诉不加刑原则，规范了发回重审制度。

（一）申请启动二审的主体和程序

被告人、自诉人和他们的法定代理人，不服地方各级人民法院第一审的判决、裁定，有权用书状或者口头向上一级人民法院上诉。被告人的辩护人和近亲属，经被告人同意，可以提出上诉。

地方各级人民检察院认为本级人民法院第一审裁判确有错误的，应当向上一级人民法院提出抗诉。上级人民检察院如果认为抗诉不当，可以向同级人民法院撤回抗诉，并且通知下级人民检察院。

被害人及其法定代理人不服地方各级人民法院第一审的判决的，自收到判决书后5日以内，有权请求人民检察院提出抗诉。人民检察院自收到被害人及其法定代理人的请求后5日以内，应当作出是否抗诉的决定并且答复请求人。

不服判决的上诉和抗诉的期限为10日，不服裁定的上诉和抗诉的期限为5日，从接到判决书、裁定书的第二日起算。

（二）审理方式

二审法院应当就一审裁判认定的事实和适用法律进行全面审查，不受上诉或者抗诉范围的限制。共同犯罪的案件只有部分被告人上诉的，应当对全案进行审查，一并处理。

二审法院对于下列案件，应当组成合议庭，开庭审理：（1）被告人、自诉人及其法定代理人对第一审认定的事实、证据提出异议，可能影响定罪量刑的上诉案件；（2）被告人被判处死刑的上诉案件；（3）人民检察院抗诉的案件；（4）其他应当开庭审理的案件。抗诉案件或者二审法院开庭审理的公诉案件，同级人民检察院都应当派员出席法庭。

二审法院决定不开庭审理的，应当讯问被告人，听取其他当事人、辩护人、诉讼代理人的意见。

（三）二审处理结果

二审法院对不服一审裁判的上诉、抗诉案件，经过审理后，应当按照下列情形分别处理：（1）原判决认定事实和适用法律正确、量刑适当的，应当裁定驳回上诉或者抗诉，维持原判。（2）原判决认定事实没有错误，但适用法律有错误，或者量刑不当的，应当改判。（3）原判决事实不清楚或者证据不足的，可以在查清事实后改判；也可以裁定撤销原判，发回原审人民法院重新审判。

如果一审法院的审理违反法定的诉讼程序，二审法院应当裁定撤销原判，发回原审人民法院重新审判。这主要针对以下情形：（1）违反公开审判的规定的；（2）违反回避制度的；（3）剥夺或者限制了当事人的法定诉讼权利，可能影响公正审判的；（4）审判组织的组成不合法的；（5）其他违反法律规定的诉讼程序，可能影响公正审判的。原审人民法院对于发回重新审判的案件，应当另行组成合议庭进行审判。

为避免案件反复多次发回重审，《刑事诉讼法》规定，原审法院对于因事实、证据问题发回重新审判的案件作出判决后，被告人提出上诉或者人民检察院提出抗诉的，二审法院应当依法作出判决或者裁定，不得再发回原审人民法院重新审判。

《刑事诉讼法》明确了上诉不加刑原则。二审法院审理被告人或者他的法定代理人、辩护人、近亲属上诉的案件，不得加重被告人的刑罚。二审法院发回原审法院重新审判的案件，除有新的犯罪事实、人民检察院补充起诉的以外，原审法院也不得加重被告人的刑罚。但人民检察院提出抗诉或者自诉人提出上诉的，不受该限制。

六、死刑复核程序

内地目前实行“保留死刑，严格控制和慎重适用死刑”的政策。除逐渐减少死刑罪名外，为确保死刑案件质量，《刑事诉讼法》还设立了死刑复核程序，由最高人民法院对下级人民法院判处死刑的判决和裁定进行审查核准。中级人民法院判处死刑缓期 2 年执行的案件，由高级人民法院核准。

中级人民法院判处死刑的第一审案件，被告人不上诉的，应当由高级人民法院复核后，报请最高人民法院核准。高级人民法院不同意判处死刑的，可以提审或者发回重新审判。高级人民法院判处死刑的第一审案件被告人不上诉的，以及判处死刑的第二审案件，都应当报请最高人民法院核准。

最高人民法院复核死刑案件，应当由审判员 3 人组成合议庭进行，并根据案件事实、证据、量刑和适用法律等情况，作出核准或者不核准死刑的裁定。对于不核准死刑的，最高人民法院可以发回重新审判或者予以改判。

最高人民法院复核死刑案件，应当讯问被告人，辩护律师提出要求的，应当听取辩护律师的意见。在复核死刑案件过程中，最高人民检察院可以向最高人民法院提出意见。最高人民法院应当将死刑复核结果通报最高人民检察院。

七、审判监督程序

审判监督程序在性质上属于特别救济程序。当事人及其法定代理人、近亲属，对已经发生法律效力的判决、裁定，可以向人民法院或者人民检察院提出申诉，但是不能停止判决、裁定的执行。

当事人及其法定代理人、近亲属的申诉符合下列情形之一的，人民法院应当重新审判：（1）有新的证据证明原判决、裁定认定的事实确有错误，可能影响定罪量刑的；（2）据以定罪量刑的证据不确实、不充分、依法应当予以排除，或者证明案件事实的主要证据之间存在矛盾的；（3）原判决、裁定适用法律确有错误的；（4）违反法律规定的诉讼程序，可能影响公正审判的；（5）审判人员在审理该案件的时候，有贪污受贿、徇私舞弊、枉法裁判行为的。

各级人民法院院长对本院已经发生法律效力的判决和裁定，如果发现在认定事实上或者在适用法律上确有错误，必须提交审判委员会处理。最高人民法院对各级人民法院已经发生法律效力的判决和裁定，上级人民法院对下级人民法院已经发生法律效力的判决和裁定，如果发现确有错误，有权提审或者指令下级人民法院再审。

最高人民检察院对各级人民法院已经发生法律效力的判决和裁定，上级人民检察院对下级人民法院已经发生法律效力的判决和裁定，如果发现确有错误，有权按照审判监督程序向同级人民法院提出抗诉。

人民检察院抗诉的案件，接受抗诉的人民法院应当组成合议庭重新审理，对于原判决事实不清楚或者证据不足的，可以指令下级人民法院再审。人民法院按照审判监督程序重新审判的案件，由原审人民法院审理的，应当另行组成合议庭进行。如果原来是第一审案件，应当依照第一审程序进行审判，所作的判决、裁定，可以上诉、抗诉；如果原来是第二审案件，或者是上级人民法院提审的案件，应当依照第二审程序进行审判，所作的判决、裁定，是终审的判决、裁定。人民法院开庭审理的再审案件，同级人民检察院应当派员出席法庭。

八、特别程序

2012 年修正的《刑事诉讼法》设立了四个特别程序，分别是未成年人刑事案件诉讼程序，当事人和解的公诉案件诉讼程序，犯罪嫌疑人、被告人逃匿、死亡案件违法所得的没收程序和依法不负刑事责任的精神病人的强制医疗程序。2018 年修正的《刑事诉讼法》增加了缺席审判的特别程序。简要介绍如下：

（一）未成年人刑事案件诉讼程序

对犯罪的未成年人，实行教育、感化、挽救的方针，坚持教育为主、惩罚为辅的原则。为体现对未成年人的特殊保护，《刑事诉讼法》设置了附条件不起诉制度。对于未成年人涉嫌侵犯公民人身权利和民主权利、侵犯财产、妨害社会管理秩序犯罪，可能判处 1 年有期徒刑以下刑罚，符合起诉条件，但有悔罪表现的，人民检察院可以作出附条件不起诉的决定。

在附条件不起诉的考验期内，由人民检察院对被附条件不起诉的未成年犯罪嫌疑人进行监督考察。未成年犯罪嫌疑人的监护人，应当对未成年犯罪嫌疑人加强管教，配合人民检察院做好监督考察工作。附条件不起诉的考验期为 6 个月以上 1 年以下，从人民检察院作出附条件不起诉的决定之日起计算。被附条件不起诉的未成年犯罪嫌疑人，在考验期内没有实施新的犯罪或者违反治安管理规定、情节严重等情形，考验期满的，人民检察院应当作出不起诉的决定。

《刑事诉讼法》还设立了犯罪记录封存制度。犯罪的时候不满 18 周岁，被判处 5 年有期徒刑以下刑罚的，应当对相关犯罪记录予以封存。犯罪记录被封存的，不得向任何单位和个人提供，但司法机关为办案需要或者有关单位根据国家规定进行查询的除外。依法进行查询的单位，应当对被封存的犯罪记录的情况予以保密。

（二）当事人和解的公诉案件诉讼程序

为充分发挥当事人和解促进案结事了、缓解社会矛盾方面的积极功能，《刑事诉讼法》规定，犯罪嫌疑人、被告人真诚悔罪，通过向被害人赔偿损失、赔礼道歉等方式获得被害人谅解，被害人自愿和解的，双方当事人可以和解。

为防止和解泛化，公诉案件适用和解程序的范围限定为以下案件：因民间纠纷引起，涉嫌侵犯人身权利、民主权利和侵犯财产犯罪，可能判处3年有期徒刑以下刑罚的案件，以及除渎职犯罪以外的可能判处7年有期徒刑以下刑罚的过失犯罪案件。但是，犯罪嫌疑人、被告人在5年以内曾经故意犯罪的，不适用这一程序。

双方当事人和解的，公安机关、人民检察院、人民法院应当听取当事人和其他有关人员的意见，对和解协议的自愿性、合法性进行审查，并主持制作和解协议书。对于达成和解协议的案件，公安机关可以向人民检察院提出从宽处理的建议。人民检察院可以向人民法院提出从宽处罚的建议；对于犯罪情节轻微，不需要判处刑罚的，可以作出不起诉的决定。人民法院可以依法对被告人从宽处理。

（三）缺席审判程序

对于贪污贿赂犯罪案件，以及需要及时进行审判，经最高人民检察院核准的严重危害国家安全犯罪、恐怖活动犯罪案件，犯罪嫌疑人、被告人在境外，监察机关、公安机关移送起诉，人民检察院认为犯罪事实已经查清，证据确实、充分，依法应当追究刑事责任的，可以向人民法院提起公诉。人民法院进行审查后，对于起诉书中有明确的指控犯罪事实，符合缺席审判程序适用条件的，应当决定开庭审判。

人民法院缺席审判案件，被告人有权委托辩护人，被告人的近亲属可以代为委托辩护人。被告人及其近亲属没有委托辩护人的，人民法院应当通知法律援助机构指派律师为其提供辩护。被告人或者其近亲属不服判决的，有权向上一级人民法院上诉。辩护人经被告人或者其近亲属同意，可以提出上诉。人民检察院认为人民法院的判决确有错误的，应当向上一级人民法院提出抗诉。

在审理过程中，被告人自动投案或者被抓获的，人民法院应当重新审理。罪犯在判决、裁定发生法律效力后到案的，人民法院应当将罪犯交付执行刑罚。交付执行刑罚前，人民法院应当告知罪犯有权对判决、裁定提出异议。罪犯对判决、裁定提出异议的，人民法院应当重新审理。依照生效判决、裁定对罪犯的财产进行的处理确有错误的，应当予以返还、赔偿。

因被告人患有严重疾病无法出庭，中止审理超过 6 个月，被告人仍无法出庭，被告人及其法定代理人、近亲属申请或者同意恢复审理的，人民法院可以在被告人不出庭的情况下缺席审理，依法作出判决。被告人死亡的，人民法院应当裁定终止审理，但有证据证明被告人无罪，人民法院经缺席审理确认无罪的，应当依法作出判决。人民法院按照审判监督程序重新审判的案件，被告人死亡的，人民法院可以缺席审理，依法作出判决。

（四）犯罪嫌疑人、被告人逃匿、死亡案件违法所得的没收程序

实践中，常常出现腐败案件、恐怖犯罪案件犯罪嫌疑人逃匿或者死亡后，其犯罪所得巨额财产长期无法追缴的情况。为与我国已加入的《联合国反腐败公约》及有关反恐决议的要求相衔接，《刑事诉讼法》专门设立了犯罪嫌疑人、被告人逃匿、死亡案件违法所得的没收程序。

对于贪污贿赂犯罪、恐怖活动犯罪等重大犯罪案件，犯罪嫌疑人、被告人逃匿，在通缉1年后不能到案，或者犯罪嫌疑人、被告人死亡，依照《刑法》规定应当追缴其违法所得及其他涉案财产的，人民检察院可以向人民法院提出没收违法所得的申请。没收违法所得的申请应当列明财产的种类、数量、所在地及查封、扣押、冻结的情况。人民法院在必要的时候，可以查封、扣押、冻结申请没收的财产。

人民法院受理没收违法所得的申请后，应当发出公告。公告期间为6个月。犯罪嫌疑人、被告人的近亲属和其他利害关系人有权申请参加诉讼，也可以委托诉讼代理人参加诉讼。人民法院经审理，对经查证属于违法所得及其他涉案财产，除依法返还被害人的以外，应当裁定予以没收；对不属于应当追缴的财产的，应当裁定驳回申请，解除查封、扣押、冻结措施。对于人民法院依照前述规定作出的裁定，犯罪嫌疑人、被告人的近亲属和其他利害关系人或者人民检察院可以提出上诉、抗诉。同时，在审理过程中，在逃的犯罪嫌疑人、被告人自动投案或者被抓获的，人民法院应当终止审理。没收犯罪嫌疑人、被告人财产确有错误的，应当予以返还、赔偿。

（五）依法不负刑事责任的精神病人的强制医疗程序

强制医疗措施涉及对公民人身自由的剥夺和限制，为保障当事人的合法权利，《刑事诉讼法》专门设立了依法不负刑事责任的精神病人的强制医疗程序。

实施暴力行为，危害公共安全或者严重危害公民人身安全，经法定程序鉴定依法不负刑事责任的精神病人，有继续危害社会可能的，人民法院可以作出强制医疗的决定。被决定强制医疗的人、被害人及其法定代理人、近亲属对强制医疗决定不服的，可以向上一级人民法院申请复议。同时，强制医疗机构应当定期对被强制医疗的人进行诊断评估。对于已不具有人身危险性，不需要继续强制医疗的，应当及时提出解除意见，报决定强制医疗的人民法院批准。人民检察院对强制医疗的决定和执行实行监督。

第二节　香港特区刑事诉讼程序

香港特区刑事诉讼程序在诉讼构造和程序规则等方面，具有普通法系特征。就法律规定而言，香港特区刑事诉讼程序涉及系统的规则体系，除专门的《刑事诉讼程序条例》外，还包括《证据条例》《刑事上诉规则》《裁判官条例》《区域法院条例》《高等法院条例》等关联规范。香港特区刑事诉讼制度的法律来源包括成文法和普通法，其中，普通法主要是指香港特区法院的判例，其他普通法辖区上级法院的判例也有参考价值。香港特区的刑事法治重视诉讼程序的公正性，《香港人权法案条例》强调人权保障，提高了刑事程序的法治水平。

一、侦查程序

（一）警察机构开展的侦查

在香港特区的刑事诉讼程序中，案件侦查主要由警察机构进行。警察机构拥有广泛的调查权力，可以盘查可疑人员，依法对犯罪嫌疑人实施逮捕。廉政公署、海关入境处、劳工处及环境保护署等执法机关，依照有关条例对各自管辖的案件开展侦查。市民也可以有限度地参与执法。

警察机构在侦查过程中，需要遵守成文法、普通法及一些行政指令的规定。主要包括以下要点：第一，警察在执行逮捕时或者在执行逮捕后，应当尽快告知犯罪嫌疑人被逮捕的原因，并应当随即告知被控案由，尽快将犯罪嫌疑人送到警署。第二，警察讯问或者对待犯罪嫌疑人，应当遵守保安司向执法机构发布的详细法律指引。第三，一般情况下，警察在逮捕犯罪嫌疑人时，应当进行权利告知，确保犯罪嫌疑人知晓其所享有的诉讼权利，包括在讯问时保持沉默的权利。第四，在逮捕犯罪嫌疑人后，应当尽快将其带到裁判法庭。第五，在警署扣留犯罪嫌疑人的时间，一般不得超过 48 小时。第六，犯罪嫌疑人享有沉默权，警察不得强迫或者诱导犯罪嫌疑人回答任何问题。任何通过强迫、欺骗或者不公正手段取得的口供，都不会被法庭采纳为证据。

（二）廉政公署对腐败案件的侦查

为确保反贪机构免受干预，1974 年 2 月成立廉政公署。廉政公署不属于政府体系，其独立于政府架构之外，并独立于警察机构及公务员体系之外。除行政长官外，廉政专员不受其他任何人的指示和管辖。廉政公署的人员全部由廉政专员委任，经费以独立开支总目形式由政府每年的预算划拨。廉政公署实行“三管齐下”的反贪职能运作机制，成立执行处、防止贪污处及社区关系处三个职能部门，其中执行处有调查贪污犯罪的职能。

执行处是廉政公署最大的部门，设立两个主要调查机构，分别调查政府部门和私营机构的贪污及相关罪行。执行处负责人同时兼任副廉政专员，并直接向廉政专员负责。根据《廉政公署条例》的规定，执行处的法定职责包括：受理及调查贪污指控；调查任何被指控或涉嫌违反《廉政公署条例》、《防止贿赂条例》以及《选举（舞弊及非法行为）条例》的罪行；调查任何公职人员涉嫌滥用职权所犯的勒索罪；以及调查公职人员任何有关或可能导致贪污的行为。

执行处设立举报中心，并在各区设置廉政公署分处，受理市民举报。执行处的所有调查活动均绝对保密，《防止贿赂条例》要求任何人不得直接或者间接通知犯罪嫌疑人，否则即属违法行为。在调查策略方面，执行处强调与政府部门和私营机构的合作，利用先进通信科技收集和分析犯罪情报，并注重线人和卧底的作用。调查结束后，如果有足够证据控诉，就将调查结果提交律政司，由律政司研究决定是否提出检控。如果没有足够证据控诉，则将调查结果呈交审查贪污举报咨询委员会审议，并由后者决定是否终止调查工作。

（三）被控人申请保释的权利

被控人在诉讼过程的各个阶段均享有保释权利。《刑事诉讼程序条例》第 9D（1）条规定，法庭在法定情形下，应当命令被控人获准保释，无论被控人是否已被交付审讯。法庭为确保获准保释的人按照法庭指令归押，不在保释期间犯罪，不干扰证人或者破坏、妨害司法公正，可以对保释附加法庭认为必要的条件。

法庭为确保被控人按照法庭指令归押（只可为此目的），可以规定由担保人作出保释担保。《刑事诉讼程序条例》第 9D（3）条规定，法庭可以规定获准保释的条件，具体包括：获准保释的人应当向法庭交出任何护照或旅行证件；不得离开香港；应当向法庭指明的警署或廉政公署办事处报到；于指明的地址居住，并于法庭指明的时间逗留在其内；不得进入法庭指明的任何地方或处所；不得进入法庭指明的任何地方或处所某一距离的范围；不得直接或间接与法庭指明的任何人接触；任何代表他的人或他本人连同任何代表他的人，应当将一笔法庭规定的合理款项存放于法院，但此举目的只可是为确保获准保释的人按照法庭指令归押。为避免不当限制被控人的保释权利，法庭在考虑保释担保是否合适时，应当考虑担保人的财务资源等相关因素。

如果法庭认为有实质理由相信，被控人可能不按照法庭指令归押，或在保释期间犯罪，或干扰证人或破坏、妨碍司法公正，就无须准许保释。由于法庭拒绝保释可能会侵犯被控人的人权，因此，香港特区的法律对此十分慎重，《刑事诉讼程序条例》第 9G 条详细列举了可以拒绝保释的各种情形，规定了法庭拒绝保释应当考虑的因素：指称罪行的性质及严重性，以及一旦定罪，相当可能处置被控人的方式；被控人的行为、态度及操守；被控人的背景、交往、工作、职业、家庭环境、社会联系及财务状况；被控人的健康、身体和精神状况及年龄；被控人以往任何获准保释的历史；被控人的品格、经历及以往定罪情况；被控人犯被指称罪行的证据的性质及分量；法庭觉得有关联的任何其他事宜。

《刑事诉讼程序条例》第 9I 条规定，对于区域法院法官或裁判官作出的准予保释决定，律政司司长可向法官申请复核。与之相对应，第 9J 条规定，对于区域法院法官或者裁判官拒绝保释，或虽准许保释，但设定保释条件的情形，被控人可向法官申请复核。法官对上述申请进行聆讯后，可借命令确认、撤销或更改区域法院法官或裁判官的决定，并可作出法官认为公正的其他命令。

为避免被控人随意违反保释要求，《刑事诉讼程序条例》第9L条规定，获准保释的人如无合理因由而没有按照法庭指定归押，或者虽有合理因由而没有按照法庭的指定时间归押但没有在该时间后在合理可行的范围内尽快归押，即属犯罪。同时，第9M条规定，如果获准保释的人没有合理因由而没有按照法庭指令归押，无论是否因此而被定罪，法庭都可以命令将担保人作出的保释担保或者存放于法院的款项，全部或者部分没收。

保释是一项专门的法律程序，涉及相关的调查取证事宜。《刑事诉讼程序条例》第9N条规定，在保释过程中，法庭可对保释对象进行适当的查讯；不过，保释对象针对被指控的罪名，在保释阶段不受法庭或者任何其他人的讯问或者盘问，也不得针对该罪名接受查讯。在保释程序中，控辩双方可以向法庭提交有关的证据材料。除非法庭基于社会公正等需要，否则，任何人不得就任何保释程序，在香港特区以书面方式发布或者传播法律不准许的报道。有关保释法律程序的记录，可以供控辩双方使用。

（四）被控人的辩护权

《香港人权法案条例》基于国际人权公约的要求，专门规定了与刑事程序相关的权利条款。例如，第3条规定了不被施以酷刑，或予以残忍、不人道或侮辱之处遇或惩罚的权利；第5条规定了人身自由和安全权；第10条规定了在法院平等及接受公正和公开审判的权利；第 11 条规定了被控告或判定犯有刑事罪行的人的权利；第 14 条规定了对私生活、家庭、住宅、通信、名誉及信用的保护权利；等等。

在此基础上，《刑事诉讼程序条例》等规定了被控人在刑事诉讼中享有的辩护权等诉讼权利。《检控守则》将之梳理如下：法庭上人人平等的权利；受独立无私依法建立并且具有管辖权的审判机关公平公开审判的权利；极严重案件须由陪审团审判的权利；假定无罪的权利；控方承担举证责任；以无合理疑点作为举证的准则；获得及时详细告知控罪的性质及因由的权利；获得充分时间准备辩护的权利；可由律师代表的权利；不得无故推延受审的权利；获得法律帮助的权利；到庭受审的权利；传召证人并确使证人出庭的权利；盘问控方证人的权利；免费获得传译服务的权利；法庭上保持缄默的权利；针对定罪及／或刑罚提出上诉的权利；不可因之前被判有罪或无罪的同一罪行再次受审或判罚的权利；以及在候审或上诉期间获得保释的权利。

此外，《证据条例》和《裁判官条例》等还专门规定了与被控人的辩护权直接相关的程序权利。例如，根据《证据条例》第 10 条的规定，被控告可公诉罪行或可循简易程序定罪而判罚的罪行的被告人，不被强迫为其本人提供证据，或者提供证据指证其本人。《裁判官条例》第 16 条规定，诉讼各方享有亲自进行诉讼或由代表律师进行诉讼的权利。申诉或告发所针对的一方，应当获准就申诉或告发作出全面答辩及抗辩，并应当获准亲自或由代表律师讯问及盘问证人。

在刑事程序中，获得辩护律师帮助的权利，对于被控人的权利保障至关重要。辩护律师参与刑事诉讼程序，大致分为以下五个阶段：第一，被控人受到指控或者逮捕后，其人身自由受到限制，此时，事务律师可以接受当事人的委托直接代理案件，或者转聘大律师代理。第二，事务律师获得当事人的授权委托书后，有权开展调查取证活动，通过会见被控人收集有利于被控人的证据。同时可以对警察当局和检控人员的调查提出辩护意见。第三，在区域法院或者原讼法庭开庭时，辩护律师对检控人员指控的罪名提出抗辩，依法为被控人辩护。第四，如果被控人对区域法院或者原讼法庭的判决不服，应通过事务律师转聘大律师向上诉法庭提出上诉，大律师接受委托为上诉人起草上诉法律文书，并向上诉法院提出上诉。第五，如果被控人对上诉法庭的判决仍然不服，可以委托大律师向终审法院提出再次上诉，大律师接受委托，起草有关法律文书，并向终审法院提出上诉。

二、检控程序

（一）检控主体

在香港特区的刑事诉讼程序中，检控工作由律政司司长全权负责。《香港特别行政区基本法》第 63 条规定，香港特别行政区律政司主管刑事检察工作，不受任何干涉。上诉法庭在判例中指出，律政司司长能够独立作出检控，是法治的关键；是否提出检控或停止检控，应当由检控机关根据每宗案件的理据作出决定，不受政治或任何压力影响。《检控守则》第 1.5 条规定，律政司司长授权检控人员行使各项检控权力，并为检控人员作出的决定负责。

某宗案件或某类案件应否提出检控，由律政司司长以及代其行使检控权力的主体作出决定。律政司可以授权警务处、廉政公署、海关入境处等部门进行某些案件的检控工作。裁判法院审理的大部分案件，都由律政司司长委任的法庭检控主任负责检控；少数重大案件或涉及复杂法律问题的案件，则由律政司刑事检控科的检控人员负责检控。几乎所有上诉案件，大部分原讼法庭的检控工作，以及相当数量的区域法院案件，都由律政司刑事检控科的检控人员负责检控。律政司也经常聘请私人执业大律师和律师，代表刑事检控科执行检控工作。

大部分普通刑事案件的检控工作，都无须请示律政司司长。但对于案情严重或者复杂的案件，或者法律观点方面可能引起争议的案件，执法机构应当请示律政司司长。当然，此类案件不可能全部由律政司司长本人亲自作出决定。律政司司长由刑事检控专员协助履行检控职能，同时对刑事检控专员以及代表专员行事的人员作出的决定负责。

在审前程序中，检控职能与调查职能紧密相关。《检控守则》第 4.2 条规定，尽管调查及检控双方各有独立明确的职能，且由具备不同技能及资源的专职人员负责执行，但仍应继续鼓励及促进调查人员与检控人员之间建立紧密合作关系。第 4.3 条规定，检控人员可要求调查人员开展进一步的调查，但不可掌管或指导调查工作。调查人员可向检控人员寻求法律、控罪及证据方面的指引。

（二）检控决定

香港特区的刑事程序实行起诉便宜主义，律政司在决定是否提起检控时，拥有酌情决定权。《刑事诉讼程序条例》第 15 条规定，律政司司长在任何案件中，如果基于社会公正的考量，认为不需要其参与，则并非一定需要检控任何被控人。这种酌情决定权同样适用于刑事检控专员，以及经授权代表律政司司长从事检控工作的检控人员。需要指出的是，律政司司长或经授权的检控人员独立作出的检控决定，或者在刑事法律程序期间作出的决定，只有在特殊的例外情况下才会接受司法复核。这一要求也适用于审判阶段作出的决定，从而避免刑事审判程序的碎片化。《检控守则》第 10.3 条规定，司法复核的命令，只能要求律政司司长基于法庭的裁断，重新考虑有关检控决定。换言之，法庭不能径行要求律政司司长改变检控决定。除非律政司司长的决定明显不妥或者不公，否则，不能以司法复核推翻该决定。

作为关键性的程序决定，检控决定对刑事程序的运行具有重要影响。《检控守则》第 5.3 条规定，检控决定包括两个必要部分：第一，所得的可接纳证据充分支持提出或继续进行法律程序；第二，基于一般公众利益，必须进行检控。在提起检控时，最主要的考虑因素就是证据是否充分。第 5.4 条规定，控方必须在法律上有充分的证据支持检控。具体言之，案件中应当存在可接纳和可靠的证据，连同基于现有证据得出的合理推论，有可能据以证明有罪罪行。

根据《检控守则》第 5.5 条的规定，“证据是否充分”的检验标准在于，根据这些证据是否有合理机会达致定罪。据此，检控人员必须先行对下列事宜作出判断：（1）所获得的证据；（2）对这些证据是否可接纳及/或是否可靠的任何可能质疑；（3）证人能否作证，证人的作证资格和证人证供的可信程度，以及法庭可能对证人作出的评估；（4）任何可合理预期的相反证据；（5）辩方可能提出的辩护；（6）合理的事实审裁者在妥为获悉有关法律后，按照案件所有证据及论点会如何作出处理。其中，对于拟出庭的证人，《检控守则》第5.6条规定了检控人员需要考虑的事项：证人的记忆是否可靠，是否有夸大其词的指控，与被告人有无关联（包括有利或不利的关联），是否存在隐瞒部分事实的动机，能否出庭作证，心理或其他个人特性（包括证人是儿童或无行为能力人），证人是否易受辩方攻击，等等。如果案件不符合证据标准却继续进行检控，便不合乎公共利益。为确保司法公正，避免浪费司法资源，必须负责任地将检控所需的资源，仅仅应用于公平并且可能富有成效的法律程序。

即使案件符合检控的证据标准，检控人员也必须考虑公众利益的需要。根据《检控守则》第5.9条的规定，检控人员重点需要考虑以下因素：（1）罪行的性质及情况，包括任何导致加重刑罚或减轻罪责的情况；（2）罪行的严重程度：较严重的罪行，较大可能会基于公众利益而进行检控，这些较严重的罪行包括令受害者遭受重大伤害或损失的罪行，或涉及多名受害者的罪行；（3）检控对香港执法工作优先次序的影响；（4）检控有否任何延误及其因由；（5）触犯的罪行是否轻微、属技术性质、过时或含糊不清；（6）疑犯的刑事罪责程度；（7）涉及其他疑犯共同犯案；（8）疑犯有否与执法机关合作或表现悔意：如疑犯作出承认、表现悔意、已补偿受害者及／或在检控他人的程序中与当局合作，则不检控疑犯也可符合公众利益；（9）疑犯的任何犯罪记录；（10）疑犯、证人及／或受害者的态度、年龄、本质、身体或心理状况；（11）案件可能的最终处置安排；（12）罪行是否普遍及检控是否有阻吓力；（13）会影响任何法律程序公正的特殊情况；（14）检控以外的其他可行方法(例如警诫、警告或其他可接受的处理办法)及这些方法的成效。

根据普通法，每个人都有权基于公共利益提出刑事检控。根据《裁判官条例》第14条的规定，申诉人或告发人可以亲自或由其代表律师，进行与申诉或告发有关罪行的检控，但在裁判官席前审理的法律程序的任何阶段中，律政司司长可以介入，并接手进行有关法律程序。相应地，《检控守则》第7.4条规定，在决定是否接管私人检控时，律政司司长应当考虑以下因素：（1）维护社会公义；（2）罪行的严重程度；（3）有利害关系一方的意见；（4）诉讼是否重复；（5）与律政司的决定是否一致；（6）是否有机会进行公平审讯。对于因私人检控而启动的法律程序，律政司司长可以接管法律程序，也可以拒绝签署控罪书或公诉书，从而阻止法律程序继续进行。除了决定是否接管私人检控外，律政司司长还有权决定是否终止诉讼程序。《裁判官条例》第15条规定，被控人因可公诉罪行而在裁判官席前接受审讯，在判决作出前的任何阶段，律政司司长可将特区拟中止法律程序一事借书面通知裁判官而提出中止检控。相应地，被控人随即应当被撤销该项终止检控决定所关乎的控罪。如果被控人已被交押监狱，应当予以释放；如果被控人处于保释之中，则应当撤销担保。需要强调的是，基于该条规定撤销对被控人的检控，并不禁止此后就同一事实对被控人提起法律程序。

为确保检控质量，检控人员有责任持续复核已经展开的检控工作。《检控守则》第10.1条规定，随着情况变化，如果在任何阶段，重新应用检控验证标准而显示有关证据不再足以确保有合理机会达致定罪，或继续进行检控不符合社会公义，就应当停止检控。在此基础上，《检控守则》第 10.2 条规定，如果已经决定在特定情况下不提起检控或停止检控，则只能在理由充分的情况下，才能改变先前作出的决定，主要包括：（1）基于某些错误或疏忽，导致所作决定经复核后发现明显错误；（2）在较后阶段才获得案中原先没有预期可获得的重要证据；（3）在继续进行搜证工作时暂时停止检控（被告会获事先告知可能会改变先前的决定）；（4）通过欺诈、不诚实或不正当方式停止检控。

此外，《检控守则》第 10.4 条还规定，在高等法院原讼法庭进行的公诉法律程序，在区域法院提出控罪的法律程序，以及就可公诉罪行在裁判法院进行的法律程序，可以因提出中止检控书而予以搁置，但只有按律政司司长的指示才可提出。第 10.5 条进一步规定，中止检控书只能搁置检控程序，在符合社会公义的情况下，可以重新展开检控。

《检控守则》第 8.1 条规定，控方选择控罪时，应当致力于充分反映指称罪行的刑责，既能体现指控的效率，又能令法庭于社会与被告两者之间秉公行义。在合理可行的前提下，控方应当尽可能合理地减少控罪的数量。如果被控人涉嫌多项相同性质的罪行，控方应当考虑提出具有代表性的控罪。在被告同意下，未审理的额外控罪于量刑时可一并考虑。

案件究竟向哪个法院起诉，控方可以作出决定。《检控守则》第 8.2 条规定，有些罪行的审讯须在裁判法院进行，有些罪行的审讯则须在区域法院或原讼法庭循公诉程序进行，也有一些罪行两者皆可。如纯属简易程序罪行，可以与可公诉罪行一并审讯，唯其审讯不可在原讼法庭进行。第 8.4 条规定，在选定审讯法庭时，检控人员应考虑以下各点：（1）法庭审理罪行时可判处的最高刑罚：裁判法院(一般为监禁 2 年)、区域法院(监禁 7 年)，以及原讼法庭(订明的最高刑罚)；（2）整体案情；（3）指称罪行的严重程度；（4）可能有争议的事宜；（5）法律程序对公众的重要性；（6）被告是否在社会上有地位、身负重任或处于受信岗位；（7）须予裁定的争议事宜是否涉及社会的标准及／或价值观；（8）任何加重或减轻刑罚的因素；（9）被告的背景记录。

（三）检控模式

香港特区的检控程序实行多元化的检控模式，主要取决于犯罪的严重程度。不同检控模式所涉的程序存在一定的差异，具体分述如下：

第一，基于法官的指示或同意，由律政司司长提起检控。《裁判官条例》第 74 条规定，凡律政司司长根据《刑事诉讼程序条例》第 24A 条的规定，依据法官指示或获得法官同意而针对任何人提出公诉，则司法常务官在律政司司长或其代表提出申请时，应当签发证明书，证明已经针对该人提起公诉。如果公诉书内列明的对象未被逮捕，裁判官应当签发令状手令将该人逮捕；如果公诉书内列明的对象已被羁押，则裁判官应当向惩教署署长发出手令，要求将该人带到裁判官席前。裁判官须命令将该人交付原讼法庭以就该项在公诉书中的控罪接受审讯，并须将该人还押，或准其保释。

第二，基于当事人申诉或告发，由法官通过签发传票方式启动诉讼。《裁判官条例》第 8 条规定，当事人向裁判官提出申诉或告发，所涉事项属于裁判官有权适用简易程序定罪、判处罚款或者作出其他命令的情形，裁判官可以向申诉或告发所指的对象发出传票，要求该人在指定的时间和地点到裁判官席前应讯，对申诉或告发作出答辩。第75条规定，任何指称有人犯了可公诉罪行的申诉或告发，均应当以书面形式提出，并且应当载有或包含所涉罪行的陈述，以及有关罪行性质的资料所涉的详情。任何指称有人犯可循简易程序定罪的罪行的申诉或告发，可以采用口头形式。法官收到申诉或告发后，可以依法发出传票。

第三，适格起诉主体通过提交检控通知书的方式启动诉讼。根据《裁判官条例》第7D条的规定，对于处罚不超过1万港元罚款或者监禁不超过6个月的罪行，任何被授权检控该罪行的公职人员或者法人团体，都可以向裁判法院提交检控通知书。检控通知书的副本应当在提交后14日内以邮递方式送达被告人。对于提交检控通知书的情形，被告人要求接受聆讯的，根据《裁判官条例》第7E条的规定，被告人应当在检控通知书写明的日期前，向接收检控通知书的裁判法院提交书面通知，提出聆讯要求，并说明其是否承认控罪。如果被告人并未提交书面通知，《裁判官条例》第7F条规定，在各方缺席的情况下，裁判官应当对有关事项作出裁决，视为被告人已经承认检控通知书所列罪行，并可以命令被告人缴纳法律规定的罚款或者讼费。对于此种情形，如果裁判官认为，案件情况显示，罚款作为惩罚并不足够，就可以发出传票，相应地，检控程序应当继续进行，视为告发人代表律政司司长提出告发。裁判官在聆听每一方对判处的陈词后，可以在法律容许的范围内判处刑罚或者作出其他命令。需要指出的是，提交检控通知书的人在裁判官作出裁决前，可以随时向裁判法院提交书面通知，撤回检控通知书。

第四，公职人员以通知到裁判法院出庭应诉的方式启动诉讼。根据《裁判官条例》第 8A 条的规定，如果公职人员合理地怀疑某人犯有诸如乱丢杂物等轻微罪行，则可以面交方式将通知书送达该人，规定他在通知书所指明的时间 (但不得早于通知书送达后 3 整天的时间) 及地点到裁判官席前依法接受处置。

（四）审判程序的选择

基于繁简分流等政策考虑，刑事案件应当区分犯罪类型，选择适用简易程序或者公诉程序审理。《刑事诉讼程序条例》第 14A 条规定, 条文写明“循公诉程序”, 或者该罪行已按照《裁判官条例》第Ⅳ部移交区域法院审理，否则，该罪行应当按照简易程序审理。如果特定罪行写明可循简易程序或公诉程序审理，或写明可循简易程序或公诉程序而定罪处罚，则该罪行可循简易程序或公诉程序审理。同时，上述规定并不影响裁判官循简易程序审理可公诉罪行的权力，或者区域法院审理可公诉罪行的权力。

检控人员对案件审理程序的决定权，是香港特区刑事程序的一大特色。被告人无权决定在哪个法院、适用何种程序审判，只有控方才有权作此决定。对于严重的可公诉罪行，如谋杀、强奸等严重罪行，可在高等法院或区域法院审判。其中在《裁判官条例》附表 2 第Ⅲ部所列的较严重罪行，只能在高等法院审理。

《刑事诉讼程序条例》第 10 条规定，律政司司长收到《裁判官条例》第 86（1）条所列文件（交付审判后的供词与证物），认为被控人本不应被交付审讯，而案件本应循简易程序处理，则可在收到该等文件后的任何时间(但须在公诉书提出前)将案件发回裁判官，指示将案件循简易程序处理，并作出他认为恰当的其他指示。

《区域法院条例》第 77A 条规定，凡针对被控人的控罪书已交付，则在控方或由他人代控方作出开审陈词之前，或在并无作出该陈词的情况下，在控方传召第一个证人提供证据前，律政司司长可向区域法院申请命令，要求将法律程序移交原讼法庭或移交裁判官席前循简易程序处理。法官基于公正原则的考量，可以作出准许申请的命令，即移交令。移交令具有终止区域法院诉讼程序的效力，且不得对移交令提出上诉。第 77B 条规定，在区域法院作出移交令后的 21 日内，司法常务官须将该份移交令的经盖印本交付被控人须到庭应讯的裁判法院的书记长，或交付高等法院的司法常务官。在作出移交令时，如法官将被控人交付羁押，法官须将被控人可向原讼法庭大法官申请保释的权利，告知该被控人。

对于移交案件的情形，《刑事诉讼程序条例》对检控工作提出相应的要求。其第 10A 条规定，律政司司长应当在针对被控人的公诉书提出后 21 日内，将一份公诉书文本、控方拟在审讯时传召的证人的陈述书文本、所有文件证物的文本及一份证物清单，送达被告人。如果律政司司长未能在指定期限内遵从上述规定，根据《刑事诉讼程序条例》第 10B 条的规定，法庭应当在指定的展开审讯日期主动作出指示，或者当被控人以此为由向法官申请释放时，根据该申请作出指示，针对移交的法律程序所涉的控罪，依法释放被控人。这种释放决定，在法律上视为裁定无罪。

除可以基于个案情况，选择适用相应的审判程序外，检控主体还可以在审判开始前，为确保检控成效而对案件重新开展调查。《刑事诉讼程序条例》第 11 条规定，在收到关于案件的文件后并在被控人的审讯前，律政司司长可随时将案件发回裁判官，并指示重新展开查讯，以就所指明的一项论点或多于一项论点录取证据或进一步证据。除非律政司司长专门作出明文指示，否则，案件发回裁判官之后，查讯须重新展开，视同被控人未有被交付审讯。

（五）公诉书的签署

公诉书是检控工作的法律载体。《刑事诉讼程序条例》第 17 条规定，每份公诉书都应当由律政司司长签署，并应当写明签署日期。第 18 条进一步规定，对于多项罪行的指控，可以合并于同一公诉书内。同时，第 22 条还规定，对于无须指称的事宜，公诉书可作一般性表述，如无须证明的事项、并非罪行要素的时间，以及并非罪行要素的物品价值等。

尽管公诉书由律政司司长签署，但对于公诉书存在的瑕疵，法庭可以要求修正。《刑事诉讼程序条例》第 23 条规定，在审讯前或者审讯的任何阶段，法庭认为公诉书欠妥，应当作出符合案件情况所需的命令，据此修订公诉书，但此种修订不能导致不公正。一旦公诉书作出此种修订，就应当在公诉书中注明修订的命令。如果法庭认为，被告人在同一公诉书内被控告多项罪行，由此可能损害或者妨碍辩护，就可以命令将该公诉书内的一项或多项罪行分开审理。

除可以对公诉书进行修订外，法庭还可以在特定情形下撤销公诉书。《刑事诉讼程序条例》第 53 条规定，如公诉书在实质上并无述明任何可公诉的罪行，或述明任何并非可由法院审讯的罪行，则被控人可动议法庭撤销公诉书或阻止判决。如该动议在被控人答辩之前提出，法庭须撤销公诉书或将之修订。如在审讯时法庭认为公诉书欠妥，而法庭认为并不适合将之修订，法庭可撤销公诉书或让反对提出以阻止判决。如公诉书被撤销，法庭可指示将被控人羁留扣押某段期间或直至某时间为止，期间或时间按法庭所命令者而定，或可指示准予被控人保释外出，并可命令被控人在同一时间或在该段期间内（视属何情况而定）当被传召时就另一公诉书作出答辩。

关于检控时效，《裁判官条例》第 26 条规定，对于可公诉罪之外的罪行，申诉或告发须分别于其所涉事项发生后起计的 6 个月内作出或提出，但法例对某一犯罪的时限另有规定的除外。控诉方向法庭提出控告之时，即为起诉时间，进一步讲，裁判官登记处收到控诉书，即表明诉讼已经提起。对于公诉罪，法律没有检控时限的限制，但控诉方不得无故拖延。

三、庭前程序

《香港特别行政区基本法》第 87 条赋予被告接受公正审判的权利。要想确保被告接受公正审判，除了维系审判程序的公正性外，系统、完备的庭前程序也非常重要。

（一）证据开示

证据开示程序，是确保控辩双方平等对抗的关键制度安排。《检控守则》第 12.1 条规定，维护公平的其中一项保障是控方须把所获得或已知的相关或可能相关的材料(或关键资料，而且不限于可被接纳的证据)全面和适时向辩方披露，不论该等材料是否有助证明控方的案情理据。

证据开示是对控方的程序要求，法庭应当维护被控人获悉有关证据材料的权利。根据《裁判官条例》第80B条的规定，检控官须在提讯日前不少于7日，将一份申诉书或告发书副本、控方拟在审讯时传召的证人的陈述书副本、呈堂文件副本及一份呈堂证物清单送达被控人 。如果控方未能在上述期限内将有关材料送达被控人，则该项送达不得因此而变为无效；但裁判官须在提讯日将交付审判程序延期至较后的日期，以确保能符合前述规定的期限，除非被控人同意作较短的延期，或同意无须延期而继续进行交付审判程序。

从审前程序一直到审判程序结束，控方必须积极、持续地履行证据开示的责任。《检控守则》第12.3条规定，控方须披露的材料包括：（1）控方寻求援引的所有证据(证人陈述书、证明文件、书面证物、电子记录、照片及/或合理取得物理性证据)；（2）被告、投诉人、控方证人或已故受害者以往的定罪记录；（3）控方证人的已知并可能合理地影响其诚信的有损信誉行为(包括纪律处分记录)，这都相当可能成为案件的重要争论点；（4）控方已知并在法律程序中可能有助辩方的材料(包括证人陈述书)。基于正当程序的要求，控方证据开示的范围，并不限于自身掌控的材料。第12.4条规定，控方假如知悉，须予披露的相关材料由政府机构或公共机构管有，必须按情况采取合理的步骤取得该等材料，并向辩方指明该等材料，以及在未能取得有关材料时告知材料所在之处。

证据开示并非没有法律边界，基于公共利益考量，可以在特定情形下豁免检控主体的证据开示义务。《检控守则》第12.5条规定，如果披露特定的材料，如线人或卧底人员的身份、向调查人员秘密提供的信息以及可能损害政府运作（包括继续开展调查）的资料，可能会损害一般公众利益，可以公众利益为由豁免披露该等材料。对于上述情形，需要均衡考虑对被告的公平性以及公众利益的维护。必要时，应当请求法庭对有关争议作出裁决。此外，第12.6条还规定，有些材料受到法律专业保密权保护，如检控人员向调查人员提供的机密法律指引，一般不得披露。控方准备案件时制作的内部记录及材料，也可以不予披露。

除控方应当履行证据开示义务外，辩方也应当事先提交特定类型的证据材料，特别是犯罪时不在现场的证明。《刑事诉讼程序条例》第65D条规定，在循公诉程序进行的审讯中，被告人除非是在订明期间完结前提交不在犯罪现场详情的通知，否则未经法庭许可，不得援引证明不在犯罪现场的证据。此类通知应当包含证人的姓名和地址，如果不知晓证人的姓名和地址，应当提供有助于找到证人的信息。律师代表被告人提交的此类通知，除非有相反证据，否则，应当视为经过被告人的授权。

（二）答辩协商

为节约司法资源，控辩双方可以进行答辩协商并达成答辩协议。《检控守则》第13.1条规定，辩方或会邀请控方，考虑同意让被告承认较少的控罪或较轻的罪名。控方也可主动向辩方提出这类建议，但情况罕见。于此情况下，必须符合三项验证标准：（1）控方有可被接纳的证据，证实提出认罪的所指控罪；（2）有关控罪充分反映被告在指称罪行的刑责；（3）有关控罪让法庭有充分空间判以与刑责相抵的恰当刑罚。对于控方而言，接纳被告承认恰当的控罪，可以节省大量时间和开支。受害者和证人也无须承受作供所带来的压力和不便。这种协商性解决方案，如果运行得当，能够让刑事程序更加有效地运作，并且不至于损害正当程序的价值。

经过答辩协商，控辩双方可以对特定的案件事实达成共识，并将之提交给法庭作为判刑的根据。为避免司法错误，控方不得歪曲在案证据可以证明的事实，也不得刻意捏造虚假事实。《检控守则》第 13.2 条规定，在一些案件中，控辩双方可能无法对某些事实达成共识，此时就需召开称为“Newton 研讯”的诉讼程序，援引证据，让法庭解决争议问题，并作出相应的判刑。需要强调的是，假如被告就有关控罪坚持自己清白，控方不得接受商讨答辩。此外，第 16.3 条规定，控方不应主动与没有法律代表的被告商讨答辩，而商讨答辩应尽可能在一名可靠人士在场下审慎进行，并以适当方式记录商讨的内容。

《检控守则》第 13.5 条规定，对于所有进行答辩协商的案件，检控人员都应当在适当情况下，咨询案件的主管调查人员以及罪行受害者，并告知拟进行的答辩协商及具体理据。检控人员应当听取上述人员的意见，并在作出答辩协商的决定时予以合理考虑。

（三）预审

高等法院原讼法庭受理案件后，在正式审判前，需要根据案件情况进行相关准备。对于普通刑事案件，法律没有规定庭前准备程序，但是，律政司应当根据《法院程序指导》有关高等法院庭前程序的要求，在确定的审判日期前28日，向被告人签发采纳证据的通知。被告人的律师应当在收到通知后14日内给予答复。法官在正式开始审判前，可以召集控辩双方举行会议，对证据进行审查，确定控辩双方对证据的态度、异议和看法，为审判做好准备。

关于疑难复杂案件的庭前准备。《复杂商业罪行条例》规定的预审程序具有一定的代表性。根据其第9条的规定，根据该法第8条递交的公诉书，法官认为有关罪名涉及商业上的欺诈或不诚实情况，且因其严重性及复杂性，就可以进行预审。预审程序主要包括以下目的：（1）鉴定对陪审团的裁决相当可能会有关键性的任何争论点；（2）协助陪审团理解该等争论点；（3）将陪审团出席的法律程序的进度加快；（4）协助法官处理审讯。法官可以根据控辩双方的申请，或者依职权作出召开预审程序的命令。

在预审程序中，法官可以依据《复杂商业罪行条例》作出任何有权作出的命令，确定与审判相关的所有法律问题，包括与证据可接纳性有关的问题，订明根据《刑事诉讼程序条例》第65D条提供不在犯罪现场的细节的通知的时限。法官发出的进行预审的命令，对审判程序具有法律效力，除非法官基于公正利益的考量变更或者撤销有关命令。相应地，此类命令应当明确生效的时间范围。此外，法官可以决定对预审程序予以延期，并确定随后恢复该程序的时间和地点。《复杂商业罪行条例》第10条规定，对于法官发出进行预审的命令，不得提出上诉，此类命令也不接受任何法院的质疑。

如果法官决定开展预审程序，该程序一经启动，实际上意味着案件正式进入审判环节。《复杂商业罪行条例》第 12 条规定，预审开始时，须向被控人宣读公诉书，并在有需要时将该公诉书向他解释；被控人可即时就公诉书对控罪作出回答，亦可延迟对控罪作出回答，但除非被控人已就公诉书对控罪作出回答，否则被控人须在陪审团组成之前就公诉书对控罪作出回答。

关于预审程序的具体流程。《复杂商业罪行条例》第 13 条规定，在向被控人宣读公诉书，而被控人已获予机会就公诉书对控罪作出回答后，法官可命令检控官将以下文件送达被控人并递交法院：（1）一份陈述(检控论据书)，载有检控论据所据的事实扼要；及任何寻求从该等事实作出的推论。（2）检控官拟于陪审团组成后在审讯时传召作供的证人(包括专家证人)的陈述副本。（3）一份列明检控官拟于陪审团组成后在审讯时呈堂证物的清单，及任何呈堂文件的副本。（4）一份陈述，其内须列明对检控官准备倚赖的检控论据明确适用的法律观点。（5）法官认为适当的其他说明文件。检控官可在陪审团组成前修改检控论据书，而该项修改具体包括以下两种情形：其一，在被控人收到检控论据书，递交答辩书之前，检控官无须经法官许可，即可修改检控论据书；其二，在被控人收到检控论据书，递交答辩书之后，检控官须经法官许可，才可修改检控论据书。进一步讲，除非法官认为，检控官在送达递交原先的检控论据书时出现不能预见的且不能控制的情况，而该等情况要求对检控论据书作出修改，并且该允许的决定符合司法公正的要求，否则，法官不应允许对检控论据书作出修改。检控官依照有关规定对检控论据书作出修改后，应当将检控论据书的修改版本送达被控人并递交法院。检控官应当按照有关规定向被控人送达有关证据的副本，不过，如果法官认为被控人并未受到严重影响，那么，违反有关规定并不导致送达无效。如果检控官在陪审团组建后，提出基于检控论据书不能合理预见的证据，被控人可以提出异议；如果法官认为，该等证据基于检控论据书不能合理预期，就可以拒绝接纳有关证据，除非有充分理由不将有关证据纳入检控论据书之中。

关于检控论据书的充分性。《复杂商业罪行条例》第 14 条规定，如果检控官已经向被控人送达检控论据书，法官可以命令被控人向检控官和法庭提交一份通知，陈述其对检控论据书的任何反对，包括被控人以该论据书并没有披露足够的检控论据细节使他得以提出答辩。法官审查被控人的任何反对，以及检控官向被控人送达的增补证据后，可以命令检控官不时修改检控论据书。

关于检控证据的可接纳性。《复杂商业罪行条例》第 15 条规定，法官可命令被控人将一份通知送达检控官及递交法院，陈述其对递交的文件所载证据一事的任何反对。凡检控官已向被控人送达通知，表示他欲在审讯中提出进一步证据，并已将该等证据的副本送达被控人及递交法院，则法官可命令被控人将一份通知送达检控官及递交法院，述明被控人对陪审团组成后在审讯时接纳该等证据一事的任何反对。如果被控人对有关证据提出反对，就应当在通知中写明提出反对的证据细节，以及提出反对的理由。法官应当对控辩双方递交的文件、提出反对的通知、控辩双方提供的证据，以及控辩双方作出的申述进行审查，进而确定被控人提出异议的证据的可接纳性。

需要指出的是，《刑事诉讼程序条例》第 41（3）条规定，在审讯过程中，关于证据可接纳性的争论点，可以在选任陪审团之前作出裁定。在审讯过程中，随着案件事实或案情逐渐明朗，先前被裁决为可以接纳的证据，法官可以裁定不能接纳。法官还可以根据案件情况，包括证据的相对重要性和产生偏见等情况，裁定解散陪审团。

为确保控辩双方充分沟通意见，在控方提交检控论据书基础上，辩方应当作出回应。《复杂商业罪行条例》第 16 条规定，当法官对被控人提出的任何反对作出处理后，可以命令被控人将以下文件送达检控官及递交法院：（1）一份书面陈述（答辩书），参照检控论据书而指出被控人与控方争论的事实与推论；（2）一份述明法律观点的书面陈述，回应检控官准备倚赖的检控论据书明确适用的任何法律观点；（3）被控人拟于陪审团组成后在审讯时传召出庭的专家证人的陈述副本。除了《刑事诉讼程序条例》第 65D 条规定的证据披露要求外，答辩书无须披露辩方证人的身份，但专家证人除外，也无须披露被控人是否会作证。如果检控官修改检控论据书，被控人也可以根据检控论据书的修改情况，对答辩书作出修改。

预审程序的一项重要功能就是整理控辩双方的争议焦点。《复杂商业罪行条例》第 17 条规定，在预审时，法官可以命令检控官将一份通知送达被控人及递交法院，写明检控官对其真实性应予承认的文件和检控官认为应予同意的其他事项，以及检控官认为无须进一步证明亦应接纳为证据的文件。如果法官对检控官提出上述要求，就可以相应地要求被控人将一份通知送达检控官及递交法院，以回应检控官所送达的通知，承认通知内指明的任何文件或其中任何部分内容的真确性，写明被控人同意通知内指明的任何事项，以及同意无须进一步证明而将通知内指明的任何文件接纳为证据。被控人在通知中对任何事实或事项所作出的承认或同意，均应视为对该事实或事项作出的承认。根据该条同意无须进一步证明亦应接纳为证据的文件，在检控官将其呈堂时，均须接纳为证据，无须进一步证明。

四、审判程序

香港特区的法律将犯罪分为简易罪和可公诉罪，并在不同法院适用不同审判程序。凡属《简易程序治罪条例》所规定的罪行，均由裁判法院适用简易程序审判。可公诉罪多由区域法院或高等法院原讼法庭适用普通程序审判。对被告人认罪案件，法官可以不经法庭质证、辩论直接定罪量刑，对被告人不认罪案件，控方则需要传召证人作证，证人须经控辩双方交叉询问。高等法院原讼法庭审理的重罪案件，还需要组成陪审团参与审判。下文重点介绍普通程序。

需要指出的是，在公开的法庭进行审判，是审判程序的首要要求。《裁判官条例》第 11 条规定，裁判官聆讯和审理申诉或告发案的地点，应当是公开设置的法庭，便于公众参与。对于证据涉不雅性质，或者检控涉及违反《社团条例》的罪行，该罪行涉及或与三合会有关，且裁判官另有指示，作为例外情形，可以不在公开法庭进行聆讯及审理。《香港人权法案条例》第 10 条在规定公开审问基础上，确定了公开审问的例外情形，即，法院得因民主社会之风化、公共秩序或国家安全关系，或于保护当事人私生活有此必要时，或因情形特殊公开审判势必影响司法而在其认为绝对必要之限度内，禁止新闻界及公众旁听审判程序之全部或一部。

无论审判是否公开，裁判官宣读裁定及后续法律程序，除根据《裁判官条例》第 104 条的规定需要听取证据的复核外，均应当在公开设置的法庭进行。《香港人权法案条例》第 10 条还规定，除保护少年有此必要，或事关婚姻争执或子女监护问题外，刑事民事之判决应一律公开宣示。

（一）证人出庭

为维护被告人的质证权，促使法庭核实证人证言，证人应当出庭作证。《刑事诉讼程序条例》第 34 条规定，在原讼法庭或区域法院，为进行法庭席前的任何刑事法律程序，法庭可以发出传票，要求特定人员出庭作证，或者提供任何文件或物品。收到证人传票的人，可以向发出传票的法庭提出申请，主张其不能提供任何关键性的证据，或者可能属于关键性证据的文件或者物品。此种情况下，法庭可以作出传票无效的指示。类似地，《裁判官条例》第 21 条规定，如果裁判官认为，证人有可能为申诉人、告发人或被告人提供关键性的证供，就应当向该人发出传票，要求该证人在传票上指明的时间及地点到裁判官席前，就其知晓的有关申诉或告发的事项作证。如果被传召的证人拒绝或忽略依照传票上的规定出庭，又没有对此作出确当的辩解，裁判官就可以签发手令，要求依照手令所述的时间及地点将证人带到裁判官席前，就其知晓的有关申诉或告发的事项作证。

证人出庭是法定义务，违反该义务应当承担法律责任。《刑事诉讼程序条例》第 36 条规定，如果证人没有确当的辩解，不服从规定他须到某法庭席前的证人令或证人传票，或者（不论其是否属于证人令或证人传票的标的）拒绝宣誓或提供证据，即属就藐视该法庭有罪。可由该法庭循简易程序惩处。基于该条规定判处的刑罚，不得超过2年监禁刑。为确保证人如期到庭，法庭可以采取相应的特别措施。《刑事诉讼程序条例》第37条规定，如果法庭基于经宣誓而提供的证据信纳正在生效的证人令或证人传票所关乎的证人相当可能不遵从命令或传票就可以签发逮捕该证人并将其带到法庭的手令。依据法庭手令而被带到法庭的证人，可以被法庭还押羁留或予以保释，直至法庭获得该证人的证言，或者要求其根据法庭的通知出庭作证。

除普通证人外，专家证人出庭作证也有助于法庭查明事实。《检控守则》第20.1条规定，法庭可以听取专家证据。专家证人应当基于专业知识，提供客观和不偏不倚的意见，向法庭提供独立的证据。检控人员应当参考《专家证人指引》，促使专家证人协助法庭解决案件中的专门问题。

（二）当庭答辩

被告人到庭接受审判，是其依法应当履行的法律义务。《刑事诉讼程序条例》第46条规定，如果被控人已经收到公诉书，而该人正不在羁留中，并且没有到庭对公诉书作出答辩，无论被告人是否获准保释，法庭都可发出拘捕他的手令。如果有理由相信被告人可能不会服从保释的要求，在指定的审判日期前，法官也可以对被告人签发逮捕令。

基于无罪推定原则的要求，为避免对被告人产生程序偏见，《刑事诉讼程序条例》第49（1）条规定，在审讯过程中，不得给被告人上镣铐，不得给被告人穿囚衣，但法庭基于其他理由另作指示的除外。

对于基于申诉或告发而启动检控程序的情形，《裁判官条例》

第 19 条规定，被告人在聆讯时在场的，应当向其宣读申诉或告发的实质内容，讯问其是否承认有关内容。如果被告人承认申诉或告发的内容属实，裁判官应当据此对其定罪或者作出相应的命令。如果被告人不承认申诉或告发的内容，裁判官应当聆听申诉人或告发人以及有关证人经宣誓作出的证供，并聆听被告人所作的证供，以及为抗辩而提出的证据。裁判官在聆听各方陈词、证人的证供及有关证据后，应当对全案加以考虑并作出裁定，即对被告人定罪或作出相应的命令，或者撤销申诉或告发。

对于基于公诉书提起检控的情形，法庭调查开始后，法庭书记员要向被控人宣读公诉书，被控人要亲自对指控内容作出正式的答辩，答辩不能由律师代为作出。如果公诉书指控的罪状不止一项，应当分别向被控人宣读，每条罪状都要求被控人作出答辩。《刑事诉讼程序条例》第 50 条规定，被控人如在被公诉提控时，概括地作出不认罪的答辩，就应当基于该答辩，被视为自身决定接受陪审团审讯。第 51 条规定，被控人有权作出不认罪的答辩，也可以针对多项指控，作出部分认罪、部分不认罪的答辩，然而，如果被控人出于恶意而保持沉默，或不直接回答公诉书的指控，法庭可以命令代他登录不认罪的答辩，视为其已作出不认罪的答辩。

（三）陪审团审理

接受陪审团审判，是刑事程序中被告人的一项重要诉讼权利。陪审团宣誓后，即将被告人交由陪审团审判。陪审团的审理过程主要包括以下几个环节：

首先，向陪审团宣读公诉书，或只宣读公诉书的主要内容，告知陪审团被告人作无罪答辩，并告知陪审团的责任是认定被告人是否有罪。司法事务官通常会向陪审团宣读：“陪审员们，被控人接受控告，他 / 她……（然后宣读公诉书或者公诉书的主要内容）。对于这份公诉书，他 / 她已作无罪答辩，在你们聆讯完证据过后，由你们负责裁定他 / 她是否有罪。”

其次，由主审法官向陪审团作开审陈词。开审陈词通常包括以下内容：当事人的角色、证明责任和证明标准、诉讼程序和犯罪构成要素等。

再次，控方和辩方陈述。包括双方开审陈词、再陈述和结束陈述三种情形。召集陪审团后，控方有权向陪审团作开审陈词，概述审判中呈堂的证据，解释其提供的证据与案件的关系，随后传唤证人并对其进行主询问。控方证人随后要接受被控方的反询问，即交叉询问。

辩方陈述不限于概括所传唤的证人证言，其还可以反驳控方的陈述。不过，辩方无权紧接着控方开审陈词后作开场陈述。根据《刑事诉讼程序条例》的规定，控方陈述后，接着应传唤被控人。被控人可以在庭审中和律师商讨，听取律师意见，决定是否亲自当庭提出证据，或者传唤证人。被控人在法庭上有权保持沉默，如被控人或者辩方证人在庭上作证，就要接受检控人员的询问。

控辩双方还可以根据需要进行再陈述。法庭调查结束后，陪审团裁决前，控辩双方还要作结束陈述，提出观点，分析证据强弱，促使陪审团作出对己方有利的裁决。根据《刑事诉讼程序条例》的规定，控方在被控人作结束陈述前，紧接着辩方陈述后作结束陈述。如果被控人作证完毕，但未传唤任何证人，控方可在辩方陈述完毕后作总结性发言。

随后，法官总结案件与指示陪审团。审判结束时，法官应当总结案件事实，并就陪审团裁决时必须适用的法律问题提出公正的指示。法官的法律指引对陪审团有约束力，陪审团必须服从。法官还应当针对证明责任和证明标准向陪审团作出指示。根据判例，证明标准应当是排除合理怀疑，对于该证明标准，不可使用诸如数学上的确定性或者百分比证明等标准。法官对法庭辨认、补强证据等问题，也应当对陪审团作出指导。

最后，陪审团评议和裁决。法官总结后，如果陪审团愿意，可以退庭讨论，不允许任何人与他们接触，未经主审法官同意，陪审团不能分开或者离开指定的评议地点。根据《陪审团条例》的规定，当陪审团不能作出一致裁决或者法律允许的多数裁决时，法官必须将其解散。陪审团评议后，由首席陪审员向法庭报告陪审团裁决结果，法官必须作出是否接受该结果的决定。对于陪审团依法作出的裁决，法官应当接受，并将该裁决记录在案。陪审团作出裁决后，必须在法庭上向被告人当面宣布，除非被告人自愿缺席。

（四）定罪量刑

法庭经审理，认定被控人构成指控的罪行的，应当依法定罪量刑。对于指控罪行与法庭审理认定的罪行不一致的情形，可基于法庭认定的罪行作出相应的判决。《刑事诉讼程序条例》第 51（2）条规定，如在审讯就任何罪行而提出的告发、指控或公诉书时，经证明被控人于该罪行无罪，但告发、指控或公诉书中的指称（不论明示或隐含地）构成或包括属主审法院司法管辖权范围内的另一罪行的指称，则可裁断被控人就该另一罪行有罪，或可裁断被控人就假若有明确控告该另一罪行的告发、指控或公诉书时他可被裁断有罪的罪行有罪。同时，第 51（3）条规定，凡任何人被控告企图犯某罪行或被控告犯任何在犯某罪行之前所作的袭击或其他行为，而不是被控告既遂罪行，则即使显示他就既遂罪行有罪，仍可就他所被控告的罪行将他定罪。此外，第 51（4）条规定，凡就某公诉书被公诉提控的人对该公诉书所控告的罪行作出不认罪的答辩，但对可就该控罪而裁断他有罪的另一罪行作出认罪的答辩，而该人是基于该认罪的答辩而在没有对他作出不认罪的答辩的罪行进行审讯的情况下被定罪的，则不论该两项罪行是否以不同罪名来分别控告，该人就一项罪行被定罪，即为就另一项罪行获裁定无罪。

对于被告人因精神错乱而缺乏受审能力的情形，法庭应当依法作出相应的处理。《刑事诉讼程序条例》第 75 条规定，在对被告人的审讯过程中，如果出现被控人是否适宜受审的问题，除非陪审团已对被告人受审的罪名作出无罪裁决，否则应当对此作出裁定。关于被控人是否适宜受审的问题，应当由陪审团作出裁定。如果该问题是在被控人被公诉提控时裁定，那么，被控人应当由作出裁定的陪审团以外的陪审团审判；如果是在其他情况下作出裁定，则由作出裁定的同一陪审团审讯。

对于被告人因精神错乱而丧失责任能力的情形，法庭不能作出定罪判决。《刑事诉讼程序条例》第 74 条规定，针对被控人被控的罪行，如果控方在审讯时提供的证据表明被控人精神错乱，根据法律规定无须对其行为承担责任，陪审团应当作出被控人因精神错乱而无罪的特别裁决。同时，第 76A 条规定，如果在谋杀的审讯过程中，被控人辩称在犯指称的罪行时，其精神错乱，以致按照法律无须对其行为承担责任，或者属于《杀人罪行条例》第3（1）条所规定的神志失常，则法庭应当允许控方援引或引出倾向于精神错乱或者神志失常的证据，并可以对控方在法律程序中援引此类证据的阶段作出指示。

被控人被定罪后，法官需要根据法律规定选择确定应当判处的刑罚。量刑时需要考虑与犯罪相关的一些事实，如某种犯罪的普遍程度及其社会影响，以及被控人的犯罪记录等，同时还要考虑加重或者减轻处罚的事实。《检控守则》第21.1条规定，检控人员应当在判刑程序中扮演积极的角色，协助法庭对被告人判处适当的刑罚，避免犯可以上诉的错误。不过，检控人员不得试图在判刑轻重方面影响法庭。具体言之，检控人员应当注意以下要求：（1）充分地（全面而准确地）提出相关事实；（2）协助法庭避免在事实或法律上出错的情况下继续审讯；（3）顺应法庭索取相关资料的要求提供协助；（4）持平地评估并在有需要时验证相反的论据，纠正辩方陈词中在法律或事实上的可见错误；（5）根据法庭以往的相关裁决及官方统计数字提供资料；（6）在适当情况下就判刑方式作出陈词，在建议判刑的轻重时，只能提供获案例支援的判刑范围。

在量刑时，法官应当考虑的减轻处罚因素主要包括：品德良好，认罪、悔罪，与控方合作，受到挑衅，等等。辩方律师有责任通知法庭可能对被控人减轻处罚的任何情形。《有组织及严重犯罪条例》第27条规定，控方可以向法庭提供以下有关量刑的材料：（1）被控人的犯罪行为给任何人直接或者间接造成的损失的性质和程度；（2）犯罪行为给被控人或其他人直接或者间接带来的经济或者其他利益的性质和程度；（3）该指明的罪行的普遍程度；（4）近期多次发生的该指明罪行给社会直接或者间接造成的损害的性质和程度；（5）近期多次发生的该指明罪行给任何人直接或者间接带来的经济或者其他利益的性质和程度。

五、上诉程序

香港特区刑事诉讼程序中的上诉程序，主要包括上诉及复审。上诉，是指被告人对原审判决的定罪、量刑等不服而提出的上诉。复审包括两种：一种是原审法官进行的复审，另一种是上诉法庭的复审。原审法官的复审，是指双方当事人不服裁判法院原判决的定罪、量刑或者释放时，在宣判后 14 日内向原审法院申请复审，复审申请提出后，须经批准才予复审。复审申请遭到拒绝后，只能提出上诉，不得对拒绝申请的决定上诉。上诉法庭的复审只限于律政司提出申请的情形。

（一）上诉的类型

《香港人权法案条例》第 11 条规定，经判定犯罪者，有权声请上级法院依法复判其有罪判决及所科刑罚。《裁判官条例》第 105 条规定，在裁判官对任何他有权循简易程序裁定的申诉、告发、控罪或其他法律程序进行聆讯及作出裁定之后，任何一方或任何因此而感到受屈的人，都可以针对任何定罪、命令、裁定或上述的其他法律程序所涉及的法律错误或以超越司法管辖权为由，向裁判官书面提出上诉。有权受理上诉的法院是高等法院、上诉法院及终审法院。不服裁判法院判决的，要向高等法院上诉；不服区域法院和高等法院判决的，要向上诉法院上诉；不服上诉法院判决的，要向终审法院上诉。

第一，对裁判法院的判决提出上诉。《裁判官条例》第

114 条规定，对裁判官作出的命令或裁定，如果根据该条例第 113 条的规定获准上诉，上诉人应当在作出命令或裁定后 14 日以内提出上诉。上诉申请应当采用书面格式，述明上诉的概括理由，并由上诉人或者代理人签名。如果被控人未作有罪答辩，既可以对定罪提出上诉，也可以对量刑提出上诉。如果被告人作有罪答辩，只能对量刑提出上诉。

《刑事上诉规则》第 3 条规定，上诉通知、申请上诉许可的通知，或者申请延展发出通知期限的通知，应当由上诉人亲自签署，但如该规则第 8 条（上诉人精神错乱的情形，可由其律师或其他授权的人签署）及第 9 条（对于法人团体，可由秘书、文员、经理或律师签署）准许或上诉法庭或法官另有指示，则不受此限制。

《裁判官条例》第 114 条规定，一旦被告人提交上诉通知，裁判官就应当自收到上诉通知之日起 15 日内，拟备一份经其签署的陈述书，述明他对有关事实的裁断及其决定的其他理由。第 119 条规定，如果上诉人处于羁押状态，裁判官可以根据该条例的规定予以释放，也可以允许上诉人保释。

第二，对经公诉作出的定罪提出上诉。任何由公诉经地方法院或者高等法院审理后被宣告有罪的被告人，都可以就法律问题（包括法律原则的适用、成文法的解释、证据的可采性等）提出上诉。如果上诉法庭许可，也可以其他理由提出上诉。需要指出的是，对于审判过程中遇到的法律问题，可以通过保留方式，留待上诉法庭处理。《刑事诉讼程序条例》第 81 条规定，对于在公诉书的审讯中出现的任何法律问题，主审法庭的法官可以予以保留，留待上诉法庭考虑。除法官依职权予以保留之外，控辩双方也可以申请对有关法律问题予以保留。如果据此保留法律问题，而被告人已被定罪，则可以推迟判决，直至上诉法庭考虑有关法律问题并作出决定；或者将被定罪的人交付监狱，或根据法定条件准许保释。上诉法庭在考虑案件所涉的保留问题时，可以确认或者撤销该项定罪，或者命令重新审讯，或者作出为实施其决定所需的其他命令。

循公诉程序被定罪的人，可以针对定罪向上诉法庭提出上诉。《刑事诉讼程序条例》第 82 条规定，上诉可以基于任何仅涉及法律问题的理由，以及经上诉法庭许可的仅涉及事实问题的理由，或者涉及法律兼事实问题的理由，或上诉法庭认为是足够上诉理由的任何其他理由。同时，如果主审法庭的法官发给一份证明书，证明该案件适合基于涉及事实问题的理由，或者涉及法律兼事实问题的理由提出上诉，则无须经上诉法庭许可即可提出上诉。《刑事上诉规则》第 16 条规定，如果主审法官认为适宜，可以告知在其席前被定罪或判刑的人，其认为该案是一宗根据该条例第 82（2）条可以向上诉法庭提出上诉的案件，并可以向该人签发表明该意见的证明书。

根据《刑事诉讼程序条例》第 83 条的规定，如果上诉法庭认为存在以下情形，就应当批准上诉：其一，基于案件的所有情况，定罪并不稳妥或者并不令人满意，应予作废；其二，因曾就任何法律问题作出错误决定的理由，主审法庭的判决应予作废；其三，在审判过程中存在重大不当之处，如对陪审团作出错误指示等。对于针对定罪的上诉，上诉法庭如判决上诉得直为上诉理由成立，就应当撤销定罪。上诉法庭撤销定罪的命令，除根据《刑事诉讼程序条例》第 83E 条上诉人被命令重审的情况外，还应当要求主审法庭登录无罪判决，以代替定罪记录。

《检控守则》第22.1条规定，如果被告不服定罪而提出上诉，检控人员的职责是协助法庭公正和适当地处理上诉。第22.3条还规定，检控人员通常力求维持定罪判决，但当上诉有恰当理由，控方认同上诉时，便应当向法庭作出解释。如果控方认同上诉，应当获得刑事检控专员的同意。

对于无罪判决等情形，律政司司长可以向上诉法庭提出上诉。具体包括以下几种情形：首先是针对无罪判决所涉法律问题的转交程序。《刑事诉讼程序条例》第81D条规定，凡循公诉程序受审的人已获裁定无罪，而律政司司长意图让上诉法庭就案件所涉法律问题提出意见，就可以将该问题转交上诉法庭，上诉法庭应当考虑有关问题，并提出相应的意见。此种法律问题转交程序，不影响转交所涉的审讯或者该案审讯所作的任何无罪裁定。其次是针对释放决定的上诉程序。《刑事诉讼程序条例》第81E条规定，被告人根据该条例第16条或第79G条或根据《复杂商业罪行条例》第22条被释放后，律政司司长可以针对该人的释放向上诉法庭提出上诉。上诉可以针对任何涉及法律问题的理由，或者主张在法庭席前的文件和证据足以对被告人形成表面证据。上诉法庭经审查，可以撤销被控人的无罪裁定并命令该人受审。上诉法庭命令进行审讯时，可以作出被命令受审的人扣押或准予保释而所需的命令。最后是针对撤销公诉书的上诉程序。《刑事诉讼程序条例》第81F条规定，法庭撤销公诉书后，律政司司长可以针对撤销公诉书的命令，向上诉法庭提出上诉。上诉只可基于法律问题提出，上诉法庭经审查，可以将命令作废，并命令被控人受审。上诉法庭命令进行审讯时，可以作出将被命令受审的人在听候审讯期间羁留或者准予保释的命令。

第三，对量刑提出上诉。《刑事诉讼程序条例》第 83G 条规定，任何人如循公诉程序就某项罪行被定罪，可以针对该罪而被判处的任何刑罚向上诉法庭提出上诉，但法律规定的绝对确定刑除外。根据判例，被告人因两个或者两个以上的犯罪被判刑，其中一个罪符合上诉要求而其他罪不符合的，只能针对符合上诉要求的量刑提出上诉。《检控守则》第 22.6 条规定，如上诉人针对判刑提出上诉，检控人员必须协助法庭，指出所涉罪行在量刑方面的有关法律和案例。同时，《检控守则》第 22.7 条规定，如果检控人员认为原判刑欠缺法律依据、原则上有错或者明显过重，应当经刑事检控专员同意对上诉作出认同。

除定罪判决外，被告人还可针对其他不利的处罚提出上诉。《刑事诉讼程序条例》第 83H 条规定，对于原讼法庭审理的案件，罪犯经裁判官根据《裁判官条例》第 81B（3）条交付审判的法律程序，或者被处以感化令、有条件释放令或已被判缓刑，并就其罪行作进一步处置的法律程序，在此类法律程序中可以针对特定的刑罚向上诉法庭提出上诉。

被告人针对刑罚提出的上诉，不可以随意提出，而是应当经上诉法庭许可才有权提出。《刑事诉讼程序条例》第 83I 条规定，如果上诉法庭认为，应当对上诉人所涉罪行判处不同的刑罚，可以撤销原判的刑罚或命令，并改为判处上诉法庭认为合适的刑罚或命令，同时，该刑罚或者命令应当是下级法庭对该罪行有权判处的刑罚或命令。

《检控守则》第 22.8 条规定，在特殊情形下，律政司司长可以基于判刑在法律上或原则上出错，或判刑明显过轻或过重，向法庭申请复核判刑。《刑事诉讼程序条例》第 81A 条规定，律政司司长经上诉法庭许可，可以针对上诉法庭以外的任何法庭所判处的刑罚，基于该刑罚并非经法律认可、原则上错误、明显过重或明显不足的理由，向上诉法庭申请复核。上诉法庭可以命令将答辩人羁留扣押，直至根据该条例第 81B（1）条作出相应的命令为止，也可以基于答辩人的申请，准许答辩人保释，以听候申请的聆讯。

针对控辩双方对量刑提出的上诉，上诉法庭应当进行聆讯，并作出相应的处理。《刑事诉讼程序条例》第 81B 条规定，上诉法庭在聆讯申请时，如果认为刑罚并非经法律认可、原则上错误、明显过重或明显不足的，可以命令撤销原审法庭所判处的刑罚，并依法判处上诉法庭认为本应判处的其他刑罚。在复核刑罚的聆讯过程中，律政司司长和答辩人有权获得聆听。但是，《刑事诉讼程序条例》第 81C 条规定，如果答辩人已经对所判处刑罚的定罪提出上诉，或者已根据《裁判官条例》第 104 条向裁判官申请复核其决定，或者已根据《裁判官条例》第 105 条向裁判官申请作出案件呈述，那么，上诉法庭不得根据《刑事诉讼程序条例》第 81B 条复核刑罚，但该上诉（或申请）已撤回或得到处置的除外。

第四，对有关行为能力裁决的上诉。这主要是指因被告人精神错乱而宣告无罪或者被告人无行为能力而不适宜受审的裁决。对被告人精神错乱的裁决提出的上诉，适用的程序和原则与经公诉定罪提出上诉的程序和原则相同。《刑事诉讼程序条例》第 83J 条规定，如果被告人因精神错乱而被作出无罪的裁决，可以基于以下理由提出上诉：其一，任何仅涉及法律问题的理由；其二，经上诉法庭许可的仅涉及事实问题的理由，或者涉及法律兼事实问题的理由，或上诉法庭认为适当的其他上诉理由。同时，如果主审法庭的法官提供一份证明书，证明该案件适合基于涉及事实问题的理由，或者涉及法律兼事实问题的理由提出上诉，则无须经上诉法庭许可即可提出上诉。

《刑事诉讼程序条例》第 83K 条规定，上诉法庭经审查，认为存在以下情形，应当判决提出的上诉得直：其一，基于案件的所有情况，裁决并不稳妥或者并不令人满意，应予作废；其二，因对法律问题作出错误决定，使裁决生效的法庭命令应予作废；其三，在审判过程中存在重大不当之处。如果上诉理由是陪审团对上诉人精神错乱所作的裁断不应成立，而上诉法庭认为本应认定上诉人有罪，那么，上诉法庭应当以该罪行有罪的裁决，取代因精神错乱而认定无罪的裁决；在其他情况下，上诉法庭应当以无罪的裁决取代陪审团的裁决。同时，《刑事诉讼程序条例》第 83L 条规定，如果上诉法庭认为，案件不应作出无罪裁决，而是应当作出上诉人无行为能力的裁断，就应当命令将上诉人收纳入惩教署精神病中心或行政长官指明的精神病院。

（二）上诉人的权利

在上诉程序中，上诉人依法享有相应的诉讼权利。《刑事诉讼程序条例》第 83U 条规定，被告人有权出席申请上诉许可的聆讯和上诉的聆讯，但上诉法庭基于司法公正或安全等需要而另作命令的除外。《刑事上诉规则》第 67 条规定，上诉人及任何与其上诉有关的大律师或者律师，有权出席和参与对证人进行的任何讯问。如果上诉人处于扣押之中，法官可以基于司法常务官亲笔签署的手令，为确保上诉人在任何讯问中出庭而向惩教署署长发出指示。根据判例，如果被告人提出上诉后在审讯之前或者期间潜逃的，法官可以延期审理或者驳回上诉。上诉法庭判处任何人刑罚的权力，即便该人因任何理由而没有出席，仍可以行使。

此外，上诉人可以向司法常务官取得其上诉所需的任何文件或材料，包括文件文本或复印件。根据判例，上诉人可以对下级法院的记录提出异议。上诉人还拥有申请保释的权利。

需要指出的是，上诉人可以依法撤回上诉。《刑事上诉规则》第 39 条规定，上诉人在上诉聆讯前的任何时间，可以向司法常务官发出放弃上诉通知而放弃上诉，在司法常务官收到该通知后，上诉即当作已被上诉法庭驳回。

（三）上诉的审理和裁决

根据《高等法院条例》第 32 条的规定，除《刑事诉讼程序条例》第 41 条、第 42 条，《高等法院条例》第 32 条第（3）款及法院规则另有规定外，在原讼法庭的每项法律程序及因其产生的一切事务，均应当由一名原讼法庭法官单独开庭聆讯及裁定。终审法院首席法官可以指示，在原讼法庭审理的任何法律程序或任何类别的法律程序，应当由 2 名或 2 名以上的法官聆讯及裁定。

就上诉法庭组成而言，根据《高等法院条例》第 34 条的规定，以申请重新审讯的方式提出的上诉或为将原讼法庭的任何讼案或事宜的裁决、裁断或判决作废而提出的上诉，或者根据《刑事诉讼程序条例》第Ⅳ部提出的上诉，法庭应当由非偶数且不少于 3 名的上诉法庭法官组成。根据《刑事诉讼程序条例》第 83G 条及第 83H 条的规定，仅仅针对判刑提出的上诉，可以由 2 名上诉法庭法官组成。上诉案件不实行全面审查，而是根据上诉人的诉讼请求确定审查的内容。

上诉法院的审判不是案件的重复审判，而是对证据和裁判法院所作判决理由的复查。《刑事上诉规则》第 49 条规定，如果上诉人根据上诉法庭或法官的命令而获准保释，则应当命令上诉人在上诉聆讯以及上诉最终裁定时亲自出席。如果上诉人并未出席其上诉的任何聆讯，则上诉法庭可以拒绝考虑该上诉，循简易程序驳回该上诉，签发拘捕上诉人的手令，押后该上诉，或者在上诉人缺席的情况下考虑该上诉，并作出上诉法庭认为适当的其他命令。上诉法院有权维持、撤销或者改变裁判官的判决；可以将案件发回重审，也可以附加意见后发回重新审理。上诉法院有权行使裁判法院可以行使的任何权力，有权判决裁判法院可以判处的任何刑罚，还可以判处被告人其他罪名成立，代替原判。

上诉法院在审讯时，应首先听取上诉人提出的上诉理由，如果答辩人在场并意图提出反对上诉的理由，应当听取答辩人的理由，上诉人此后也有权作出回答。如有需要，法官也可通过当庭口头讯问、宣誓证言等收集证据，可以申请传召新的证据。关于对新证据的评价，上诉法院的标准是，在听取新的证据并结合原审证据进行分析后，认定定罪是否为可靠的和令人满意的，而不是新证据是否提出了合理的疑点。

《刑事诉讼程序条例》第 83E 条规定，上诉法庭认为，针对定罪提出的上诉判决得直，基于司法公正的需要，可以命令对上诉人重审。如果对上诉人重审，上诉人应当基于根据上诉法庭指示提出的新的公诉书受审，并且应当在上诉法庭指示的法庭或法院受审，或者如果上诉法庭并未作出此类指示，则应当在原审法院受审。《刑事诉讼程序条例》第 83F 条规定，上诉法庭在命令重审时，可以在听候重审期间，将被命令重审的人扣押或准予保释，或者在听候重审期间，将基于原有定罪或者就该定罪所作命令而没收、归还或支付的财产或金钱扣留。

需要指出的是，如果上诉人曾因某罪行被定罪，但陪审团本可基于公诉书认定上诉人对另一罪行有罪，上诉法庭可裁断以另一罪行有罪的裁决取代陪审团的裁决，并就该另一罪行判处法律所认可的且并非更加严格的刑罚，以取代审讯时所判处的刑罚，而不再判决上诉理由成立或驳回上诉。如果公诉书包含两项以上罪名，而上诉法庭认定上诉人的部分上诉理由成立，则可就上诉人仍被定罪的其他罪名，判决其认为适当及法律所认可的刑罚，以取代在审判时就该罪判处的刑罚。如果上诉法庭认为，上诉人本应因精神错误而判处无罪，或者案件不应作出无罪裁决，而应认定无行为能力，则须命令将上诉人收纳入惩教署精神病中心或者行政长官指明的精神病院。

（四）终审法院受理上诉的程序

香港特区实行三审终审制，但多数案件是两审终审。终审法院是香港特区最高的上诉法院，受理高等法院上诉法庭、原讼法庭的刑事上诉案件，对香港特区辖区内的诉讼有终审权。通常只有涉及重大法律内容和重大争议的案件，才可以上诉至终审法院。

向终审法院上诉要经过许可。被告人向终审法院提出上诉许可申请，应以动议形式提出。终审法院设有上诉委员会，由首席法官及 2 名或者 3 名由首席法官委派的常任法官组成。上诉法院行使终审法院审讯及决定是否接纳上诉许可申请的权利。上诉委员会的决定是最终决定，不能上诉。

终审法院审判庭由首席法官和 3 名由首席法官委派的常任法官，以及由首席法官挑选并由终审法院邀请的 1 名非常任香港特区的法官或 1 名其他普通法适用地区法官共 5 人组成。终审法院审判庭开庭的时间及地点，由首席法官指定。审判过程公开进行，公众人士可以列席旁听。被告人有权出席上诉许可申请的审判，亦有权出席上诉的审判。

根据《香港终审法院条例》第 17 条的规定，终审法院经过审理后，可以确认、推翻或更改上诉所针对的法院决定，或将有关事项发还该法院处理，并附终审法院的指引意见，或对有关事项作出其认为适当的其他命令。

六、危害国家安全犯罪的专门诉讼程序

2020 年 6 月 30 日，十三届全国人大常委会第二十次会议表决通过了《香港国安法》，并由香港特区在当地公布实施。

《香港国安法》第 4 章专门规定了危害国家安全罪行的案件管辖、法律适用和程序的制度安排。同时，其第 62 条规定，香港特区本地法律规定与该法不一致的，适用该法规定。在此基础上，2024 年 3 月 23 日，香港特区《维护国家安全条例》刊宪生效。《维护国家安全条例》中也有一些针对刑事诉讼程序的专门规定。

（一）案件管辖的专门规定

为依法履行维护国家安全的职责，《香港国安法》对该法规定的犯罪案件，确立了以香港特区管辖为基础，驻香港特区维护国家安全公署管辖为补充的管辖制度安排。

《香港国安法》第 40 条规定，“香港特别行政区对本法规定的犯罪案件行使管辖权，但本法第五十五条规定的情形除外”。这一规定体现了属地管辖的基本原则。

同时，《香港国安法》第 55 条规定，“有以下情形之一的，经香港特别行政区政府或者驻香港特别行政区维护国家安全公署提出，并报中央人民政府批准，由驻香港特别行政区维护国家安全公署对本法规定的危害国家安全犯罪案件行使管辖权：（一）案件涉及外国或者境外势力介入的复杂情况，香港特别行政区管辖确有困难的；（二）出现香港特别行政区政府无法有效执行本法的严重情况的；（三）出现国家安全面临重大现实威胁的情况的”。

（二）侦查和检控程序的专门规定

为依法规范危害国家安全犯罪案件的诉讼程序，《香港国安法》第 41 条第 1 款规定，“香港特别行政区管辖危害国家安全犯罪案件的立案侦查、检控、审判和刑罚的执行等诉讼程序事宜，适用本法和香港特别行政区本地法律”。

第一，参照调查严重犯罪案件时采取的侦查措施。《香港国安法》第 43 条第 1 款规定，“香港特别行政区政府警务处维护国家安全部门办理危害国家安全犯罪案件时，可以采取香港特别行政区现行法律准予警方等执法部门在调查严重犯罪案件时采取的各种措施，并可以采取以下措施：（一）搜查可能存有犯罪证据的处所、车辆、船只、航空器以及其他有关地方和电子设备；（二）要求涉嫌实施危害国家安全犯罪行为的人员交出旅行证件或者限制其离境；（三）对用于或者意图用于犯罪的财产、因犯罪所得的收益等与犯罪相关的财产，予以冻结，申请限制令、押记令、没收令以及充公；（四）要求信息发布人或者有关服务商移除信息或者提供协助；（五）要求外国及境外政治性组织，外国及境外当局或者政治性组织的代理人提供资料；（六）经行政长官批准，对有合理理由怀疑涉及实施危害国家安全犯罪的人员进行截取通讯和秘密监察；（七）对有合理理由怀疑拥有与侦查有关的资料或者管有有关物料的人员，要求其回答问题和提交资料或者物料”。

为规范上述措施的适用，《香港国安法》第 43 条第 2 款规定，“香港特别行政区维护国家安全委员会对警务处维护国家安全部门等执法机构采取本条第一款规定措施负有监督责任”。

考虑到危害国家安全犯罪案件的特殊性，《香港国安法》第 43 条第 3 款规定，“授权香港特别行政区行政长官会同香港特别行政区维护国家安全委员会为采取本条第一款规定措施制定相关实施细则”。

第二，严格的检控程序。《香港国安法》第 41 条第 2 款规定，“未经律政司长书面同意，任何人不得就危害国家安全犯罪案件提出检控。但该规定不影响就有关犯罪依法逮捕犯罪嫌疑人并将其羁押，也不影响该等犯罪嫌疑人申请保释”。

同时，考虑到危害国家安全犯罪案件的严重性质，《香港国安法》第 41 条第 3 款规定，“香港特别行政区管辖的危害国家安全犯罪案件的审判循公诉程序进行”。

此外，《香港国安法》第 45 条规定，“除本法另有规定外，裁判法院、区域法院、高等法院和终审法院应当按照香港特别行政区的其他法律处理就危害国家安全犯罪案件提起的刑事检控程序”。

第三，适应办案需要的羁押和审理期限。《香港国安法》第 42 条第 1 款规定，“香港特别行政区执法、司法机关在适用香港特别行政区现行法律有关羁押、审理期限等方面的规定时，应当确保危害国家安全犯罪案件公正、及时办理，有效防范、制止和惩治危害国家安全犯罪”。

（三）审判程序的专门规定

基于危害国家安全犯罪案件的特殊性质，《香港国安法》对公开审判原则及其例外情形、保释的限制、法官指定、陪审团的排除适用和证明书的效力等问题作出了专门规定。

第一，公开审判原则及其例外情形。《香港国安法》第 41 条第 4 款规定，“审判应当公开进行。因为涉及国家秘密、公共秩序等情形不宜公开审理的，禁止新闻界和公众旁听全部或者一部分审理程序，但判决结果应当一律公开宣布”。该规定将不宜公开审理的情形限定为案件涉及国家秘密、公共秩序等特殊情形。同时，不公开审理并非一概不允许旁听，而是区分禁止旁听全部或者一部分审理程序两种情形。

第二，保释的严格限制。《香港国安法》第 42 条第 2 款规定，“对犯罪嫌疑人、被告人，除非法官有充足理由相信其不会继续实施危害国家安全行为的，不得准予保释”。

同时，《维护国家安全条例》第 107 条规定，被控人被交付审讯后不得申请未经聆讯释放，具体包括以下要求：（1）如有证书根据《香港国安法》第46条就任何案件发出，则就该案件而言，《刑事诉讼程序条例》第16条并无任何效力。（2）据此，在应用《刑事诉讼程序条例》第85A条时，该条的第（1）（e）款，须不予理会。（3）在该分部其他条文与该条并无抵触的范围内，该条并不局限本分部其他条文对上述案件的适用。

第三，指定法官的要求。关于指定法官的范围，《香港国安法》第44条第1款规定，“香港特别行政区行政长官应当从裁判官、区域法院法官、高等法院原讼法庭法官、上诉法庭法官以及终审法院法官中指定若干名法官，也可从暂委或者特委法官中指定若干名法官，负责处理危害国家安全犯罪案件。行政长官在指定法官前可征询香港特别行政区维护国家安全委员会和终审法院首席法官的意见。上述指定法官任期一年”。

《维护国家安全条例》第100条进一步指出，任何涉及国家安全的案件均须由指定法官审理，具体包括两种情形：（1）任何法院所审理的案件，如凭借该条例第3（2）（b）条而属涉及国家安全的案件，即须由指定法官审理。（2）在其他成文法则与该条第（1）款并无抵触的范围内，该款并不局限其他成文法则对任何案件的适用。

关于指定法官的排除事由，《香港国安法》第44条第2款规定，“凡有危害国家安全言行的，不得被指定为审理危害国家安全犯罪案件的法官。在获任指定法官期间，如有危害国家安全言行的，终止其指定法官资格”。

关于指定法官的层级，《香港国安法》第44条第3款规定，“在裁判法院、区域法院、高等法院和终审法院就危害国家安全犯罪案件提起的刑事检控程序应当分别由各该法院的指定法官处理”。

第四，陪审团的排除适用。考虑到危害国家安全犯罪案件的特殊性，可排除陪审团的适用。《香港国安法》第 46 条第 1 款规定，“对高等法院原讼法庭进行的就危害国家安全犯罪案件提起的刑事检控程序，律政司长可基于保护国家秘密、案件具有涉外因素或者保障陪审员及其家人的人身安全等理由，发出证书指示相关诉讼毋须在有陪审团的情况下进行审理。凡律政司长发出上述证书，高等法院原讼法庭应当在没有陪审团的情况下进行审理，并由三名法官组成审判庭”。

在没有陪审团的情形下，法官履行事实裁判者的职能。《香港国安法》第 46 条第 2 款规定，“凡律政司长发出前款规定的证书，适用于相关诉讼的香港特别行政区任何法律条文关于‘陪审团’或者‘陪审团的裁决’，均应当理解为指法官或者法官作为事实裁断者的职能”。

第五，证明书的效力。这里的证明书，主要涉及有关行为是否涉及国家安全或者有关证据材料是否涉及国家秘密的认定问题。《香港国安法》第 47 条规定，“香港特别行政区法院在审理案件中遇有涉及有关行为是否涉及国家安全或者有关证据材料是否涉及国家秘密的认定问题，应取得行政长官就该等问题发出的证明书，上述证明书对法院有约束力”。

在此基础上，《全国人民代表大会常务委员会关于〈中华人民共和国香港特别行政区维护国家安全法〉第十四条和第四十七条的解释》对相关证明书的取得程序作出了进一步规定。该解释第 2 条强调，对于此类专门认定问题，应当向行政长官提出，并取得行政长官就该等问题发出的证明书。同时，该解释第 3 条中规定，“不具有香港特别行政区全面执业资格的海外律师是否可以担任危害国家安全犯罪案件的辩护人或者诉讼代理人的问题，属于《中华人民共和国香港特别行政区维护国家安全法》第四十七条所规定的需要认定的问题，应当取得行政长官发出的证明书。如香港特别行政区法院没有向行政长官提出并取得行政长官就该等问题发出的证明书，香港特别行政区维护国家安全委员会应当根据《中华人民共和国香港特别行政区维护国家安全法》第十四条的规定履行法定职责，对该等情况和问题作出相关判断和决定”。

第六，保密义务。《香港国安法》第 63 条规定，“办理本法规定的危害国家安全犯罪案件的有关执法、司法机关及其人员或者办理其他危害国家安全犯罪案件的香港特别行政区执法、司法机关及其人员，应当对办案过程中知悉的国家秘密、商业秘密和个人隐私予以保密。担任辩护人或者诉讼代理人的律师应当保守在执业活动中知悉的国家秘密、商业秘密和个人隐私。配合办案的有关机构、组织和个人应当对案件有关情况予以保密”。

第二章
民事诉讼程序

第一节　中国内地民事诉讼程序

中国内地民事诉讼程序主要由系统的成文的《民事诉讼法》及最高人民法院有关司法解释作出规范。1991 年 4 月 9 日公布施行的《民事诉讼法》，先后于 2007 年 10 月 28 日、2012 年 8 月 31 日、2017 年 6 月 27 日、2021 年 12 月 24 日以及 2023 年 9 月 1 日进行了五次重大修正，对规范和保障人民法院正确审理民事案件发挥了重要作用。规范民事诉讼程序的司法解释则主要有《民事诉讼法解释》《民事诉讼证据规定》。

内地《民事诉讼法》的总体任务是保护当事人行使诉讼权利，保证人民法院查明事实、分清是非，正确适用法律，及时审理民事案件，确认民事权利义务关系，制裁民事违法行为，保护当事人的合法权益，教育公民自觉遵守法律，维护社会秩序、经济秩序，保障社会主义建设事业顺利进行。

一、民事诉讼管辖

内地民事诉讼中的管辖，是指各级法院之间和同级法院之间受理第一审民事案件的分工和权限。

（一）级别管辖

级别管辖，是指按照一定的标准，划分上下级法院之间受理第一审民事案件的分工和权限。《民事诉讼法》第18~21条对各级法院的管辖范围作出了规定。基层人民法院管辖除《民事诉讼法》另有规定外的所有第一审民事案件。中级人民法院管辖的第一审民事案件为：重大涉外案件、在本辖区有重大影响的案件以及最高人民法院确定由中级人民法院管辖的案件。其中，重大涉外案件包括争议标的额大的案件、案情复杂的案件或者一方当事人人数众多等具有重大影响的案件。专利纠纷案件由知识产权法院、最高人民法院确定的中级人民法院和基层人民法院管辖。高级人民法院管辖在本辖区有重大影响的第一审民事案件。最高人民法院管辖的第一审民事案件有两类：一类是在全国有重大影响的案件；另一类是最高人民法院认为应当由本院审理的案件。

为适应新时代审判工作发展要求，合理定位四级法院民事审判职能，促进矛盾纠纷化解重心下移，2019年4月30日，最高人民法院下发《关于调整高级人民法院和中级人民法院管辖第一审民事案件标准的通知》，调整了级别管辖标准。该通知规定，中级人民法院管辖第一审民事案件的诉讼标的额上限原则上为50亿元（人民币），高级人民法院管辖诉讼标的额50亿元（人民币）以上（包含本数）或者其他在本辖区有重大影响的第一审民事案件。2021年9月17日，最高人民法院下发《关于调整中级人民法院管辖第一审民事案件标准的通知》，明确当事人住所地均在或者均不在受理法院所处省级行政辖区的，中级人民法院管辖诉讼标的额 5 亿元以上的第一审民事案件；当事人一方住所地不在受理法院所处省级行政辖区的，中级人民法院管辖诉讼标的额 1 亿元以上的第一审民事案件。

为克服整齐划一的级别管辖所带来的一些实际困难，《民事诉讼法》规定了管辖权转移制度，作为级别管辖这一原则的变通与补充，主要体现在以下几个方面：（1）上级人民法院有权审理下级人民法院管辖的第一审民事案件；下级人民法院对它所管辖的第一审民事案件，认为需要由上级人民法院审理的，可以报请上级人民法院审理。（2）上级人民法院确有必要将本院管辖的第一审民事案件交下级人民法院审理的，在报请其上级人民法院批准后可以交下级人民法院审理。具体来说，上级人民法院可以将其管辖的下列第一审民事案件，在开庭前交由下级人民法院审理：破产程序中有关债务人的诉讼案件；当事人人数众多且不方便诉讼的案件；最高人民法院确定的其他类型案件。上级人民法院将案件交下级人民法院审理前，应当报请其上级人民法院批准。上级人民法院批准后，人民法院应当裁定将案件交由下级人民法院审理。

（二）地域管辖

地域管辖，是指按照各法院的辖区和民事案件的隶属关系来划分诉讼管辖。地域管辖的作用在于确定同级法院在各自辖区内受理第一审民事案件的分工和权限。

1. 一般地域管辖

《民事诉讼法》规定的一般地域管辖制度实行“原告就被告”

原则，即以被告所在地管辖为原则。被告为公民的，由被告住所地人民法院管辖；被告住所地与经常居住地不一致的，由经常居住地人民法院管辖。公民的住所地，是指公民的户籍所在地。经常居住地，是指公民离开住所地至起诉时已连续居住 1 年以上的地方，但公民住院就医的地方除外。被告为法人或者其他组织的，由被告住所地人民法院管辖。法人或者其他组织的住所地，是指法人或者其他组织的主要办事机构所在地。法人或者其他组织的主要办事机构所在地不能确定的，法人或者其他组织的注册地或者登记地为住所地。同一诉讼的几个被告住所地、经常居住地在两个以上人民法院辖区的，各该人民法院都有管辖权。

一般地域管辖以原告所在地管辖为例外。根据《民事诉讼法》第 23 条的规定，下列民事诉讼，由原告住所地人民法院管辖；原告住所地与经常居住地不一致的，由原告经常居住地人民法院管辖：（1）对不在中华人民共和国领域内居住的人提起的有关身份关系的诉讼；（2）对下落不明或者宣告失踪的人提起的有关身份关系的诉讼；（3）对被采取强制性教育措施的人提起的诉讼；（4）对被监禁的人提起的诉讼。

2. 特殊地域管辖

《民事诉讼法》第 24~33 条规定了十种属于特殊地域管辖的诉讼：

（1）因合同纠纷提起的诉讼，由被告住所地或者合同履行地人民法院管辖。

（2）因保险合同纠纷提起的诉讼，由被告住所地或者保险标的物所在地人民法院管辖。

（3）因票据纠纷提起的诉讼，由票据支付地或者被告住所地人民法院管辖。

（4）因公司设立、确认股东资格、分配利润、解散等纠纷提起的诉讼，由公司住所地人民法院管辖。

（5）因铁路、公路、水上、航空运输和联合运输合同纠纷提起的诉讼，由运输始发地、目的地或者被告住所地人民法院管辖。

（6）因侵权行为提起的诉讼，由侵权行为地或者被告住所地人民法院管辖。

【案例：侵权行为地】上诉人王某与被上诉人金某林、原审第三人中国平安财产保险股份有限公司吉林分公司机动车交通事故责任纠纷案[1]，内蒙古自治区兴安盟中级人民法院经审查认为，该案为机动车交通事故责任纠纷，被上诉人金某林驾驶的无号牌两轮摩托车与上诉人王某驾驶的标致轿车两车相剐撞地点为内蒙古省际通道312km+150m处，即事故发生地在内蒙古科右前旗境内，依据《民事诉讼法》的规定，作为侵权行为地的科右前旗人民法院具有该案的管辖权。

（7）因铁路、公路、水上和航空事故请求损害赔偿提起的诉讼，由事故发生地或者车辆、船舶最先到达地、航空器最先降落地或者被告住所地人民法院管辖。

（8）因船舶碰撞或者其他海事损害事故请求损害赔偿提起的诉讼，由碰撞发生地、碰撞船舶最先到达地、加害船舶被扣留地或者被告住所地人民法院管辖。

（9）因海难救助费用提起的诉讼，由救助地或者被救助船舶最先到达地人民法院管辖。

1　参见内蒙古自治区兴安盟中级人民法院民事裁定书，（2015）兴中法民终字第267号。

（10）因共同海损提起的诉讼，由船舶最先到达地、共同海损理算地或者航程终止地的人民法院管辖。

3. 专属管辖

专属管辖，是指法律规定某些特殊类型的案件专门由特定的法院管辖。专属管辖是排他性管辖，排除诉讼当事人以协议方式选择国内的其他法院管辖。专属管辖与上述一般地域管辖和特殊地域管辖的关系是，凡是法律规定为专属管辖的，均适用专属管辖，不适用一般地域管辖或特殊地域管辖。《民事诉讼法》第 34 条规定了专属管辖的三种情形：（1）因不动产纠纷提起的诉讼，由不动产所在地人民法院管辖；（2）因港口作业中发生纠纷提起的诉讼，由港口所在地人民法院管辖；（3）因继承遗产纠纷提起的诉讼，由被继承人死亡时住所地或者主要遗产所在地人民法院管辖。

4. 协议管辖

协议管辖，又称合意管辖、约定管辖、选择管辖，体现了当事人的意思自治。《民事诉讼法》规定当事人协议管辖必须符合以下条件：

（1）协议管辖的案件只适用于合同或其他财产权益纠纷案件，并且只适用于一审案件确定管辖法院。

（2）当事人协议管辖法院的范围，只限于被告住所地、合同履行地、合同签订地、原告住所地、标的物所在地等与争议有实际联系的地点的人民法院管辖。如果当事人选择了与争议没有实际联系的地点的人民法院，该协议无效。

（3）必须以书面协议的形式选择管辖法院。形式上可以是书面合同中的协议管辖条款或者是诉讼前双方当事人达成的书面管辖协议。

（4）协议管辖不得违反《民事诉讼法》关于级别管辖和专属管辖的规定。由于级别管辖和专属管辖是国家根据行使司法审判职权的需要，基于上下级法院之间的职能分工或对于特定类型纠纷的管辖作出的专门规定，属于强制性法律规定，因此违反级别管辖和专属管辖规定的管辖协议无效。

（三）管辖权异议及应诉管辖

提出管辖权异议是当事人的一项重要诉讼权利。《民事诉讼法》第130条第1款规定，人民法院受理案件后，当事人对管辖权有异议的，应当在提交答辩状期间提出。人民法院对当事人提出的异议，应当审查。异议成立的，裁定将案件移送有管辖权的人民法院；异议不成立的，裁定驳回。此外，当事人不服管辖权异议裁定，可以向上一级人民法院上诉。

《民事诉讼法》还设置了应诉管辖制度，《民事诉讼法》第130条第2款规定，当事人未提出管辖异议，并应诉答辩或者提出反诉的，视为受诉人民法院有管辖权，但违反级别管辖和专属管辖规定的除外。应诉管辖也称默示协议管辖、拟制合意管辖、推定管辖，是指没有管辖协议，但法院推定当事人之间形成了由受诉法院管辖的合意的制度。值得一提的是，当事人在提交答辩状期间提出管辖异议，又针对起诉状的内容进行答辩的，人民法院仍应当对管辖异议进行审查。

（四）管辖恒定原则

管辖恒定原则，是指确定管辖权以起诉时为标准，起诉时对案件享有管辖权的法院，不因确定管辖的事实在诉讼过程中发生变化而影响其管辖权。管辖恒定是诉讼经济的必然要求，可以有效避免因管辖变动引发的司法资源浪费，减少当事人的讼累，提高诉讼效率，有利于纠纷及时解决。管辖恒定原则具体表现为以下三个方面：（1）案件受理后，受诉人民法院的管辖权不受当事人住所地、经常居住地变更的影响。（2）有管辖权的人民法院受理案件后，不得以行政区域变更为由，将案件移送给变更后有管辖权的人民法院。判决后的上诉案件和依审判监督程序提审的案件，由原审人民法院的上级人民法院进行审判；上级人民法院指令再审、发回重审的案件，由原审人民法院再审或者重审。（3）人民法院对管辖异议审查后确定有管辖权的，不因当事人提起反诉、增加或者变更诉讼请求等改变管辖，但违反级别管辖、专属管辖规定的除外。人民法院发回重审或者按第一审程序再审的案件，当事人提出管辖异议的，人民法院不予审查。

二、审级制度

内地民事诉讼审级制度，根据《民事诉讼法》的规定，当事人不服一审人民法院裁判，可以在上诉期内向上一级人民法院上诉。上一级人民法院对上诉案件所作出的裁判为终审裁判，当事人不得再行上诉。最高人民法院作为一审法院作出的裁判为终审裁判。因此，内地民事诉讼实行两审终审制度，一个民事案件经过两级法院审理就告终结。当然，内地民事诉讼也存在实行一审终审的几种特殊情形。具体来说，除《民事诉讼法》规定的不准上诉的裁定外，还有按照特别程序审理的案件以及《民事诉讼法》第 165 条规定的小额诉讼案件实行一审终审。

三、证据

证据，是指证明案件事实是否客观存在的材料。可以用于证明案件事实的材料，都是证据。证据在民事诉讼中有极其重要的意义，既是法院认定案件事实的根据，也是法院作出裁判的基础。法院应当以证据能够证明的案件事实为根据依法作出裁判。《民事诉讼法解释》及2019年修正的《民事诉讼证据规定》，进一步细化完善了民事诉讼证据规则，能够更好地促进民事诉讼证据采信的准确性和规范化，更有利于实现司法审判工作“事实认定符合客观真相，办案结果符合实体公正、办案过程符合程序公正”的目标。

（一）证据种类

根据《民事诉讼法》第66条第1款的规定，证据包括：当事人的陈述；书证；物证；视听资料；电子数据；证人证言；鉴定意见；勘验笔录。

（1）当事人陈述在最广泛意义上包括关于诉讼请求的陈述，关于支持或者反对诉讼请求的法律与事实根据的陈述，关于与案件有关的其他事实的陈述，关于证据分析的陈述，关于案件的性质和法律问题的陈述，等等。[1]

（2）书证以纸张等物质载体的形式体现，但所记载的文字、图形、符号等内容是其本质属性。

（3）物证是以物品的自身属性、外部特征和存在状况等证明案件事实的证据资料，与其他证据形式相比，物证具有较强的客观性。物证是以其存在形式来证明案件事实，其本身是实体物品或痕迹的客观存在，物证与待证事实之间存在不受人的主观意志影响的客观联系。

（4）视听资料，是指以录音、录像等设备所存储的信息证

1 参见江伟主编：《民事诉讼法》，高等教育出版社2000年版，第142页。

明案件真实情况的资料。

（5）电子数据即电子证据，电子数据包括下列信息、电子文件：网页、博客、微博客等网络平台发布的信息；手机短信、电子邮件、即时通信、通信群组等网络应用服务的通信信息；用户注册信息、身份认证信息、电子交易记录、通信记录、登录日志等信息；文档、图片、音频、视频、数字证书、计算机程序等电子文件；其他以数字化形式存储、处理、传输的能够证明案件事实的信息。

（6）证人证言是以证人在法庭上就其亲身经历的案件事实所作的客观陈述作为证明案件事实的资料。证人应当客观陈述其亲身感知的事实，作证时不得使用猜测、推断或者评论性语言。证人作证前不得旁听法庭审理，作证时不得以宣读事先准备的书面材料的方式陈述证言。证人言词表达有障碍的，可以通过其他表达方式作证。人民法院应当要求证人在作证之前签署保证书，并在法庭上宣读保证书的内容。但无民事行为能力人和限制民事行为能力人作为证人的除外。证人确有正当理由不能宣读保证书的，由书记员代为宣读并进行说明。证人拒绝签署或者宣读保证书的，不得作证，并自行承担相关费用。

（7）鉴定意见是鉴定人接受人民法院的委托，运用自己的专门知识或借助一定的方法和仪器，对与案件有关的专门性问题进行研究、检验、分析后给出的判断性意见。

（8）勘验笔录是诉讼中人民法院为查明案件事实的需要，对与案件事实有关的物证和现场进行勘查检验所作的记录。

（二）举证责任分配

内地民事诉讼举证责任分配以“谁主张，谁举证”为原则。《民事诉讼法》第 67 条第 1 款规定，当事人对自己提出的主张，有责任提供证据。根据《民事诉讼法解释》第 90 条的规定，当事人对自己提出的诉讼请求所依据的事实或者反驳对方诉讼请求所依据的事实，应当提供证据加以证明，但法律另有规定的除外。在作出判决前，当事人未能提供证据或者证据不足以证明其事实主张的，由负有举证证明责任的当事人承担不利的后果。根据《民事诉讼法解释》第 91 条的规定，人民法院应当依照下列原则确定举证证明责任的承担，但法律另有规定的除外：（1）主张法律关系存在的当事人，应当对产生该法律关系的基本事实承担举证证明责任；（2）主张法律关系变更、消灭或者权利受到妨害的当事人，应当对该法律关系变更、消灭或者权利受到妨害的基本事实承担举证证明责任。需要指出的是，举证责任的分配具有法定性，该条确定的是举证责任分配的一般规则，法律另有规定的按照另行规定分配。至于该条规定中所指的基本事实，应理解为要件事实，即实体法律关系或者权利构成要件所依赖的事实。司法实践中，法官根据上述规定，在对民事实体法规范进行类别分析的基础上，识别权利发生规范、权利消灭规范、权利限制规范和妨碍规范，并以此为基础确定举证责任的负担。

【案例：举证不能的后果】原告陈某坤与被告上海益多电子商务有限公司、众大亚洲人才资源开发（上海）有限公司（以下简称众大公司）劳务派遣合同纠纷案[1]，上海市浦东新区人民法院经审理认为：当事人对自己提出的诉讼请求所依据的事实或者反驳对方诉讼请求所依据的事实，应当提供证据加以证明，

1　参见上海市浦东新区人民法院民事判决书，（2016）沪 0115 民初 566 号。

但法律另有规定的除外。在作出判决前，当事人未能提供证据或者证据不足以证明其事实主张的，由负有举证证明责任的当事人承担不利的后果。该案中，原告称其用人单位众大公司于2015年8月21日单方面口头通知解除劳动合同，此后亦未收到该公司发出的上班通知。对此，法院认为，一则原告就众大公司于2015年8月21日单方面口头通知其解除劳动合同未提供证据予以证明，故对原告该说法实难采信；二则即便如原告所称其从未收到众大公司发出的上班通知，但从众大公司于2015年8月底向原告寄送上班通知及截至2015年12月仍为原告正常缴纳社会保险费的事实来看，亦实难据此认定众大公司曾存在单方面解除与原告劳动合同的行为。因此，原告要求被告众大公司支付违法解除劳动合同赔偿金的诉请于法无依，不予支持。

（三）书证提出命令

民事审判活动对案件事实的查明，以尽量发现真实的事实为目标，但当事人收集证据的能力不足、途径有限，是长期以来制约这一目标实现的重要原因。特别是环境侵权等特殊类型的诉讼，当事人收集证据途径不足往往会导致其承担败诉的结果，严重影响当事人实体权利的保障和实体公正的实现。为此，《民事诉讼法解释》第112条对“书证提出命令”作出了原则性规定，即书证在对方当事人控制之下的，承担举证证明责任的当事人可以在举证期限届满前书面申请人民法院责令对方当事人提交。申请理由成立的，人民法院应当责令对方当事人提交，因提交书证所产生的费用，由申请人负担。对方当事人无正当理由拒不提交的，人民法院可以认定申请人所主张的书证内容为真实。该条规定较为原则，《民事诉讼证据规定》在此基础上，对“书证提出命令”申请条件、审查程序、书证提出义务范围以及不遵守“书证提出命令”的后果进行规定，进一步完善了“书证提出命令”制度，同时也规定了“关于书证的规定适用于视听资料、电子数据”，因此将视听资料和电子数据纳入了“书证提出命令”的适用范围。[1]

“书证提出命令”的主体范围，涉及申请人与被申请人。其中申请人为对待证事实负有举证责任的当事人，被申请人为控制书证的对方当事人。

“书证提出命令”的客体范围，包括控制书证的当事人在诉讼中引用过的书证，为对方当事人的利益制作的书证，对方当事人依照法律规定有权查阅、获取的书证，账簿、记账原始凭证以及人民法院认为应当提交书证的其他情形。前述书证，如涉及国家秘密、商业秘密、当事人或第三人的隐私，或者存在法律规定应当保密的情形的，提交后不得公开质证。

申请“书证提出命令”时，申请人必须明确申请提交的书证名称或者内容、需要以该书证证明的事实及事实的重要性、对方当事人控制该书证的根据以及应当提交书证的理由。

控制书证的当事人无正当理由拒不提交书证的，人民法院可以认定对方当事人所主张的书证内容为真实。持有书证的当事人以妨碍对方当事人使用为目的，毁灭有关书证或者实施其他致使书证不能使用行为的，人民法院可以依法对其处以罚款、拘留，且可以认定对方当事人主张以该书证证明的事实为真实。

1 参见最高人民法院民事审判第一庭编著：《最高人民法院新民事诉讼证据规定理解与适用》（上），人民法院出版社 2020 年版，第 52~53 页。

【案例：书证提出命令】上诉人吉美投资有限公司与上诉人河南鹰城集团有限公司、张某义、张某股权转让纠纷案[1]，最高人民法院认为：关于张某上诉提出的案涉股权转让未经鹰城房地产公司的合营股东华丰集团同意的问题。张某作为华丰集团的法定代表人在鹰城房地产公司合同、章程修改协议以及同意吉美公司向鹰城集团转让股权的董事会决议上签字，其行为系法定代表人的职务行为，法律后果应由华丰集团承担。故《股权转让合同》不存在侵害其他股东同意权及优先购买权的应予撤销情形。鹰城房地产公司董事会决议及合同、章程修改协议虽系复印件，但上述原件曾提交给平顶山商务局，现为鹰城房地产公司持有，经河南省高级人民法院释明，鹰城房地产公司未予提交，一审判决依据2015年《民事诉讼法解释》第112条的规定认定复印件书证内容真实，符合法律规定。张某关于案涉股权转让未经华丰集团同意的上诉理由不能成立。

（四）申请法院调查收集证据

当事人申请人民法院调查收集的证据，应当是当事人及其诉讼代理人因客观原因不能自行收集的证据，这是人民法院依当事人申请调查收集证据的基本条件。因客观原因不能自行收集的证据主要包括以下两类：一是档案材料，这类证据材料由国家有关部门保存，当事人及其诉讼代理人无权查阅调取；二是私密材料，即涉及国家秘密、商业秘密或者个人隐私的证据材料，这类证据材料由当事人及其诉讼代理人自行收集，可能会产生违法或侵权的情形，因此申请人民法院调查收集证据有其合理性。

1　参见最高人民法院民事判决书，（2017）最高法民终651号。

当事人申请人民法院调查收集证据，应在举证期限届满前向人民法院提出书面申请。人民法院经审查，如发现当事人申请调查收集的证据与待证事实无关联、对于证明待证事实无意义或者存在其他无收集必要情况，依法不予准许当事人提出的调查取证申请。其中对所要申请调查收集的证据与待证事实关联性的判断难点在于，间接证据与待证事实的关联性大小。在许多情况下，由于直接证据不易取得，需要借助间接证据证明间接事实，再依据经验法则推论主要事实。在这种情况下，往往需要根据案件的具体情况特别是待证事实的具体情况，结合有关证据存在的条件等因素，进行综合判断。[1]

（五）法院依职权调查取证

20世纪90年代末期以来，内地的民事审判方式改革吸取和借鉴了对抗制诉讼模式中的积极因素，扩大了当事人在民事诉讼中的权利，同时强化了当事人举证和质证的义务。[2]因此，《民事诉讼法》对人民法院依职权调查收集证据的范围作出了严格限制。根据《民事诉讼法解释》第96条的规定，对涉及可能损害国家利益、社会公共利益的；涉及身份关系的；涉及《民事诉讼法》第58条规定的公益诉讼的；当事人有恶意串通损害他人合法权益可能的；涉及依职权追加当事人、中止诉讼、终结诉讼、回避等程序性事项的，这五类人民法院审理案件所需要的证据，人民法院可以依职权调查收集。除此之外，人民法院调查收集证据，应当依照当事人的申请进行。

1 参见最高人民法院修改后民事诉讼法贯彻实施工作领导小组编著：《最高人民法院民事诉讼法司法解释理解与适用》（上），人民法院出版社2015年版，第326页。

2 参见最高人民法院民事审判第一庭编著：《最高人民法院新民事诉讼证据规定理解与适用》（上），人民法院出版社2020年版，第82~83页。

（六）诉讼中的自认

自认是对于己不利的事实的承认。《民事诉讼法解释》第92条规定，“一方当事人在法庭审理中，或者在起诉状、答辩状、代理词等书面材料中，对于己不利的事实明确表示承认的，另一方当事人无需举证证明。对于涉及身份关系、国家利益、社会公共利益等应当由人民法院依职权调查的事实，不适用前款自认的规定。自认的事实与查明的事实不符的，人民法院不予确认”。

2019年修正的《民事诉讼证据规定》进一步修改完善了当事人自认规则。自认是当事人基于处分权而实施的一种诉讼行为，具有免除对方举证责任的效力。上述规定将诉讼中的自认作为举证责任的例外对待，体现了对当事人处分权的尊重，有利于迅速认定案件事实，提高诉讼效率。

【案例：自认】再审申请人甘肃源祥房地产开发有限公司与被申请人甘肃古典建设集团有限公司建设工程施工合同纠纷案[1]，最高人民法院认为：《最高人民法院关于审理建设工程施工合同纠纷案件适用法律问题的解释》（已失效）第14条第3项规定：“建设工程未经竣工验收，发包人擅自使用的，以转移占有建设工程之日为竣工日期。”根据甘肃源祥公司在二审庭审中的陈述，其认可于2016年9月11日对案涉工程举行封顶仪式。根据2015年《民事诉讼法解释》第92条第1款“一方当事人在法庭审理中，或者在起诉状、答辩状、代理词等书面材料中，对于己不利的事实明确表示承认的，另一方当事人无需举证证明”之规定，二审法院根据甘肃源祥公司的庭审陈述认定封顶事实，继而认定封顶之日即2016年9月11日为竣

1　参见最高人民法院民事裁定书，（2019）最高法民申3879号。

工日期并无不当。

（七）自认之外的免证事实

《民事诉讼证据规定》第 10 条规定："下列事实，当事人无须举证证明：（一）自然规律以及定理、定律；（二）众所周知的事实；（三）根据法律规定推定的事实；（四）根据已知的事实和日常生活经验法则推定出的另一事实；（五）已为仲裁机构的生效裁决所确认的事实；（六）已为人民法院发生法律效力的裁判所确认的基本事实；（七）已为有效公证文书所证明的事实。前款第二项至第五项事实，当事人有相反证据足以反驳的除外；第六项、第七项事实，当事人有相反证据足以推翻的除外。"

（八）质证

证据应当在法庭上出示，由当事人互相质证。质证是人民法院审查认定证据的必要前提，未经当事人质证的证据，不得作为认定案件事实的根据。只有经当事人互相质证、辩论，才能保证证据的真实性和可靠性，避免认定事实的证据出现偏差。

人民法院应当组织当事人围绕证据的真实性、合法性以及与待证事实的关联性进行质证，并针对证据有无证明力和证明力大小进行说明和辩论。其中证据的真实性也称证据的客观性，是指证据必须是客观存在的真实情况，不以人的意志为转移，任何人的想象、揣测和臆造都不能成为民事诉讼的证据，这是民事诉讼证据的最本质的特征。[1]关联性是证据必备的自然属性，是证据能够被采纳的首要条件，在证据规则中发挥基础性和根本性的作用。证据的合法性，一般认为包括证据应当符合法定

1　参见柴发邦主编：《民事诉讼法学新编》，法律出版社 1992 年版，第 195 页。

的形式以及证据的形成和获得要合法。但实践中，形式的合法性通常只有法律有明确的特定要求时才被考虑，而证据形成、获得途径的合法性主要结合实体法的规定并考虑价值衡量的因素来综合判断。[1] 证据的证明力是证据对案件事实的证明效力。证据的真实性、合法性、关联性是人民法院审查判断证据证明力的基础，不具备这些属性的证据因不具有证据能力而应当被排除。人民法院需要对具备了上述“三性”的证据的证明力作出评价，最终确定当事人的事实主张能否成立。

（九）对证据的审核认定

审判人员应当依照法定程序，全面、客观地审核证据，依据法律的规定，遵循法官职业道德，运用逻辑推理和日常生活经验，对证据有无证明力和证明力大小独立进行判断，并公开判断的理由和结果。

审判人员对单一证据可以从下列方面进行审核认定：证据是否为原件、原物，复制件、复制品与原件、原物是否相符；证据与本案事实是否相关；证据的形式、来源是否符合法律规定；证据的内容是否真实；证人或者提供证据的人与当事人有无利害关系。审判人员对案件的全部证据，应当从各证据与案件事实的关联程度、各证据之间的联系等方面进行综合审查判断。

下列证据不能单独作为认定案件事实的根据：当事人的陈述；无民事行为能力人或者限制民事行为能力人所作的与其年龄、智力状况或者精神健康状况不相当的证言；与一方当事人或者其代理人有利害关系的证人陈述的证言；存有疑点的视听

1　参见最高人民法院修改后民事诉讼法贯彻实施工作领导小组编著：《最高人民法院民事诉讼法司法解释理解与适用》（上），人民法院出版社 2015 年版，第 349 页。

资料、电子数据；无法与原件、原物核对的复制件、复制品。

（十）证明标准

证明标准也称证明要求、证明度，是指在诉讼证明活动中，对于当事人之间争议的事实，法官根据证明的情况对该事实作出肯定或否定性评价的最低要求。

《民事诉讼法解释》第108条规定，对负有举证证明责任的当事人提供的证据，人民法院经审查并结合相关事实，确信待证事实的存在具有高度可能性的，应当认定该事实存在。对一方当事人为反驳负有举证证明责任的当事人所主张事实而提供的证据，人民法院经审查并结合相关事实，认为待证事实真伪不明的，应当认定该事实不存在。法律对于待证事实所应达到的证明标准另有规定的，从其规定。也就是说，对待证事实负有举证责任的当事人所进行的本证，需要使法官内心的确信达到高度可能性程度才能被视为完成证明责任；反证则只需要使本证对待证事实的证明陷入真伪不明的状态，即达到目的。

《民事诉讼法解释》第109条规定，当事人对欺诈、胁迫、恶意串通事实的证明，以及对口头遗嘱或者赠与事实的证明，人民法院确信该待证事实存在的可能性能够排除合理怀疑的，应当认定该事实存在。

此外，与诉讼保全、回避等程序性事项有关的事实，人民法院结合当事人的说明及相关证据，认为有关事实存在的可能性较大的，可以认定该事实存在。

【案例：高度可能性证明标准】上诉人佛山鼎容软件科技有限公司（以下简称鼎容公司）与被上诉人济南白兔信息有限公

司（以下简称白兔公司）著作权侵权纠纷案[1]，广东省佛山市中级人民法院二审认为：关于鼎容公司是否实施了侵犯白兔公司著作权的行为的问题。白兔公司为了识别和保护其数据库，在对其数据库中的部分数据加注了其自编的暗记。根据该案查明的事实，鼎容公司的数据库中同样存在多个带有白兔公司暗记的商标标志。鼎容公司上诉称其数据库中的数据是从公共领域收集而来，并非来源于白兔公司，但鼎容公司在二审中对其数据收集方式的演示结果显示，鼎容公司并不能通过其所主张的方式从公共领域获取带有白兔公司暗记的商标标志。由于鼎容公司数据库中存在多个含有白兔公司暗记的商标标志，在鼎容公司不能证明前述数据来源于其他地方的情况下，可以认定鼎容公司实施了复制白兔公司数据库多个商标的数据的行为。由于白兔公司数据库中的数据具有整体性和连续性，白兔公司陈述其数据库还采取了加密措施，其他人不能轻易获取，在白兔公司已举证证明鼎容公司复制了白兔公司数据库中多个商标的数据的情况下，根据2015年《民事诉讼法解释》第108条第1款关于“对负有举证证明责任的当事人提供的证据，人民法院经审查并结合相关事实，确信待证事实的存在具有高度可能性的，应当认定该事实存在”的规定，法院认定鼎容公司整体复制了白兔公司的数据库具有高度可能性，其行为侵犯了白兔公司对其数据库享有的复制权。

四、第一审程序

内地法院审理第一审民事案件适用的审判程序有普通程序和简易程序之分。下面分别作出介绍。

1　参见广东省佛山市中级人民法院民事判决书，（2016）粤06民终9055号。

（一）普通程序

普通程序是审理第一审民事案件普遍适用的程序，也是《民事诉讼法》规定的审判程序中最为重要、最为基础的程序。

1. 起诉与受理

起诉是一审普通程序开始的前提条件。《民事诉讼法》第122条规定，起诉必须符合以下条件：原告是与本案有直接利害关系的公民、法人和其他组织；有明确的被告；有具体的诉讼请求和事实、理由；属于人民法院受理民事诉讼的范围和受诉人民法院管辖。

《民事诉讼法》第127条规定，人民法院对下列起诉，分别情形，予以处理：（1）依照《行政诉讼法》的规定，属于行政诉讼受案范围的，告知原告提起行政诉讼；（2）依照法律规定，双方当事人达成书面仲裁协议申请仲裁、不得向人民法院起诉的，告知原告向仲裁机构申请仲裁；（3）依照法律规定，应当由其他机关处理的争议，告知原告向有关机关申请解决；（4）对不属于本院管辖的案件，告知原告向有管辖权的人民法院起诉；（5）对判决、裁定、调解书已经发生法律效力的案件，当事人又起诉的，告知原告申请再审，但人民法院准许撤诉的裁定除外；（6）依照法律规定，在一定期限内不得起诉的案件，在不得起诉的期限内起诉的，不予受理；（7）判决不准离婚和调解和好的离婚案件，判决、调解维持收养关系的案件，没有新情况、新理由，原告在6个月内又起诉的，不予受理。

【案例：起诉的条件】再审申请人中国工商银行股份有限公司平昌支行（以下简称平昌工行）、中国长城资产管理公司成都办事处与被申请人徐某、邓某勇、朱某东、四川平昌县百坚水泥有限公司（以下简称百坚公司）侵权赔偿纠纷案[1]，最高人民法院认为：起诉是公民、法人和其他组织之间因财产关系和人身关系发生纠纷，其中一方向人民法院提出诉讼请求，要求人民法院行使国家审判权，依法裁决纠纷双方的民事法律关系，以保护自己合法权益的诉讼行为。起诉应该符合法律规定的条件，2012 年《民事诉讼法》第 119 条中规定，原告是与本案有直接利害关系的公民、法人和其他组织。该案中，徐某与平昌工行、百坚公司既不存在合同关系，也不存在侵权关系，并非与该案有直接利害关系的适格原告。原判以侵权纠纷予以受理并认定平昌工行承担侵权责任，事实依据和法律依据不足，应予纠正。据此改判驳回原告徐某的起诉。

对于起诉的方式，《民事诉讼法》第 123 条规定，起诉应当向人民法院递交起诉状，并按照被告人数提出副本。书写起诉状确有困难的，可以口头起诉，由人民法院记入笔录，并告知对方当事人。因此，起诉以书面起诉为原则，口头起诉为例外。

对于起诉状的内容，根据《民事诉讼法》第 124 条的规定，应包括以下内容：原告的姓名、性别、年龄、民族、职业、工作单位、住所、联系方式，法人或者其他组织的名称、住所和法定代表人或者主要负责人的姓名、职务、联系方式；被告的姓名、性别、工作单位、住所等信息，法人或者其他组织的名称、住所等信息；诉讼请求和所根据的事实与理由；证据和证据来源、证人姓名和住所。

为依法保障当事人诉权，《民事诉讼法解释》明确了立案登记程序。人民法院在接到起诉状时，对是否符合起诉条件进

1　参见最高人民法院民事裁定书，（2014）民提字第 46 号。

行形式审查，符合规定的，应予登记立案。人民法院认为起诉不符合法律规定条件的，应当释明和指导。能够当场补正的，应当指导当事人当场补正；不能当场补正的，应当书面告知当事人及时补正。当事人补正后，即予以登记立案。不得未经指导和释明即以起诉不符合条件为由不接收起诉状。对当场不能判定是否符合起诉条件的，应当接收起诉状，并出具注明收到起诉状日期的凭证，在 7 日内决定是否登记立案。对不符合起诉条件的，应当在 7 日内作出不予受理的裁定，载明明确具体的不予受理的理由。在 7 日内不能确定是否符合起诉条件的，应当先行登记立案，进入审理程序。立案后发现不符合起诉条件或者属于《民事诉讼法》第 127 条规定情形的，裁定驳回起诉。当事人对不予受理、驳回起诉的裁定可以上诉。

为切实解决人民群众反映的“立案难”问题，改革法院案件受理制度，变立案审查制为立案登记制，2015 年 4 月 1 日，中央全面深化改革领导小组第十一次会议审议通过了《关于人民法院推行立案登记制改革的意见》。该意见强调对符合法律规定条件的案件，法院必须依法受理，任何单位和个人不得以任何借口阻挠法院受理案件。该意见对不予登记立案的情形也明确作出了规定：（1）违法起诉或者不符合法定起诉条件的；（2）诉讼已经终结的；（3）涉及危害国家主权和领土完整、危害国家安全、破坏国家统一和民族团结、破坏国家宗教政策的；（4）其他不属于人民法院主管的所诉事项。对立案程序细化了以下要求：（1）实行当场登记立案。对符合法律规定的起诉、自诉和申请，一律接收诉状，当场登记立案。对当场不能判定是否符合法律规定的，应当在法律规定的期限内决定是否立案。

（2）实行一次性全面告知和补正。起诉、自诉和申请材料不符合形式要件的，应当及时释明，以书面形式一次性全面告知应当补正的材料和期限。在指定期限内经补正符合法律规定条件的，人民法院应当登记立案。（3）不符合法律规定的起诉、自诉和申请的处理。对不符合法律规定的起诉、自诉和申请，应当依法裁决不予受理或者不予立案，并载明理由。当事人不服的，可以提起上诉或者申请复议。禁止不收材料、不予答复、不出具法律文书。（4）严格执行立案标准。禁止在法律规定之外设定受理条件，全面清理和废止不符合法律规定的立案"土政策"。

2. 审理前的准备

审理前的准备，是指人民法院自案件受理后至开庭审理前，为保证庭审的正常进行和案件正确及时审理所进行的各项诉讼活动的总称。《民事诉讼法》第128~136条是有关审前准备程序的规定，《民事诉讼证据规定》也涉及部分细化规定。

（1）在法定期间内送达诉讼文书。

人民法院在受理案件后，应当向原告送达案件受理通知书，向被告送达应诉通知书，并且在通知书中向当事人告知有关的诉讼权利义务或口头告知。对起诉状副本的送达，则由人民法院在立案之日起5日内发送被告。

关于被告的答辩义务，根据《民事诉讼法》第128条第1款的规定，被告应当在收到起诉状副本之日起15日内提出答辩状。答辩状应当记明被告的姓名、性别、年龄、民族、职业、工作单位、住所、联系方式；法人或者其他组织的名称、住所和法定代表人或者主要负责人的姓名、职务、联系方式。但该条第2款同时规定，被告不提出答辩状的，不影响人民法院审理。

因此，《民事诉讼法》并没有确立答辩失权制度。但是，实践中开始更加注重加强被告答辩的责任感。2019年修正的《民事诉讼证据规定》第49条规定，被告应当在答辩期届满前提出书面答辩，阐明其对原告诉讼请求及所依据的事实和理由的意见。该规定进一步强调了被告的答辩义务。人民法院应当在收到答辩状之日起5日内将答辩状副本发送原告。

此外，人民法院应当在审理前的准备阶段向当事人送达举证通知书。举证通知书应当载明举证责任的分配原则和要求、可以向人民法院申请调查收集证据的情形、人民法院根据案件情况指定的举证期限以及逾期提供证据的法律后果等内容。

（2）告知审判组织。

一般情况下，第一审普通程序的审判组织采用合议制，由审判员、人民陪审员共同组成合议庭或者由审判员组成合议庭。合议庭的成员人数，必须是单数。根据《民事诉讼法》第40条的规定，基层人民法院审理的基本事实清楚、权利义务关系明确的第一审民事案件，可以由审判员一人适用普通程序独任审理。在审判人员确定后，人民法院应当在3日内告知当事人。

（3）确定举证期限。

当事人应当在举证期限内向人民法院提交证据材料，并逐一分类编号，对证据材料的来源、证明对象和内容作简要说明，签名盖章，注明提交日期，并依照对方当事人人数提出副本。

关于举证期限的确定方式，主要有两种：一是当事人协商并经人民法院准许；二是由人民法院指定。《民事诉讼证据规定》第51条对此作出了具体规定：举证期限可以由当事人协商，并经人民法院准许。人民法院指定举证期限的，适用第一审普通程序审理的案件不得少于 15 日，当事人提供新的证据的第二审案件不得少于 10 日。适用简易程序审理的案件不得超过 15 日，小额诉讼案件的举证期限一般不得超过 7 日。举证期限届满后，当事人提供反驳证据或者对已经提供的证据的来源、形式等方面的瑕疵进行补正的，人民法院可以酌情再次确定举证期限，该期限不受前述规定的期间限制。对于举证期限由法院指定的情形，虽然赋予法院在确定举证期限上有一定的自由裁量权，但这一裁量权并非不受限制。人民法院应当根据当事人的主张和案件的审理情况来确定，充分考虑案件的复杂程度，当事人调查收集证据的能力、所需时间，当事人的具体情况以及法院的工作安排，等等。由于举证期限对当事人举证能力的要求较高，如何保证在有限的时间收集所有的关联证据以及保证所收集证据的证明力，因此须保证当事人和律师所有收集证据的正当手段，适当扩大律师的证据收集权。总之，法院对举证期限的确定，既要注重诉讼进程的紧凑和快速，又绝不能损害当事人的诉讼权利，应在兼顾公正和效率原则的前提下，由法官自由确定。[1]当事人申请延长举证期限的，应当在举证期限届满前向人民法院提出书面申请。申请理由成立的，人民法院应当准许，适当延长举证期限，并通知其他当事人。延长的举证期限适用于其他当事人。申请理由不成立的，人民法院不予准许，并通知申请人。

关于特殊情形的举证期限的确定。当事人依照《民事诉讼法》第 130 条的规定提出管辖权异议的，举证期限中止，自驳回管

1　参见最高人民法院民事审判第一庭编著：《最高人民法院新民事诉讼证据规定理解与适用》（下），人民法院出版社 2020 年版，第 485 页。

辖权异议的裁定生效之日起恢复计算。追加当事人、有独立请求权的第三人参加诉讼或者无独立请求权的第三人经人民法院通知参加诉讼的，人民法院应当依法为新参加诉讼的当事人确定举证期限，该举证期限适用于其他当事人；发回重审的案件，第一审人民法院可以结合案件具体情况和发回重审的原因，酌情确定举证期限；当事人增加、变更诉讼请求或者提出反诉的，人民法院应当根据案件具体情况重新确定举证期限；公告送达的，举证期限自公告期届满之次日起计算。

关于逾期举证的后果。当事人逾期提供证据的，人民法院应当责令其说明理由，必要时可以要求其提供相应的证据。当事人因客观原因逾期提供证据，或者对方当事人对逾期提供证据未提出异议的，视为未逾期。当事人因故意或者重大过失逾期提供的证据，人民法院不予采纳。但该证据与案件基本事实有关的，人民法院应当采纳，并对当事人予以训诫、罚款。其中，罚款处罚可以结合当事人逾期提供证据的主观过错程度、导致诉讼迟延的情况、诉讼标的金额等因素，确定罚款数额。当事人非因故意或者重大过失逾期提供的证据，人民法院应当采纳，并对当事人予以训诫。当事人一方要求另一方赔偿因逾期提供证据致使其增加的交通、住宿、就餐、误工、证人出庭作证等必要费用的，人民法院可予支持。

（4）组织证据交换、明确争议焦点。

人民法院受理案件后，如果认为案件需要开庭审理，可以通过要求当事人交换证据等方式，明确争议焦点。组织证据交换、明确争议焦点是审前准备的重点。通过组织证据交换进行审理前准备的，证据交换之日即为举证期限届满之日。证据交换的时间可以由当事人协商一致并经人民法院认可，也可以由人民法院指定。当事人申请延期举证经人民法院准许的，证据交换日相应顺延。

证据交换应当在审判人员的主持下进行。在证据交换的过程中，审判人员对当事人无异议的事实、证据应当记录在卷；对有异议的证据，按照需要证明的事实分类记录在卷，并记载异议的理由。人民法院通过证据交换，确定双方当事人争议的主要问题。

当事人收到对方的证据后有反驳证据需要提交的，人民法院应当再次组织证据交换。

当事人在审理前的准备阶段或者人民法院调查、询问过程中发表过质证意见的证据，视为质证过的证据。当事人要求以书面方式发表质证意见，人民法院在听取对方当事人意见后认为有必要的，可以准许。人民法院应当及时将书面质证意见送交对方当事人。证人在审理前的准备阶段或者人民法院调查、询问等双方当事人在场时陈述证言的，视为出庭作证。双方当事人同意证人以其他方式作证并经人民法院准许的，证人可以不出庭作证。

（5）审阅诉讼材料，调查收集必要的证据。

审前准备阶段的诉讼材料主要包括原告的起诉状、被告的答辩状以及相关的证据材料。对这些材料，审判人员应当认真审核，以便归纳、明确案件争议焦点以及确定应当由人民法院收集调查的证据的范围。

（6）追加当事人。

在审前准备阶段，人民法院如果发现必须共同进行诉讼的当事人没有参加诉讼，应当通知其参加诉讼。追加共同诉讼的当事人时，应通知其他当事人。应当追加的原告，已明确表示放弃实体权利的，可不予追加；既不愿意参加诉讼，又不放弃实体权利的，仍追加为共同原告，其不参加诉讼，不影响人民法院对案件的审理和依法作出判决。此外，案件的处理结果如果与第三人存在法律上的利害关系，第三人可以申请参加诉讼或由人民法院通知其参加诉讼。人民法院判决承担民事责任的第三人，具有当事人的诉讼权利和义务。

3. 开庭审理

按照普通程序审理的案件，开庭审理应当在答辩期限届满并做好必要的准备工作后进行。当事人明确表示不提交答辩状或者在答辩期限届满前已经答辩或者同意在答辩期间开庭的，也可以在答辩期限届满前开庭审理。人民法院在确定开庭日期后，应当在开庭 3 日前告知当事人及其他诉讼参与人，当事人或其他诉讼参与人在外地的，应当留有必要的在途时间。人民法院通知当事人出庭应当采用传票方式传唤，对其他诉讼参与人采用通知书方式通知其到庭。对于公开开庭审理的案件，人民法院还应当在开庭 3 日前发布公告，公告当事人的姓名、案由及开庭的时间和地点。依照普通程序开庭审理的案件，按照以下阶段和顺序进行。

（1）宣布开庭。开庭审理前，首先由书记员查明当事人和其他诉讼参与人是否到庭，做好法庭准备工作，宣布法庭纪律，并向审判长或独任审判员报告。审判长或独任审判员敲法槌，宣布开庭，核对当事人和诉讼代理人身份，宣布案由及案件合议庭成员和书记员名单，告知当事人其具有的诉讼权利与义务，询问当事人是否提出回避申请。

（2）法庭调查。该阶段是帮助审判人员通过对证据材料的核实，了解案件事实、辨别真相的重要环节，是开庭审理的核心阶段，也是当事人对自己的主张提供证据的过程。在法庭调查阶段，通过双方当事人举证、质证，人民法院审查、核实、认证，为查清客观事实和正确适用法律提供客观依据。根据《民事诉讼法》第 141 条的规定，法庭调查按照下列顺序进行：当事人陈述；告知证人的权利义务，证人作证，宣读未到庭的证人证言；出示书证、物证、视听资料和电子数据；宣读鉴定意见；宣读勘验笔录。在法庭调查阶段，经审判长或独任审判员许可，当事人可以相互发问。审判人员也可以询问当事人。法庭调查结束前，审判长或独任审判员应当就法庭调查认定的事实和当事人争议的问题进行归纳总结，然后宣布法庭调查结束，进入法庭辩论阶段。人民法院根据案件具体情况并征得当事人同意，也可以将法庭调查和法庭辩论合并进行。

（3）法庭辩论。法庭辩论按照下列顺序进行：原告及其诉讼代理人发言；被告及其诉讼代理人答辩；第三人及其诉讼代理人发言或者答辩；互相辩论。在法庭辩论中，审判人员应当为当事人提供平等的辩论机会，正确引导当事人围绕争议焦点进行辩论。法庭辩论终结，由审判长或独任审判员按照原告、被告、第三人的先后顺序征询各方最后意见。

（4）合议庭评议和宣判。法庭辩论终结后，合议庭及时评议并对案件作出判决。判决前能够调解的，还可以进行调解；调解不成的，应当及时判决。无论是公开审理还是不公开审理的案件，都必须公开宣告判决。

4. 审理期限

人民法院适用普通程序审理的案件，应当在立案之日起 6 个月内审结。有特殊情况需要延长的，经本院院长批准，可以延长 6 个月；还需要延长的，应报请上级人民法院批准。

5. 撤诉和缺席判决

撤诉包括申请撤诉和按撤诉处理两种情况。按撤诉处理，是指当事人虽然没有提出撤诉申请，但其在诉讼中的一定行为已经表明他不愿意继续进行民事诉讼，人民法院比照申请撤诉的情况对案件作出处理。按撤诉处理的情形主要有：（1）原告经传票传唤，无正当理由拒不到庭的，或者未经法庭许可中途退庭的；（2）无民事行为能力的原告的法定代理人，经传票传唤，无正当理由拒不到庭的；（3）有独立请求权的第三人经传票传唤，无正当理由拒不到庭的，或者未经法庭许可中途退庭的，可以对该第三人按撤诉处理；（4）原告应当预交而未预交案件受理费，经人民法院通知后仍不预交或者申请诉讼费用减、缓、免未获人民法院批准而仍不预交的。当事人申请撤诉或者依法可以按撤诉处理的案件，如果当事人有违反法律的行为需要依法处理，人民法院可以不准许撤诉或者不按撤诉处理。法庭辩论终结后原告申请撤诉，被告不同意的，人民法院可以不予准许。人民法院准许本诉原告撤诉的，应当对反诉继续审理；被告申请撤回反诉的，人民法院应予准许。

缺席判决，是指人民法院在一方当事人无正当理由拒不参加庭审或未经法庭许可中途退庭的情况下，依法对案件所作出的判决。根据《民事诉讼法》的有关规定，缺席判决主要适用于下列情况：（1）原告无故不出庭，或者未经法庭许可中途退庭，被告反诉的；（2）被告经传票传唤，无正当理由拒不到庭的，或者未经法庭许可中途退庭的；（3）原告申请撤诉，人民法院裁定不准许撤诉的，原告经传票传唤，无正当理由拒不到庭的；（4）无民事行为能力的被告的法定代理人，经传票传唤，无正当理由拒不到庭的。

6. 一审裁判

判决书应当写明判决结果和作出该判决的理由。一审判决书内容具体包括：案由、诉讼请求、争议的事实和理由；判决认定的事实和理由、适用的法律和理由；判决结果和诉讼费用的负担；上诉期间和上诉的法院。判决书由审判人员、书记员署名，加盖人民法院印章。最高人民法院制定发布了人民法院诉讼文书样式、《人民法院民事裁判文书制作规范》、《关于加强和规范裁判文书释法说理的指导意见》，以此促进人民法院裁判文书证据审查认定全面客观，事实认定准确清楚，说理透彻明白，裁判依据明确充分，以“辨法析理、胜败皆明”为标准，以切实促进当事人服判息诉、实现案结事了为目标，切实提高裁判文书制作水平和质量。

（二）简易程序

简易程序，是指基层人民法院及其派出法庭审理简单民事案件所适用的简便易行的诉讼程序，是第一审程序中与普通程序相并列的独立的诉讼程序。

根据《民事诉讼法》第 160 条的规定，适用简易程序有两个条件：首先，适用简易程序的法院仅限于基层人民法院和它派出的法庭。其次，适用简易程序的案件仅限于事实清楚、权利义务关系明确、争议不大的简单民事案件。同时，根据该条规定，基层人民法院和它派出的法庭审理上述规定以外的民事案件，也可以根据双方当事人约定适用简易程序。根据《民事诉讼法解释》的规定，下列案件不得适用简易程序审理：起诉时被告下落不明的；发回重审的；当事人一方人数众多的；适用审判监督程序的；涉及国家利益、社会公共利益的；第三人起诉请求改变或者撤销生效判决、裁定、调解书的；其他不宜适用简易程序的案件。

适用简易程序审理案件，由审判员一人独任审理，应当在立案之日起 3 个月内审结。有特殊情况需要延长的，经本院院长批准，可以延长 1 个月。人民法院在审理过程中，发现案件不宜适用简易程序的，及时裁定转为普通程序。简易程序较普通程序在程序上有所简化，体现了“便利当事人进行诉讼和便利人民法院审理”的精神。在保障当事人陈述意见权利的前提下，人民法院可以用简便方式传唤当事人、通知证人和送达诉讼文书、审理案件。当事人双方可以同时到基层人民法院或者它派出的法庭，请求解决纠纷。基层人民法院或者它派出的法庭可以当即审理，也可以另定日期审理，不受开庭 3 日前通知和公告庭审的限制。法院在进行法庭调查和法庭辩论时，可以不按法定顺序进行。当事人对案件事实无争议的，审判人员可以在听取当事人就适用法律方面的辩论意见后径行判决、裁定。

基层人民法院和它派出的法庭适用简易程序审理小额诉讼案件时，即标的额为各省、自治区、直辖市上年度就业人员年平均工资 50% 以下的案件，实行一审终审。如标的额超过各省、自治区、直辖市上年度就业人员年平均工资 50% 但在 2 倍以下的，当事人双方也可以约定适用小额诉讼的程序。

人民法院适用小额诉讼的程序审理案件，应当在立案之日起2个月内审结。有特殊情况需要延长的，经本院院长批准，可以延长1个月。

五、第二审程序

第二审程序，是指因当事人不服地方各级人民法院尚未生效的一审判决或裁定而依法向上一级人民法院提起上诉，要求撤销或变更原判决或裁定，上一级人民法院据此对案件进行审判所适用的程序。

（一）上诉的提起和受理

当事人不服一审法院的判决、裁定，可以在法定期间内向上一级人民法院提起上诉。可以提起上诉的判决包括：地方各级人民法院适用普通程序和简易程序审理后作出的第一审判决，二审法院发回重审后作出的判决以及按照一审程序对案件再审作出的判决。可以提起上诉的裁定包括：不予受理的裁定、对管辖权异议作出的裁定以及驳回起诉的裁定。审理小额诉讼案件作出的裁判、按特别程序审理作出的裁判、二审法院的终审裁判以及最高人民法院的一审裁判，当事人均不能提起上诉。上诉人可以是一审程序中的原告、被告、有独立请求权的第三人以及一审判决承担责任的无独立请求权第三人。

上诉必须在法定期间内提起，根据《民事诉讼法》第171条的规定，当事人不服地方人民法院第一审判决的，有权在判决书送达之日起15日内向上一级人民法院提起上诉。当事人不服地方人民法院一审裁定的，有权在裁定书送达之日起10日内向上一级人民法院提起上诉。根据《民事诉讼法》第286条的规定，在中华人民共和国领域内没有住所的当事人，不服第一审人民法院判决、裁定的，有权在判决书、裁定书送达之日起30日内提起上诉。同一案件中，当事人双方分别居住在我国领域内和领域外的，对一审法院判决、裁定的上诉期，在我国领域内有住所的为上述《民事诉讼法》第171条规定的期限；在我国领域内没有住所的为30日。双方的上诉期均已届满没有上诉的，一审法院的判决、裁定即发生法律效力。

当事人不服一审法院判决、裁定，提起上诉的，应提交上诉状。上诉状的内容应当包括当事人的姓名，法人的名称及其法定代表人的姓名或者其他组织的名称及其主要负责人的姓名；原审人民法院名称、案件的编号和案由；上诉的请求和理由。当事人应当通过原审人民法院提交上诉状，并按照对方当事人或者代表人的人数提出副本。当事人直接向二审法院上诉的，二审法院应当在5日内将上诉状移交原审人民法院。

原审人民法院收到上诉状，应当在5日内将上诉状副本送达对方当事人，对方当事人在收到之日起15日内提出答辩状。人民法院应当在收到答辩状之日起5日内将副本送达上诉人。对方当事人不提出答辩状的，不影响人民法院审理。原审人民法院收到上诉状、答辩状，应当在5日内连同全部案卷和证据，报送二审法院。二审法院经审查，符合上诉条件且材料齐备，予以立案受理。

（二）上诉案件的审理

《民事诉讼法》第14章是有关上诉案件二审程序的规定。二审法院审理上诉案件，依照该章规定，该章没有规定的，适用第一审普通程序的相关规定。

二审法院应当对上诉请求的有关事实和适用法律进行审查。

二审审理应当围绕当事人上诉请求的范围进行，当事人没有提出请求的，不予审查，但一审判决违反法律禁止性规定，或者损害国家利益、社会公共利益、他人合法权益的除外。

审理上诉案件，一般由审判员组成合议庭进行审理，合议庭的成员人数，必须是单数。中级人民法院对第一审适用简易程序审结或者不服裁定提起上诉的第二审民事案件，事实清楚、权利义务关系明确的，经双方当事人同意，可以由审判员一人独任审理。人民法院审理下列民事案件，不得由审判员一人独任审理：涉及国家利益、社会公共利益的案件；涉及群体性纠纷，可能影响社会稳定的案件；人民群众广泛关注或者其他社会影响较大的案件；属于新类型或者疑难复杂的案件；法律规定应当组成合议庭审理的案件；其他不宜由审判员一人独任审理的案件。人民法院在审理过程中，发现案件不宜由审判员一人独任审理的，应当裁定转由合议庭审理。当事人认为案件由审判员一人独任审理违反法律规定的，可以向人民法院提出异议。人民法院对当事人提出的异议应当审查，异议成立的，裁定转由合议庭审理；异议不成立的，裁定驳回。

审理上诉案件，以开庭审理为原则。经过阅卷、调查和询问当事人，对没有提出新的事实、证据或者理由，人民法院认为不需要开庭审理的，可以不开庭审理。二审法院审理上诉案件，可以在本院进行，也可以到案件发生地或者原审人民法院所在地进行。

审理上诉案件，可以进行调解。调解达成协议的，应当制作调解书，由审判人员、书记员署名，加盖人民法院印章。调解书送达后，原审人民法院的判决即视为撤销。二审法院判决宣告前，上诉人申请撤回上诉的，是否准许，由二审法院裁定。如果法院准许撤回上诉，在对方当事人未上诉的情况下，一审法院的裁判发生法律效力。

（三）上诉案件的裁判

人民法院审理对判决的上诉案件，应当在第二审立案之日起 3 个月内审结。有特殊情况需要延长的，由本院院长批准。人民法院审理对裁定的上诉案件，一律适用裁定，且应当在第二审立案之日起 30 日内作出终审裁定。二审法院的判决、裁定，是终审的判决、裁定。

二审法院对上诉案件，经过审理，按照下列情形，分别处理：（1）原判决、裁定认定事实清楚，适用法律正确的，以判决、裁定方式驳回上诉，维持原判决、裁定；（2）原判决、裁定认定事实错误或者适用法律错误的，以判决、裁定方式依法改判、撤销或者变更；（3）原判决认定基本事实不清的，裁定撤销原判决，发回原审人民法院重审，或者查清事实后改判；（4）原判决存在遗漏当事人、违法缺席判决、审判组织的组成不合法、应当回避的审判人员未回避、无诉讼行为能力人未经法定代理人代为诉讼或者违法剥夺当事人辩论权利等严重违反法定程序情形的，裁定撤销原判决，发回原审人民法院重审。原审人民法院对发回重审的案件作出判决后，当事人提起上诉的，二审法院不得再次发回重审。

六、审判监督程序

审判监督程序又称再审程序，是指人民法院、当事人或者人民检察院，认为人民法院已经发生法律效力的判决、裁定、调解书确有错误分别启动再审、申请再审或者提出抗诉、检察建议，由人民法院依法对案件进行审查、再行审理时所适用的诉讼程序。审判监督程序属于纠正生效裁判错误的法定程序，不是案件审理的必经程序，也不是诉讼的独立审级。

【案例：再审程序设置的价值导向】再审申请人王某与被申请人卢某芳、宁夏建工集团房地产开发有限公司、一审第三人宁夏恒昌盛房地产开发有限公司民间借贷纠纷案[1]，最高人民法院认为：两审终审制是我国民事诉讼的基本制度。当事人如认为一审判决错误，应当提起上诉，通过二审程序行使诉讼权利。即当事人首先应当选择民事诉讼审级制度设计内的常规救济程序，通过民事一审、二审程序寻求权利的救济。再审程序是针对生效判决可能出现的重要错误而赋予当事人的特别救济程序，如在穷尽了常规救济途径之后，当事人仍然认为生效裁判有错误的，其可以向人民法院申请再审。对于一审胜诉或部分胜诉的当事人未提起上诉，二审判决维持原判且该当事人在二审中明确表示一审判决正确应予维持的当事人，因为其缺乏再审利益，所以对其再审请求不应予以支持，否则将变相鼓励或放纵不守诚信的当事人滥用再审程序，从特殊程序异化为普通程序。这不仅是对诉讼权利的滥用和对司法资源的浪费，也有违两审终审制的基本原则。

（一）人民法院依职权提起再审

《民事诉讼法》第 209 条规定，各级人民法院院长对本院已经发生法律效力的判决、裁定、调解书，发现确有错误，认为需要再审的，应当提交审判委员会讨论决定。最高人民法院

1　参见最高人民法院民事裁定书，（2017）最高法民申 2483 号。

对地方各级人民法院已经发生法律效力的判决、裁定、调解书，上级人民法院对下级人民法院已经发生法律效力的判决、裁定、调解书，发现确有错误的，有权提审或者指令下级人民法院再审。根据该条规定，提起再审，不受时限的限制，只要发现原审法律文书确有错误，均可以提起。但为了确保司法的终局性和安定性，就同一案件，人民法院对本院生效裁判提起再审的次数，以及上级人民法院提起再审后指令同一下级法院再审的次数，一般限于一次。

（二）当事人申请再审

《民事诉讼法》第210条规定，当事人对已经发生法律效力的判决、裁定，认为有错误的，可以向上一级人民法院申请再审；当事人一方人数众多或者当事人双方为公民的案件，也可以向原审人民法院申请再审。当事人申请再审的，不停止判决、裁定的执行。适用特别程序、督促程序、公示催告程序等非讼程序审理的案件，当事人不得申请再审。《民事诉讼法》及《最高人民法院关于适用〈中华人民共和国民事诉讼法〉审判监督程序若干问题的解释》对当事人申请再审的条件和程序作出了详细规定。

1. 申请再审必须符合法定的事实和理由

《民事诉讼法》第211条规定，当事人的申请符合下列情形之一的，人民法院应当再审：（1）有新的证据，足以推翻原判决、裁定的；（2）原判决、裁定认定的基本事实缺乏证据证明的；（3）原判决、裁定认定事实的主要证据是伪造的；（4）原判决、裁定认定事实的主要证据未经质证的；（5）对审理案件需要的主要证据，当事人因客观原因不能自行收集，书面申请人民法院调查收集，人民法院未调查收集的；（6）原判决、裁定适用法律确有错误的；（7）审判组织的组成不合法或者依法应当回避的审判人员没有回避的；（8）无诉讼行为能力人未经法定代理人代为诉讼或者应当参加诉讼的当事人，因不能归责于本人或者其诉讼代理人的事由，未参加诉讼的；（9）违反法律规定，剥夺当事人辩论权利的；（10）未经传票传唤，缺席判决的；（11）原判决、裁定遗漏或者超出诉讼请求的；（12）据以作出原判决、裁定的法律文书被撤销或者变更的；（13）审判人员审理该案件时有贪污受贿，徇私舞弊，枉法裁判行为的。

此外，当事人对已经发生法律效力的调解书，提出证据证明调解违反自愿原则或者调解协议的内容违反法律的，可以申请再审，但应当在调解书发生法律效力后6个月内提出。经人民法院审查属实的，应当再审。当事人对已经发生法律效力的解除婚姻关系的判决、调解书，不得申请再审。

2. 申请再审必须在法定期限内提出

当事人申请再审，应当在判决、裁定发生法律效力后6个月内提出。对于因以下情形申请再审的，自知道或者应当知道相应情形之日起6个月内提出：有新的证据，足以推翻原判决、裁定的；原判决、裁定认定事实的主要证据是伪造的；据以作出原判决、裁定的法律文书被撤销或者变更的；审判人员审理该案件时有贪污受贿、徇私舞弊、枉法裁判行为的。

3. 申请再审的具体程序

当事人申请再审，原则上向原审人民法院的上一级人民法院提出；当事人一方人数众多或者当事人双方为公民的案件，也可以向原审人民法院申请再审。申请再审人应当提交再审申请书，并按照被申请人和原审其他当事人人数提出副本。还应提交原审判决书、裁定书或调解书，身份证明材料及反映案件基本事实的主要证据及其他材料。再审申请书中需要明确申请再审的具体事由，即《民事诉讼法》第 211 条规定的事由。

4. 人民法院对再审申请的审查

当事人申请再审，并不必然启动再审。人民法院通过民事再审审查程序确定案件是否进入再审。民事再审审查程序是民事审判监督程序的重要组成部分，独立于民事再审审判程序。再审审查是决定是否启动再审审理的程序，主要任务是审查当事人的再审申请是否符合法定条件，确定再审事由是否成立，依法裁定驳回再审申请或裁定再审。人民法院经审查，认为再审申请符合法定条件和程序的，作出再审裁定，才可进入再审审理阶段。

审查阶段，人民法院应当自收到再审申请书之日起 5 日内将再审申请书副本发送对方当事人。对方当事人应当自收到再审申请书副本之日起 15 日内提交书面意见；不提交书面意见的，不影响人民法院审查。审查应当自收到再审申请书之日起 3 个月内完成，有特殊情况需要延长的，由本院院长批准。审查期间可以要求申请人和对方当事人补充有关材料，询问有关事项。经审查，符合《民事诉讼法》规定的，裁定再审；不符合《民事诉讼法》规定的，裁定驳回申请。

因当事人申请裁定再审的案件由中级人民法院以上的人民法院审理，但当事人依照《民事诉讼法》第 210 条的规定选择向基层人民法院申请再审的除外。最高人民法院、高级人民法院裁定再审的案件，由本院再审或者交其他人民法院再审，也可以交原审人民法院再审。

（三）基于人民检察院法律监督权启动再审

根据《民事诉讼法》第219条第1款、第2款的规定，最高人民检察院对各级人民法院已经发生法律效力的判决、裁定，上级人民检察院对下级人民法院已经发生法律效力的判决、裁定，发现有《民事诉讼法》第211条规定情形之一的，或者发现调解书损害国家利益、社会公共利益的，应当提出抗诉。地方各级人民检察院对同级人民法院已经发生法律效力的判决、裁定，发现有《民事诉讼法》第211条规定情形之一的，或者发现调解书损害国家利益、社会公共利益的，可以向同级人民法院提出检察建议，并报上级人民检察院备案；也可以提请上级人民检察院向同级人民法院提出抗诉。

根据《民事诉讼法》第220条的规定，有下列情形之一的，当事人可以向人民检察院申请检察建议或抗诉：（1）人民法院驳回再审申请的；（2）人民法院逾期未对再审申请作出裁定的；（3）再审判决、裁定有明显错误的。在人民检察院作出提出或不予提出检察建议或抗诉的决定后，当事人不得再次向其申请检察建议或抗诉。

（四）再审案件的审判程序

《民事诉讼法》第218条第1款规定，人民法院按照审判监督程序再审的案件，发生法律效力的判决、裁定是由第一审法院作出的，按照第一审程序审理，所作的判决、裁定，当事人可以上诉；发生法律效力的判决、裁定是由第二审法院作出的，按照第二审程序审理，所作的判决、裁定，是发生法律效力的判决、裁定；上级人民法院按照审判监督程序提审的，按照第二审程序审理，所作的判决、裁定是发生法律效力的判决、裁定。由此，人民法院审理再审案件，应按照第一审程序或者第二审程序审理，并无独立程序。当然，《民事诉讼法》及《民事诉讼法解释》对再审案件的审理也作出了一些特别规定。

（1）审理再审案件应当组成合议庭开庭审理，但按照第二审程序审理，有特殊情况或者双方当事人已经通过其他方式充分表达意见，且书面同意不开庭审理的除外。

（2）人民法院开庭审理再审案件，应当按照下列情形分别进行：因当事人申请裁定再审的，先由申请再审人陈述再审请求及理由，后由被申请人答辩、其他原审当事人发表意见；因人民检察院抗诉裁定再审的，先由抗诉机关宣读抗诉书，再由申请抗诉的当事人陈述抗诉理由，后由被申请人答辩、其他原审当事人发表意见；因人民法院依职权裁定再审的，有申诉人的，先由申诉人陈述再审请求及理由，后由被申诉人答辩、其他原审当事人发表意见，没有申诉人的，先由原审原告或者原审上诉人陈述，后由原审其他当事人发表意见。

（3）人民法院审理再审案件应当围绕再审请求进行。当事人的再审请求超出原审诉讼请求的，不予审理；符合另案诉讼条件的，告知当事人可以另行起诉。被申请人及原审其他当事人在庭审辩论结束前提出的再审请求，符合《民事诉讼法》第216条关于申请再审期限规定的，人民法院应当一并审理。人民法院经再审，发现已经发生法律效力的判决、裁定损害国家利益、社会公共利益、他人合法权益的，应当一并审理。

（4）再审审理的裁判方式：一是，人民法院经再审审理认为，原判决、裁定认定事实清楚、适用法律正确的，应予维持；原判决、裁定在认定事实、适用法律阐述理由方面虽有瑕疵，但裁判结果正确的，应当在再审判决、裁定中纠正瑕疵后予以维持。二是，原判决、裁定认定事实、适用法律错误，导致裁判结果错误的，应当依法改判、撤销或者变更。三是，原判决认定基本事实不清的，裁定撤销原判决，发回原审人民法院重审，或者查清事实后改判；原判决遗漏当事人或者违法缺席判决等严重违反法定程序的，裁定撤销原判决，发回原审人民法院重审。四是按照第二审程序再审的案件，人民法院经审理认为不符合《民事诉讼法》规定的起诉条件或者符合《民事诉讼法》第 127 条规定不予受理情形的，应当裁定撤销一、二审判决，驳回起诉。五是人民法院对调解书裁定再审后，如当事人提出的调解违反自愿原则的事由不成立，且调解书的内容不违反法律强制性规定，裁定驳回再审申请；如人民检察院抗诉或者再审检察建议所主张的损害国家利益、社会公共利益的理由不成立，裁定终结再审程序。人民法院裁定中止执行的调解书需要继续执行的，自动恢复执行。六是如当事人在再审审理中经调解达成协议，人民法院应当制作调解书。调解书经各方当事人签收后，即具有法律效力，原判决、裁定视为被撤销。

第二节　香港特区民事诉讼程序

与中国内地民事诉讼存在统一适用的《民事诉讼法》不同，香港特区有关民事诉讼程序的成文法规则散见于《香港终审法院条例》、《高等法院条例》、《区域法院条例》、各项审裁处条例及各自附属规则以及《证据条例》等。此外，香港特区属于遵循先例的普通法法域，相关判例也是民事诉讼制度不可分割的组成部分。

一、民事诉讼管辖

香港特区法院的管辖制度与内地区别较大。内地法院的管辖，是指在法院系统内部确定不同级别的法院和相同级别的法院受理第一审民事案件的分工和权限。就级别管辖而言，内地各级人民法院均有各自管辖的第一审案件；就地域管辖而言，内地各级人民法院采取的是和行政区划基本一致的管辖划分原则。香港特区的法院不是按行政区划设置的。香港特区终审法院、高等法院、区域法院管辖的地域范围相同，因此不存在地域管辖。同时，香港特区的各级法院都有各自的诉讼程序，在管辖权问题上也是分别作出规定。

（一）终审法院

终审法院是香港特区的最高司法机关和最高上诉法院，除对有关国防、外交等国家行为无司法管辖权外，对香港特区其他刑事、民事等案件拥有终审权。终审法院的民事司法管辖权包含处理根据《香港终审法院条例》及任何其他法律提出的上诉。根据《香港终审法院条例》第 22 条的规定，终审法院管辖的民事上诉案件范围主要包括：如该上诉是就上诉法庭就任何民事讼案或事项所作的判决而提出的，不论是最终判决或非正审判决，而上诉法庭或终审法院（视属何情况而定）认为上诉所涉及的问题具有重大广泛的或关乎公众的重要性，或因其他理由，以致应交由终审法院裁决，则上诉法庭或终审法院须酌情决定终审法院是否受理该上诉。

终审法院不得受理任何上诉，除非上诉法庭已给予上诉许可或终审法院已给予上诉许可（如上诉法庭未给予此项许可）。当事人向上诉法庭或终审法院提出上诉许可申请，必须以动议形式提出。

2021 年 1 月 18 日生效的《实务指示 2.1“在民事案件中于上诉法庭提出申请要求取得向终审法院上诉的许可”》指出，寻求上诉许可的动议通知书应简明扼要地列出上诉理由，不应包括争论或事实方面的指称。动议通知书应明确指出及妥为制定符合《香港终审法院条例》第 22 条所列准则的问题，而这些问题正是申请人寻求许可以便终审法院可作出裁定的问题。

上述实务指示还进一步指出，除非法庭作出任何指示或命令，否则法庭会根据已呈交的文件，不经口头聆讯来处理和裁定所有的许可申请。寻求上诉许可的动议通知书一经送交存档，以下指示自动适用（法庭另有指示除外）：（a）在其许可申请送交存档后的 14 日内，申请人须向法庭提交 3 套或 2 套陈词纲要（视乎裁定有关上诉的法官人数）（连同一份采用文字档案格式的软复本）支持其许可申请，并送达一套该陈词纲要给答辩人。（b）答辩人须在上文（a）所述文件送达后 14 日内，向法庭提交 3 套或 2 套陈词纲要（视乎裁定有关上诉的法官人数）（连同一份采用文字档案格式的软复本）作出反对，并送达一套该陈词纲要给申请人。（c）倘若申请人获如此建议，申请人可在其后的 7 日内向法庭提交 3 套或 2 套书面回应（视乎裁定有关上诉的法官人数）（连同一份采用文字档案格式的软复本），并送达一套该回应给答辩人。（d）有律师代表的各方在提交其最后一轮的陈词纲要的同时必须向登记处呈交一份讼费陈述书（须按实务指示 14.3 附件 A 所规定的格式），以便循简易程序评估讼费。（e）各方不应就上诉时已讨论过的理由及论点在陈词纲要中重新争论。陈词纲要应旨在协助法庭定断是否有理由可让该上诉由终审法院审理。若要作出陈述以支持该许可申请须进行口头聆讯的要求，而该方没有在动议通知书送达后向法庭作出书面陈述，则有关陈述必须在陈词纲要中作出。（f）根据上述第（a）段及第（b）段提交的陈词纲要不得超过 10 页纸（包括注脚及所有附件），而根据上述第（c）段提交的书面回应则不得超过 5 页纸（包括注脚及所有附件）。陈词纲要及回应必须用不小于 14 点的字型及 1.5 的行距清晰可读地列印在 A4 纸张上（只能单面）。不符合上述规定的陈词会被退回而不予审阅，拟备该陈词的讼费也不会获准予。（g）经适当考虑有关的陈词后，法庭会通知各方在哪个日期会发下有关该许可申请的判决书。如认为情况适当，法庭可指示进行口头聆讯来裁定有关的许可申请。除非法庭给予许可，否则各方不得就口头聆讯送交进一步的书面陈词。有律师代表的各方应在聆讯进行前不少于两整天向法庭提交一份补充讼费陈述书，将其拟备和出席口头聆讯的讼费涵盖在内。

（二）高等法院

根据《高等法院条例》第 3 条的规定，现设立香港特区高等法院，由原讼法庭和上诉法庭组成。除《高等法院条例》另有规定外，高等法院具有无限的民事司法管辖权。

1. 原讼法庭

（1）原讼司法管辖权。原讼法庭对民事案件具有无限的司法管辖权。就纠纷范围来说无具体限制，通常包括海事、破产、违约、侵权、公司清盘、建造仲裁、婚姻法律程序中的子女管养权及附属济助、租购、禁制令、知识产权、司法复核、按揭、人身伤害、遗嘱认证及遗产管理等类型。

（2）上诉司法管辖权。原讼法庭也可行使有限的上诉司法管辖权，审理来自劳资审裁处、小额钱债审裁处、小额薪酬索偿仲裁处的民事上诉案件。

2. 上诉法庭

根据《高等法院条例》第 13 条的规定，上诉法庭的民事司法管辖权包括以下几个方面：来自原讼法庭在任何民事讼案或事宜中作出的任何判决或命令的上诉；根据《区域法院条例》第 63 条提出的上诉；任何其他由法律赋予上诉法庭的司法管辖权。

值得指出的是，凡原讼法庭的事务有此需要，上诉法庭法官可在原讼法庭开庭并以原讼法庭法官身份行事，而在该情况下，其具有原讼法庭法官的所有司法管辖权、权力及特权。原讼法庭法官应终审法院首席法官之请，可以上诉法庭额外法官身份进行聆讯，而在该情况下，其具有上诉法庭法官的所有司法管辖权、权力及特权。

（三）区域法院

根据《区域法院条例》的规定，区域法院享有有限的民事管辖权。区域法院有权审裁涉及款额多于 7.5 万港元但不超过 300 万港元的索偿案件以及年租或应课差饷租值不超过 32 万港元的土地收地诉讼。区域法院可审理雇员赔偿、平等机会申索和婚姻事宜，包括离婚、管养权、赡养费和领养，以及就印花税评税而提出的上诉。区域法院最常处理的民事案件包括以下类型：

1. 涉及合约、准合约或侵权的申索

《区域法院条例》第 32 条规定，区域法院在合约、准合约及侵权行为诉讼中的一般司法管辖权为：（1）凡在任何基于合约、准合约或侵权行为而提出的诉讼中，原告申索的款额不超过 300 万港元，区域法院具有聆讯和裁定该诉讼的司法管辖权。（2）在第 32 条及第 34 条中，原告申索的款额指在顾及以下事项后原告所申索的款额：（a）被告向原告申索或可向原告追讨而原告在其申索陈述书中所承认的任何抵销、债项或索求；（b）根据《雇员补偿条例》（第 282 章）支付给原告而原告在其申索陈述书中所承认的任何补偿（该条例第 3 条界定的补偿）；（c）原告在其申索陈述书中所承认的任何共分疏忽。（3）凡借互争权利诉讼进行的法律程序所争议的事宜的款额或价值不超过 300 万港元，区域法院具有聆讯和裁定该法律程序的司法管辖权。

2. 收回土地的申索

《区域法院条例》第 35 条规定，凡土地的每年租金或按照《差饷条例》（第 116 章）确定的应课差饷租值，或其年值（以最低者为准）不超过 32 万港元，区域法院具有聆讯和裁定收回该土地的诉讼的司法管辖权。

3. 衡平法司法管辖权之下的申索

根据《区域法院条例》第 37 条的规定，在款额或价值在规定的最高限额之内的情况下，区域法院被授予某些由高等法院原讼法庭聆讯和裁定的法律程序的司法管辖权，此时区域法院法官除具有其本身的其他权力及权限外，也具有原讼法庭法官在为行使原讼法庭衡平法司法管辖权而行事时所具有的权力及权限。比如，诉讼并不涉及或关乎土地的，申索的最高款额不得超过 300 万港元；诉讼全部涉及或全部关乎土地的，申索的最高款额不得超过 700 万港元。

4. 婚姻案件

区域法院设有家事法庭，家事法庭是区域法院的一部分。《香港法例》第 179 章《婚姻诉讼条例》第 10A 条规定：（1）除该条第（2）款另有规定外，根据该条例进行的婚姻诉讼及任何其他法律程序，须在区域法院开始，但规则中可就下列事宜作出规定：（a）应任何一方的申请或应区域法院的要求，将任何诉讼或法律程序移交高等法院审理；（b）将任何诉讼或法律程序自高等法院移交或再移交区域法院审理。（2）根据第 39 条提出的申请，须向曾作出与该申请有关的命令的法院提出，但法院规则可就申请由一法院移交另一法院审理的事宜作出规定。（3）纵使在法律程序中申索的数额，如非有该款规定则会是在区域法院司法管辖权范围以外的，区域法院仍可根据该条例行使司法管辖权。由此，有别于区域法院的一般民事司法管辖权，家事法庭处理的申索的款额并无上限。

此外，《区域法院条例》第 34 条规定，为使区域法院具有司法管辖权而放弃部分申索：（1）凡在诉讼中申索款额超逾区域法院司法管辖权的金额限制，而若非如此区域法院对该诉讼本具有司法管辖权，则如该诉讼中的原告放弃其申索中超出的款额，区域法院即具有聆讯和裁定该诉讼的司法管辖权。（2）在该条所指的诉讼中，区域法院不能将超逾区域法院司法管辖权的金额限制的款额判给原告。（3）区域法院在根据该条受限制的诉讼中所作的判决，即完全了结有关的诉讼因由中的一切索求。

二、民事诉讼审级制度

与内地民事诉讼实行两审终审制不同，香港特区的民事诉讼总体上实行三审终审制度，而且劳资审裁处、小额钱债审裁处初审的案件，在极少数情况下，会出现四审终审的情况。对内地法院与香港特区法院民事诉讼审级结构的简要说明如图 1 和图 2 所示。

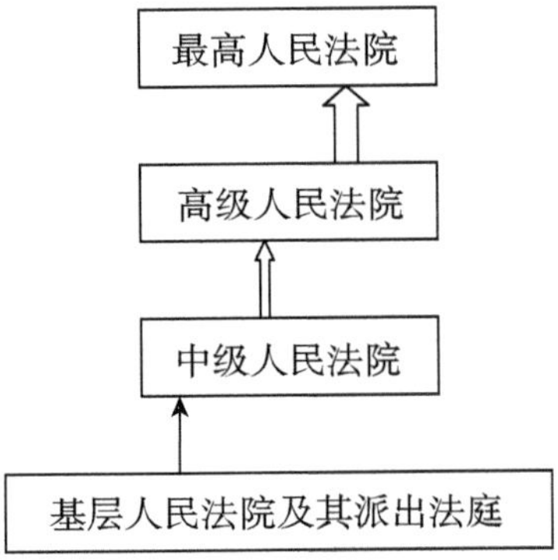

图 1　内地法院民事诉讼审级结构

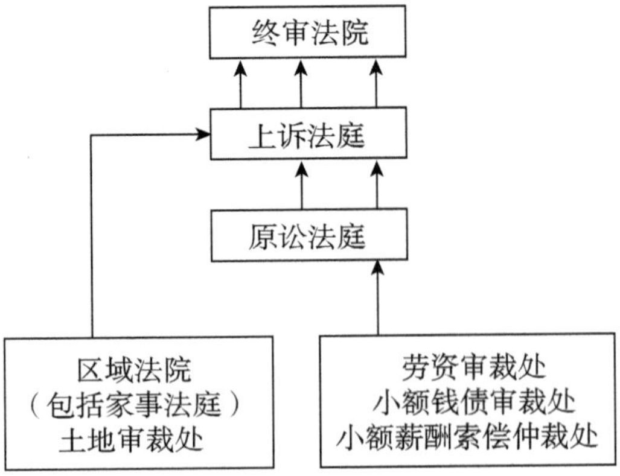

图 2　香港特区法院民事诉讼审级结构

三、民事诉讼证据

《证据条例》属刑、民合一的体例，是香港特区有关民事证据规则最为系统的成文法。其他成文法如《高等法院规则》《区域法院规则》中也包括部分涉及民事证据的规定。此外，还存在大量证据判例规则，包括在长期司法实践中形成的判例法。香港特区的证据制度受普通法的影响显得具体而庞杂，几乎每一个具体的证据规则都有相应的判例予以支撑。研究香港特区的证据制度不仅要面对一个庞大的证据系统，同时还要面对大量的司法判例。[1]内地民事诉讼证据的规定相对集中，主要规定于《民事诉讼法》《民事诉讼法解释》《民事诉讼证据规定》中。

（一）证据种类

最常见的分类是将证据分为书面证据、实物证据、口述证据。书面证据，即书证，又可分为文件证据、书面陈述、口述笔录。书面证据强调文件所记载或所表达的内容与待证事实之间的关联性。书面证据如不能以其内容对待证事实进行证明，而只能以其他特征证明案情，则不是书证，而是物证。实物证据，亦称物证，是书面证据以外的一切以其自身存在、外部特征和属性来证明待证事实的物品和痕迹。对于其范围和适用，香港特区证据法的规定与内地《民事诉讼法》基本相同。口述证据，是指知道待证事实的人就自己所感知的事实情况，在其依法接受询问时，直接向法庭所作的口头陈述。[2]

口述证据中的证人证言是香港特区民事诉讼中的重要证据种类。《证据条例》以及法院规则中详细规定了证人资格、证

1　参见叶惟：《论内地与港澳民商事诉讼证明标准的差异》，载《现代商贸工业》2009 年第 13 期。

2　参见李琛、丁子薇：《香港民事诉讼证据制度简述》，载《律师世界》1998 年第 4 期。

人证言的提供、证人特权、证人义务等具体规则。广义上的证人除了就案件事实作证的证人，即普通证人（事实证人）外，也有部分案件会涉及专家证人出庭作证，由专家证人就某专业学科技术提供意见以协助法庭就案件作出正确的判决。《高等法院规则》附录D专门规定了专家证人必须遵守的行为守则，即专家证人对法庭的一般责任为：专家证人负有凌驾性的责任，就关乎其专长范围的事宜公正无私及独立地协助法庭；专家证人对法庭而非对延聘他或付费给他的人负有首要责任；专家证人并非某一方的讼辩人。专家证人的报告必须以属实申述核实，并在报告正文或附件中指明：该人作为专家的资历；报告中的意见所基于的事实、事宜及假设（可将延聘指示的信件加入为附件）；每项所表达的意见所依据的理由；（如适用的话）某个特定的问题或争论点超出他的专长领域；用以支持有关意见的任何文献或其他材料；及他所倚据的任何检查、测试或其他调查，以及进行该等检查、测试或调查的人的身份和该人资历的详细资料。如拟备报告的专家证人相信，报告不附加限定性说明，便可能会不完整或不准确，则报告必须述明该限定性说明。如专家证人认为，由于研究不足或资料不足或任何其他理由，他的意见并非定论性意见，则在表达该意见时，必须述明此事。

在内地《民事诉讼法》中，确立的是鉴定人与专家辅助人并存的“双层”专家证据制度。对于专门性问题，法院可通过鉴定与鉴定意见辅助判断，鉴定意见为单独的证据类型。《民事诉讼法》规定的专家辅助人制度，虽然其名称与香港特区的专家证人制度相似，但两者之间存在实质性的差别。专家辅助人制度，是指当事人可以申请人民法院通知有专门知识的人出庭，就鉴定人作出的鉴定意见或者专业问题提出意见。与香港特区的专家证人制度的最大区别是，内地民事诉讼专家辅助人只能单一地协助当事人就鉴定意见或者案件涉及的专门性问题进行质证或者说明、发表意见，专家辅助人在法庭上就鉴定意见或者专门性问题发表的意见的性质视为当事人的陈述；在香港特区的专家证人制度下，辅助法庭发现事实的功能是专家证人最主要和优先的功能。

【案例：专家证据的援引】在 Wong × Fung v. American International Assurance Co.（Bermuda）Ltd.[2002] 3 HKLRD 507 案中，法庭指出：要决定是否援引专家证据的考虑十分直接，不外乎要考虑该等证据是否可以于《证据条例》第 58 条的规定下被界定为专家证据，以及该等证据是否能协助法庭正确处理案中的争议。

（二）举证责任分配

同内地一样，香港特区的民事诉讼举证责任分配也是以“谁主张，谁举证”为原则。无论是原告一方还是被告一方，当事人对于自己提出的事实主张应该提出相应的证据予以支持，无论是支持自己的诉讼请求还是反驳对方的诉讼请求。当然，同样也存在举证责任倒置的特殊情形。

（三）免证事实

香港特区的司法实践中确定的免证事实，主要包括众所周知的事实、司法认知事实、预决事实、法律推定和当事人自认。

（四）证据的相关性与可采性

证据的相关性与可采性规则是香港特区证据法中的一项基本原则。香港特区民事诉讼中的大量证据规则和证据相关性与可采性相关。

只有具有相关性的证据才可能为法庭所采纳，但是该种证据并不必然可采，具有相关性的证据只有在不为证据规则排除或法官自由裁量权排除的情况下才是可采的。对证据可采性的认定一般需要经过四个步骤：第一，证据是否与争议问题相关，如不相关，则无可采性；第二，具有相关性的证据是否受制于某些证据排除规则，如果选择“是”，则继续第三个步骤，如果选择“否”，则进入第四个步骤；第三，受制于证据排除规则的证据是否存在例外情形，如果选择“是”，则继续选择第四个步骤，如果选择“否”，则该证据不具有可采性；第四，最后一个关卡即证据是否会被法官的自由裁量权所排除，如果会，则不具有可采性，如果不会，则该证据可以采纳。[1]

（五）证明标准

香港特区具有体系完整、逻辑严谨的证据规则，这些规则在法官对证据的认定过程中发挥着特殊的作用，尤其是其中的排除规则和例外规则运用得比较多。因此，在证据采证问题上实行的是法定主义，而在证据的判断上则实行较为宽泛的自由心证主义。在诉讼中当事人通过各种证据进行激烈的对抗辩论。这一角逐过程中所显现的证明效果会产生一种优势和劣势的状态，法官在庭审中往往采取消极或者超然的态度，对终局结果的判定也只能根据证据的“盖然性优势标准”。[2]相较于香港特区的民事诉讼所采用的“盖然性优势标准”，如前文所述，内地民事诉讼系采用“高度可能性标准”。当然，两者的运用均

1 参见齐树洁主编：《台港澳民事诉讼制度》，厦门大学出版社 2010 年版，第 244 页。

2 参见叶惟：《论内地与港澳民商事诉讼证明标准的差异》，载《现代商贸工业》2009 年第 13 期。

离不开法官的自由心证。

四、民事诉讼初审程序

香港特区的法院审理第一审民事案件的普通诉讼程序主要有两种：一是高等法院原讼法庭的初审程序，二是区域法院的初审程序，两者分别由《高等法院规则》和《区域法院规则》作出规定。高等法院原讼法庭的初审程序是香港特区民事诉讼中最为完整的诉讼程序，区域法院的初审程序与其基本一致。因此，以下主要以《高等法院规则》为依据对香港特区法院的初审程序作出介绍。《高等法院规则》确立的基本目标为：（1）提高须就在法庭席前进行的法律程序而依循的常规及程序的成本效益；（2）确保案件在合理切实可行范围内尽速有效处理；（3）提倡在进行法律程序中举措与案情相称及程序精简的意识；（4）确保在诉讼各方达致公平；（5）利便解决争议；（6）确保法庭资源分配公平。

（一）开展民事法律程序

内地法院的民事诉讼起诉、受理阶段，在香港特区相对应地称为“开展民事法律程序”。根据《高等法院规则》的规定，除任何成文法律及该规则的条文另有规定外，在原讼法庭的民事法律程序可借令状或原诉传票开展。

1. 令状

令状也称传讯令状，是香港特区开展民事法律程序最为普遍的方式。关于合约、侵权、诈骗、人身伤害或死亡的损害赔偿和财产损毁赔偿等诉讼，以及可能涉及事实争议的诉讼，都必须借由令状展开。

令状必须符合一定的内容和格式要求。令状必须注有申索陈述书，如果没有标注申索陈述书，则必须注有关于在借令状开展的诉讼中提出的申索的性质或要求的济助或补救的扼要陈述。凡是原告的申索只是就一笔债项或经算定的索求款项而提出，令状必须注有关于就该笔债项或索求款项连同讼费而申索的款额的陈述，同时亦须注有一项陈述，述明如在送达认收的时限内，被告将该如此申索的款项支付给原告、其律师或其代理人，否则进一步的法律程序会被搁置。凡是原告寻求的唯一补救是支付款项的，令状必须注有一项陈述，述明被告可根据有关规定在定出的送达其抗辩书期限内作出承认。

令状的内容可在状书提交期结束前不经法庭许可而修订一次。除此当然情形之外，法庭可在法律程序的任何阶段，容许原告修订其令状，但所作变更必须以前后诉讼因由所依据的事实相同或基本一致为限。凡经修订的令状必须注有一项说明其修订事项的陈述，并在规定时间内送达被告。

原告或代理律师将其签署的令状文本一式三份，连同讼费交至法院。法院受理后经形式审查认为符合条件的，对案件编号并对令状予以盖章签发，诉讼程序得以开始。

2. 原诉传票

一般而言，若在案情事实上没有争议或只有轻微争议，而诉讼各方又只是提出法律论点的争议要求法庭作出决定，便适宜以原诉传票开始诉讼。根据《高等法院规则》第 5 号命令的规定，任何法律程序，（1）如其中唯一或主要的有争论的问题，是关于或相当可能是关于任何成文法律，任何根据成文法律订立的文书，任何契据、遗嘱、合约或其他文件的解释，或是关于或相当可能是关于另一法律问题，或（2）如其中相当不可能有任何实质事实争议，均适宜通过原诉传票方式展开。每一张原诉传票必须包括一项关于原告向原诉法庭所寻求裁定或指示的问题的陈述，或一项关于在借该原诉传票所开展的法律程序中所申索的济助或补救的扼要陈述（视属何情况而定），后者必须载有足够详情，以识别原告申索该济助或补救所本的诉讼因由。即使诉讼以原诉传票方式展开，如果法庭认为诉讼各方对事实有实质争议，便可命令有关的法律程序应犹如以令状开展般进行。在此情况下，法庭可给予适用令状的法律程序的指示，而适用于以令状开展诉讼的程序亦会同时适用。

（二）法律程序文件的送达和认收

与内地法院由法院送达起诉状副本等诉讼文书不同，香港特区法院主要由当事人完成送达程序，对于令状或原诉传票等文件，由原告或其代理人自行送达被告。《高等法院规则》第 10 号命令对法律程序文件的送达程序作出了详细规定。对在香港特区内的被告送达的方式有以下三种：（1）面交送达，将已加盖法院印章的文件当面交给收件人；（2）邮寄送达，以挂号邮递方式将已加盖法院印章的文件送往被告人的通常地址或最后为人所知的地址；（3）如该地址设有邮箱，可将已盖印的文件密封投入该信箱。

此外，还存在以下几种特殊送达情形：（1）向海外委托人的代理人送达。在司法管辖权范围内有住所的代理人以海外委托人的名义与原告签订合约，原告可申请对该名代理人而非委托人完成送达。（2）依据合约送达。原、被告双方签订的合约约定了送达的特定方式或地点的，则可依据合约完成送达。（3）粘贴令状文本以示送达。对于注明申索要求收回处所或土地，或交回处所或土地之管有的令状，经原告单方面申请，法庭如信纳无人管有该处所或土地，且不能以其他方式完成对任何被告的送达，可批准以在该处所或土地的显眼部分粘贴令状文本的方式，完成对被告的送达。

被告收到令状或原诉传票后须确认收到该文件，并在14日内表明是否打算抗辩。被告须将指定份数的送达认收书送交法院存档；登记处会将其中一份寄给原告。如果被告没有按上述规定的时间和程序行事，而诉讼是以令状开始，则原告可向法庭申请无须审讯而判决被告败诉；倘若诉讼是以原诉传票开始，则被告会被视作不打算抗辩，诉讼会在此基础上进行聆讯。

（三）审讯前的法律程序（非正审法律程序）

非正审法律程序有以下两种：

（1）案件管理会议或指示聆讯。在这种聆讯中，法庭会编定关于案件进度的时间表，就诉讼各方须在审讯前所做的事项定下限期，诉讼各方必须予以遵守。这些事项包括将证人陈述书和列出与案件有关的文件清单送交存档。法庭还可以在这种聆讯中定下审讯日期。

（2）关于审讯诉讼一方就特定事项提出的申请。常见的申请包括：①申请时间宽限，以便遵照规则或法庭命令所定的指示完成程序；②申请法庭命令，除非对方遵守法庭规则或指示，否则法庭可能判对方败诉；③申请搁置原告因被告不遵守规则或法庭命令而取得的胜诉判决；④申请修订状书；⑤申请因被告无抗辩理据而要求法庭循简易程序判决原告胜诉（简易判决，是指无须经全面审讯而作出判决）；⑥申请要求对方就状书内容提供更清楚详尽的资料；⑦申请剔除对方状书中的部分或全部内容（理由是状书内容拙劣，即没有充分理据支持申索或抗辩）；⑧申请要求对方披露文件（或称“文件透露”）。

（四）状书程序

状书，也称诉讼文书，是当事人一方为进行诉讼而向对方送达的各种书面陈述，主要包括申索陈述书、反申索陈述书、抗辩书、反申索的抗辩书、答复书等类型。每份状书及原诉法律程序文件均须在其可由一方送达任何另一方的时限内送交登记处存档。通过状书交换，明确当事人之间的争议焦点，是状书程序的意义所在。

1. 申索陈述书

申索陈述书是原告用以详细陈述其事实主张，并由其通过单独或附随于令状的方式向被告送达的一种诉讼文书。除非法庭另作许可或令状已注有申索陈述书，否则原告必须在令状送达后，且在被告发出拟抗辩通知书后 14 日届满前，向被告送达申索陈述书。如果原告未按规定期限送达，被告可在该时限届满后向法庭申请作出撤销有关诉讼的命令。

2. 抗辩书与反申索陈述书

对原告申索陈述书所述及的每一项主张，被告必须一一作出回复。如被告概括否认自己的责任，原告有权要求提供“状书详情”。除非法庭另作许可，否则被告必须在令状的送达认收时限后 28 日届满前或申索陈述书送达后 28 日届满前（以较迟者为准），将抗辩书送达可能受其影响的诉讼其他每一方。如果被告在抗辩的同时提出反申索，则可单独制作反申索陈述书，或将反申索包含在抗辩书中一并送达原告。与内地法院被告未在法定期限内作出答辩不影响案件审理的规定明显不同的是，在香港特区法院，如果被告在规定时限内未提出抗辩或未妥善履行抗辩书的送达义务，则须视情况承担败诉、支付讼费等不利后果。原告可在送达抗辩书期限届满后，向法庭申请登录该被告败诉的判决。

3. 答复书与反申索的抗辩书

答复书，是指原告对被告送达的抗辩书作出回应的诉讼文书。除特殊情况下必须就受送达的抗辩书作出答复外，原告可视情况决定是否向被告送达答复书。答复书的送达必须在被告的抗辩书送达后 28 日届满前完成。收到被告送达反申索书的原告，如拟就该反申索书提出抗辩，必须向被告送达反申索的抗辩书，且须在原告获该申索书送达后 28 日届满前完成送达。否则，被告可就反申索所指称的事项向法庭申请登录原告败诉的判决。

诉讼中的状书提交期一般在答复书送达后 28 日届满时结束。如无答复书而只有反申索的抗辩书，则状书提交期于该反申索的抗辩书送达后 28 日届满时结束。如果原告既没有送达答复书，也没有发出反申索的抗辩书，则被告的抗辩书送达后 28 日届满时，状书提交期自动结束。

除诽谤、欺诈等诉讼外，原告或被告可借传票向法庭提出申请，要求在无状书的情况下进行审讯，其条件为被告已发出拟抗辩通知书。

（五）文件透露程序

文件透露程序，是指一方当事人依有关法律程序的规定，在指定时间内向法院及其他诉讼当事人出示其现在或曾经管有、保管或控制的，且与诉讼有关的书证材料，并准许对方查阅或复制该文件材料的过程。这一程序类似于内地的证据交换程序。文件透露程序能够使双方当事人在庭审开始前对于案件事实及诉争的焦点问题有明确的了解，既便于双方当事人提前进入和解程序，也有利于在和解不成的情况下避免因为诉讼突袭而使庭审变得不可预测。

《高等法院规则》第 24 号命令规定，在一宗借令状开展的诉讼中，当状书的提交期结束后，除另有规定外，该宗诉讼的各方须对他们现在或曾经管有、保管或控制的关于该宗诉讼中的有关事宜的文件作出透露。文件透露主要有两种方式：一是各方无须命令而自动作出的文件透露；二是依法庭命令而作出的文件透露。在第一种情况下，诉讼各方当事人必须在状书提交期结束后的 14 日内，就相关的文件拟备一份文件清单送达其他当事人，并附上一份查阅通知书，述明可在该份清单送达后 7 日内的某个时间，在通知书指明的地点查阅该等文件。对于第二种情况，当事人如有理由相信对方现在或曾一度管有、保管或控制与本案或特定事宜有关的文件，且对方应予透露而拒绝作出透露，可在任何时间借由一份由誓章支持的传票向法庭提出申请，要求对方就该特定的文件透露并准许其查阅、复制。法庭可据此申请而命令另一方当事人作出一份誓章，述明申请所指明或描述的某一文件或某类别的文件是否现在或曾在任何时间由其管有、保管或控制。如该等文件当时并非由该一方管有、保管或控制，则须述明文件何时离手以及其后的情况。法庭可视情况决定是否就该特定文件的透露作出进一步的命令。如被申请人声称某文件享有免予交出或免予提供文本的特权，或基于其他理由反对交出或提供文本，则法庭可查阅该文件，以决定该项声称或反对是否有效。在必要时，法庭还可以依职权主动命令一方当事人交出相关的文件。

当事人违反文件透露义务，法庭可根据情况作出其认为公正的命令，包括撤销有关诉讼、剔除有关抗辩并据此登录判决等。

当然，为了保护公共利益及隐私，文件透露义务也存在以下除外情形：（1）对于因可能损害公众利益而不得公开的文件，不得披露；（2）如披露文件与《个人资料（私隐）条例》相悖，则无须披露；（3）基于透露和查阅书证与案件有关问题不相称，而免予披露或查阅。

另外，《高等法院条例》第55B（8）条规定，即使凭借任何成文法或法律规则，为待决的民事法律程序或预计进行的民事法律程序而拟备或与法律意见的取得或给予有关而拟备的文件，在某些情况下享有免予披露的特权，凭借该条订立的规则仍可作出规定：（a）使法庭能在任何民事法律程序中，就医疗事宜或其指示所指明的任何其他类别事宜，指示有关各方或其中一方或多于一方，须个别在指定日期（或按照规则而经准许或同意的较后日期）或之前，以一份或多于一份的专家报告的形式，向另一方或其他各方披露与其拟在审讯中援引作为其案的一部分的该类别事宜有关的专家证据；及（b）禁止没有遵从法庭根据（a）段订立的规则在任何该等法律程序中作出的指示的一方，凭借《证据条例》（第8章）第Ⅳ部，援引载于任何专家报告并与该指示所指明的任何类别事宜有关的范围之内的陈述（不论属于事实或意见）作为证据，但经法庭许可者不在此限。

【案例：文件透露】文件透露程序所指的文件是指与诉讼有关的书证材料，而相关性标准范围是非常宽泛的，实践中需防止文件透露过度。比如，在Vo Thi Do & Ors v. Director of Immigration [1998] 1 HKLRD 729案中，法庭认为，宽泛的标准并不意味着当事人可以“钓鱼式”地寻求文件透露，即要求对方提供大量的信息意图通过显微镜式的审查以发现些许瑕疵。又如，如果需要案外的公司披露文件，提出请求的一方当事人需要证明对方当事人对该公司有足够的控制权。在 Sun Yuet Tai Limited v. British American Tobacco Company（HK）Ltd. CACV 95/1999 案中，法庭指出，原告仅仅表明某公司与被告存在某种关联是不充分的。

（六）简易判决

如原告已向被告送达申索陈述书而被告也已就该诉讼发出拟抗辩通知书，则原告可以以被告对该申索的全部或部分无法抗辩，或以被告仅对所申索的损害赔偿额存有争议，而对损害事实无法抗辩为理由，向法庭申请作出该被告败诉的判决，也就是简易判决。高等法院原讼法庭与区域法院在民事初审程序中均能援用相应的规定作出简易判决，除非原告提出的诉讼为诽谤、欺诈或海事对物诉讼。

原告提出简易判决的申请，必须借由誓章支持的传票提出。誓章必须核实该申请所关乎的申索或部分申索所依据的事实，并述明宣誓人相信被告对该申索或部分申索无法抗辩，或除对所申索的赔偿款额外，对该申索或部分申索无法抗辩。

原告也可以在誓章上载明关于资料的陈述或所信之事的陈述以及资料或所信之事的来源和理由，以向法庭充分展示其获得简易判决的有力依据。

法庭基于原告的申请，可于聆讯时视情况采取以下措施：（1）直接驳回原告的申请；（2）如果被告使法庭信纳，该申请所涉及的全部或部分申索存在有应予审讯的争论点或有争议的问题或为其他理由该申索或部分申索应予审讯，则驳回该申请；（3）除上述情况外，在顾及所申索的补救或济助的性质后，就该申索或部分申索作出原告胜诉的公正判决。

（七）审讯和判决

《高等法院规则》对开庭审讯的时间、地点、方式、当事人发言顺序及缺席的处理等均作出了详细规定。

除非法庭已在案件管理会议中编定时间表，否则任何须在大法官席前进行的审讯，均须由原告在规定的期限内将该宗诉讼排期审讯,并于编定时间后的24小时内通知诉讼其他各方当事人。如果原告未在规定期限内妥善履行，则被告可将该宗诉讼排期审讯，或以诉讼程序中无人作出行动为理由向法庭申请撤销诉讼。

对于审讯的组织方式，高等法院原讼法庭民事初审案件的开庭审讯有法官独任审理、陪审团审理、裁判委员会协助法官审理、聆案官审理四种方式。其中，陪审团审理不多见，仅见于诽谤等少数案件的审理。区域法院初审案件审理则没有陪审团这种方式。

对于审讯发言次序，一般情况下，先由原告作开案陈词，其可就案件争议作出概括介绍，亦可在陈词中述明其将会提出的证据及该等证据如何支持自己的案情。如被告选择不援引证据，则不论被告是否在盘问原告的证人过程中或以其他方式提交文件，原告亦可在为他而提供的证据提出后作第二次发言以结束其案，然后由被告陈述其案。如果被告在原告的首次陈述后选择援引证据，其可在原告提供证据后开展其案，并在提供证据后作第二次发言以结束其案，而后原告可对此发言作答。凡有权作最终发言的一方，在该次发言中提出任何新的法律论点或引用任何先前未引用的典据，则对方可再次发言作答，但发言内容仅限于该法律论点或典据的范围。

与内地法院审理案件之后最终作出的是判决、裁定或调解书不同，香港特区的法院在审理案件之后作出的最后决定主要包括判决和命令。判决和命令的适用并无严格区分，但判决必须严格按照法定格式制作，命令的形式则更为灵活。一般情况下，判决应包括以下三个方面的要素：（1）直接或推断性的关于重要事实的决定；（2）对于事实所披露的法律问题，说明应适用的法律规则；（3）根据（1）和（2）结合起来的效力作出的判决。法庭须在宣告判决或命令时，就任何有关决定发表其理由；如当时法庭宣布将于较后日期发表其理由，则须在所编定的较后日期发表其理由。

五、民事诉讼上诉审程序

与内地法院采取上诉立案登记制，即只要在法定期限内提出上诉均应予以受理不同，香港特区的上诉制度采取上诉许可制度，当事人提起上诉需经原审法院或上诉法院审查，获得许可方可进入上诉程序。香港特区法院的上诉审程序主要包括高等法院的上诉审程序和终审法院的上诉审程序。

（一）高等法院原讼法庭的上诉审程序

高等法院原讼法庭具有有限的民事案件上诉管辖权，即其有权审理不服来自劳资审裁处、小额钱债审裁处及小额薪酬索偿仲裁处的上诉案件。

根据《劳资审裁处条例》《小额钱债审裁处条例》《小额薪酬索偿仲裁处条例》的规定，当事人只能以有关裁断、命令或裁定存在法律论点上的错误或超越司法管辖权范围为由申请上诉，且应在有关裁断、命令或裁定向其送达后 7 日内向原讼法庭申请上诉许可。当然，诉讼一方如未能在期限内提出上诉，可向高等法院司法常务官申请逾期上诉许可，经其同意可获延长。司法常务官的决定是最终决定。上诉许可申请由原讼法庭法官进行聆讯。原讼法庭对上诉许可申请的决定为“一裁终局”，如果原讼法庭拒绝授予上诉许可，则该决定是最终决定，当事人不可再进行上诉。如果法庭批准了上诉许可申请，则会书面通知诉讼各方。当事人获得上诉许可后，应当以“原诉动议”的方式提出上诉。原讼法庭对上诉案件，以重新聆讯的方式进行，且通常由一名法官审理。经审理，可以作出新的判决、决定或命令，或者将有关上诉的事宜连同法庭的意见发还相关的法庭、审裁处重新进行审理。

当事人对原讼法庭的裁决结果不服的，还可以向上诉法庭申请上诉许可。

（二）高等法院上诉法庭的上诉审程序

高等法院上诉法庭仅审理上诉案件，其负责审理的民事案件包括来自原讼法庭、区域法院和土地审裁处的民事上诉案件。

根据《高等法院条例》第 14 条的规定，一般情况下，向上诉法庭提出来自原讼法庭在任何民事讼案或事宜中作出的每项判决或命令的上诉，属于当然权利。但是，对下列来自原讼法庭的案件不得提起上诉：（1）原讼法庭容许延展就判决或命令提出上诉的期限的命令；（2）原讼法庭的一项判决或命令，而该项判决或命令已由任何条例或已由法院规则订定为最终判决或命令；（3）一项判任何一方胜诉的婚姻解除或无效的绝对命令，而该一方虽已有时间及机会提出来自该项命令所依据的暂准判令的上诉却并无如此上诉；（4）（未经有关法院或审裁处或上诉法庭许可）原讼法庭或任何其他法院或审裁处作出的一项经各方同意或只是关于讼费的命令，而法律已将讼费事宜交由该法院或审裁处酌情决定；（5）除《仲裁条例》另有规定外，对原讼法庭就仲裁裁决中产生的有关法律问题所作判决或命令而提出的上诉；（6）原讼法庭的决定，而在有关法律程序中，已就该决定根据《香港终审法院条例》第27C条给予证明书及根据该条例第27D条给予上诉许可；（7）（未经原讼法庭或上诉法庭许可）原讼法庭根据法院规则循简易程序裁定在互争权利诉讼的法律程序中争议的任何问题时作出的判决或命令：但本段对由法官审讯（不论是在有陪审团或无陪审团的情况下）的任何互争权利诉讼的争论点并无任何效力；（8）《香港终审法院条例》第22（1）（c）、（d）、（e）或（f）条所提述的原讼法庭的一项裁定、判决、命令或决定。

《高等法院条例》第14AA条“非正审上诉须有上诉许可”中规定：（1）除法院规则另有规定外，任何人不得针对原讼法庭在任何民事讼案或事宜中作出的非正审判决或命令向上诉法庭提出上诉，但如原讼法庭或上诉法庭已批予上诉许可，则属例外。（2）法院规则可指明该条第（1）款不适用于任何订明类别的判决或命令，而针对有关判决或命令据此提出上诉属当然权利。（3）该条第（1）款所指的上诉许可，可就在有关的非正审判决或命令中出现的某个争论点而批予；及在聆讯该许可申请的法庭认为为使有关上诉得到公正、迅速及合乎经济原则的处置而需要的条件的规限下批予。（4）聆讯有关上诉许可申请的法庭除非信纳有关上诉有合理机会得直；或有其他有利于秉行公正的理由，因而该上诉应进行聆讯，否则不得批予该条第（1）款所指的上诉许可。就上诉法庭对应否批予向它提出上诉的上诉许可所作的决定，任何人不得提出上诉。

高等法院上诉法庭审理上诉案件审判庭一般由 3 人以上的单数法官组成，在聆讯或裁定任何针对非正审命令或非正审判决的上诉或有关各方在聆讯进行前已送交同意书存档，同意上诉由 2 名上诉法庭法官聆讯及裁定等情况下，审判庭可由 2 名法官组成。相比较而言，内地法院审理上诉案件的合议庭均由 3 人以上的单数审判员组成，实践中通常是 3 名审判员组成。高等法院上诉法庭审理民事案件有权作出事实推断，按照事实认定作出本应该作出的判决或命令，并根据具体情况作出新的其他命令。

（三）终审法院的上诉审程序

终审法院有权针对高等法院的判决、命令或决定提出的上诉进行审查，其作出的判决是最终判决，不得对该判决提出上诉。终审法院大部分民事上诉案件来自高等法院上诉法庭，其获受理必须取得上诉许可，申请获得上诉许可必须向高等法院上诉法庭或终审法院提出。给予上诉许可是一项酌情决定，如上诉法庭或终审法院认为上诉所涉及的问题具有重大广泛的或关乎公众的重要性，或因其他理由，以致应交由终审法院裁决，则上诉法庭或终审法院可行使酌情权决定是否受理该上诉。

如前文所述，经过上诉许可的批准程序后，当事人才可向终审法院提起上诉。对于上诉许可申请，终审法院组成上诉委员会进行聆讯，其成员一般包括首席法官及 2 名常任法官，或由首席法官委派 3 名常任法官进行聆讯。上诉委员会的决定是最终的决定，对其决定不得提出上诉。如司法常务官认为某项申请并没有显示合理的给予上诉许可的理由，或是琐屑无聊，或不符合规则，则可以发出传票给申请人，传召他提交书面陈词，在上诉委员会席前提出不应驳回其申请的因由。上诉委员会在考虑后，可以下令驳回申请，或发出在案中秉持公正所需的其他指示。上诉法庭或终审法院给予上诉许可，并且上诉人已经在法定的期限内完成了上诉通知的存档和送交，上诉程序正式启动。

根据《香港终审法院条例》第16～17条的规定，终审法院对上诉案件的审理必须组成终审法院审判庭进行聆讯及裁决。终审法院审判庭的组成人员为：首席法官（特殊情况下为首席法官指定的代替其参加审判的常任法官）、3名由首席法官委派的常任法官以及由首席法官挑选并由终审法院邀请的1名非常任香港特区法官或1名其他普通法适用地区法官。终审法院审判庭庭长由首席法官出任。但如首席法官由于某一因由以致未能出庭聆讯上诉，则其须指定一名常任法官代替其参加审判并担任终审法院审判庭庭长，此时审判庭仍须由5名法官组成。凡由于某一因由以致出庭聆讯上诉的常任法官人数不足，则首席法官须委派一名非常任法官代替一名常任法官参加审判。如某法官由于某一因由以致在一宗上诉聆讯开始后但未作出判决前在该聆讯中缺席，则在该上诉案各方的同意下，可由余下的法官继续审判，但法官人数不得少于4名。上诉须由终审法院审判庭聆讯及裁决，过半数参加审判的法官所作的判决或命令应作为终审法院审判庭所作的判决或命令。如果未能由参加审判的法官作出过半数的判决或命令，则应重新聆讯。

终审法院可以确认、推翻或更改上诉所针对的法院决定，或将有关事项发还该法院处理并附上终审法院的指引意见，或对有关事项作出它认为适当的其他命令，包括就讼费作出命令。为处理上诉，终审法院可行使上诉所针对的法院所具有的任何权力（包括命令重审的权力），或可将案件发还该法院处理。

第三章

行政诉讼程序

第一节　中国内地行政诉讼程序

中国内地行政诉讼程序以成文的《行政诉讼法》为基础，最高人民法院出台相应的司法解释作为《行政诉讼法》适用的配套规定，此外还有针对相关问题的规范性文件作为补充。1989 年 4 月 4 日公布的《行政诉讼法》经过 2014 年和 2017 年两次修正，修正后的《行政诉讼法》扩大了行政诉讼的受案范围，增加了行政诉讼的原告类型，优化了管辖制度，进一步完善了行政诉讼的审理程序和证据制度，加大了行政裁判的执行力度等，能够更好地保障行政相对人的权益。

一、行政诉讼的受案范围

行政诉讼的受案范围，是指人民法院可以依法受理行政争议的种类和权限，也是行政相对人享有诉权的范围，同时还是人民法院可以对行政行为进行监督的范围。《行政诉讼法》第 2 条规定，公民、法人或者其他组织认为行政机关和行政机关工作人员的行政行为侵犯其合法权益，有权依照该法向人民法院提起诉讼。行政行为，包括法律、法规、规章授权的组织作出的行政行为。这是法律对行政诉讼受案范围的总体界定。行政诉讼受案的范围划定了行政相对人可以起诉的行政争议的范围，也是人民法院对行政行为进行审查、解决行政争议的权限范围。如果法律没有将某种争议划入行政诉讼的范围，则行政相对人不能对此类事项提出诉讼，即此类事项只能由行政机关解决，法院不能对其进行审查。此外，行政诉讼受案范围也决定了当事人资格的确定，即只有与可诉争议有利害关系的公民、法人或其他组织才能成为合格的当事人，具有提起行政诉讼的资格。

《行政诉讼法》第 12 条规定："人民法院受理公民、法人或者其他组织提起的下列诉讼：（一）对行政拘留、暂扣或者吊销许可证和执照、责令停产停业、没收违法所得、没收非法财物、罚款、警告等行政处罚不服的；（二）对限制人身自由或者对财产的查封、扣押、冻结等行政强制措施和行政强制执行不服的；（三）申请行政许可，行政机关拒绝或者在法定期限内不予答复，或者对行政机关作出的有关行政许可的其他决定不服的；（四）对行政机关作出的关于确认土地、矿藏、水流、森林、山岭、草原、荒地、滩涂、海域等自然资源的所有权或者使用权的决定不服的；（五）对征收、征用决定及其补偿决定不服的；（六）申请行政机关履行保护人身权、财产权等合法权益的法定职责，行政机关拒绝履行或者不予答复的；（七）认为行政机关侵犯其经营自主权或者农村土地承包经营权、农村土地经营权的；（八）认为行政机关滥用行政权力排除或者限制竞争的；（九）认为行政机关违法集资、摊派费用或者违法要求履行其他义务的；（十）认为行政机关没有依法支付抚恤金、最低生活保障待遇或者社会保险待遇的；（十一）认为行政机关不依法履行、未按照约定履行或者违法变更、解除政府特许经营协议、土地房屋征收补偿协议等协议的；（十二）认为行政机关侵犯其他人身权、财产权等合法权益的。除前款规定外，人民法院受理法律、法规规定可以提起诉讼的其他行政案件。”

同时，《行政诉讼法》第 13 条规定：“人民法院不受理公民、法人或者其他组织对下列事项提起的诉讼：（一）国防、外交等国家行为；（二）行政法规、规章或者行政机关制定、发布的具有普遍约束力的决定、命令；（三）行政机关对行政机关工作人员的奖惩、任免等决定；（四）法律规定由行政机关最终裁决的行政行为。”

《行政诉讼法解释》第 1 条第 2 款对不属于人民法院行政诉讼的受案范围作出了具体规定：“（一）公安、国家安全等机关依照刑事诉讼法的明确授权实施的行为；（二）调解行为以及法律规定的仲裁行为；（三）行政指导行为；（四）驳回当事人对行政行为提起申诉的重复处理行为；（五）行政机关作出的不产生外部法律效力的行为；（六）行政机关为作出行政行为而实施的准备、论证、研究、层报、咨询等过程性行为；（七）行政机关根据人民法院的生效裁判、协助执行通知书作出的执行行为，但行政机关扩大执行范围或者采取违法方式实施的除外；（八）上级行政机关基于内部层级监督关系对下级行政机关作出的听取报告、执法检查、督促履责等行为；（九）行政机关针对信访事项作出的登记、受理、交办、转送、复查、复核意见等行为；（十）对公民、法人或者其他组织权利义务不产生实际影响的行为。”

《行政诉讼法解释》规定，《行政诉讼法》第13条规定的“国家行为”，是指国务院、中央军事委员会、国防部、外交部等根据宪法和法律的授权，以国家的名义实施的有关国防和外交事务的行为，以及经宪法和法律授权的国家机关宣布紧急状态等行为。国家行为不同于一般的行政行为，其是体现国家主权的行为，因而不属于人民法院行政诉讼的受案范围。“具有普遍约束力的决定、命令”，是指行政机关针对不特定对象发布的能反复适用的规范性文件。行政机关享有一定的规则制定权，其制定和发布行政法规、规章的行为属于行政立法行为。行政立法行为不属于行政诉讼受案范围。除行政立法行为外，行政机关也可以制定和发布具有普遍约束力的决定、命令，即行政机关可以制定其他规范性文件，当事人也不能单独对具有普遍约束力的决定和命令提起诉讼，仅可就被诉行政行为所依据的规章以下的规范性文件提出一并审查的请求。“对行政机关工作人员的奖惩、任免等决定”，是指行政机关作出的涉及行政机关工作人员公务员权利义务的决定，该行为属于内部行政行为，行政机关工作人员如对奖惩、任免决定不服，可以向该行政机关或其上一级机关或者监察机关等提出复核或申诉，而不能向人民法院提起行政诉讼。“法律规定由行政机关最终裁决的行政行为”中的“法律”，是指全国人民代表大会及其常务委员会制定、通过的规范性文件，除了全国人民代表大会及其常务委员会之外，其他任何机关都无权设定行政终局裁决权。

【案例：举报答复行为的可诉性】在罗某荣诉吉安市物价

局物价行政处理案[1]中，江西省吉安市吉州区人民法院生效裁判认为：该案中，关于吉安市物价局举报答复行为的可诉性问题，吉安市物价局依法应对罗某荣举报的吉安市电信公司收取卡费行为是否违法进行调查认定，并告知调查结果，但其作出的举报答复将《关于江西电信全业务套餐资费优化方案的批复》中规定的UIM卡收费上限标准进行了罗列，未载明对举报事项的处理结果。此种以告知该批复有关内容代替告知举报调查结果行为，未能依法履行保护举报人财产权的法定职责，本身就是对罗某荣通过正当举报途径寻求救济的权利的一种侵犯，不属于《最高人民法院关于执行〈中华人民共和国行政诉讼法〉若干问题的解释》（已废止）第1条第2款第6项规定的“对公民、法人或者其他组织权利义务不产生实际影响的行为”的范围，具有可诉性，属于人民法院行政诉讼的受案范围。关于罗某荣的原告资格问题，根据1989年《行政诉讼法》第2条、第24条第1款及《最高人民法院关于执行〈中华人民共和国行政诉讼法〉若干问题的解释》（已废止）第12条的规定，举报人就举报处理行为提起行政诉讼，必须与该行为具有法律上的利害关系。该案中，罗某荣虽然要求吉安市物价局“依法查处并没收所有电信用户首次办理手机卡被收取的卡费”，但仍是基于认为吉安市电信公司收取卡费的行为侵害其自身合法权益，向吉安市物价局进行举报，并持有收取费用的发票作为证据。因此，罗某荣与举报处理行为具有法律上的利害关系，罗某荣具有行政诉讼原告主体资格，依法可以提起行政诉讼。

【案例：程序性行政行为的可诉性】在王某德诉乐山市人

1　参见江西省吉安市吉州区人民法院行政判决书，（2012）吉行初字第13号。

力资源和社会保障局工伤认定案[1]中，四川省乐山市市中区人民法院生效裁判认为：关于《工伤认定时限中止通知书》是否属于可诉行政行为的问题，被告作出《工伤认定时限中止通知书》，属于工伤认定程序中的程序性行政行为，如果该行为不涉及终局性问题，对相对人的权利义务没有实质影响，属于不成熟的行政行为，不具有可诉性，相对人提起行政诉讼的，不属于人民法院受案范围。但如果该程序性行政行为具有终局性，对相对人的权利义务产生实质影响，并且无法通过提起针对相关的实体性行政行为的诉讼获得救济，则属于可诉行政行为，相对人提起行政诉讼的，属于人民法院行政诉讼受案范围。该案中，虽然被告作出《工伤认定时限中止通知书》是工伤认定中的一种程序性行为，但该行为将导致原告的合法权益长期乃至永久得不到依法救济，直接影响了原告的合法权益，对其权利义务产生实质影响，并且原告也无法通过对相关实体性行政行为提起诉讼以获得救济。因此，被告作出《工伤认定时限中止通知书》，属于可诉行政行为，人民法院应当依法受理。

二、行政诉讼管辖

行政诉讼管辖明确了人民法院受理第一审行政案件的职权分工。对于人民法院而言，这种职权分工确定了同级人民法院之间受理行政案件的不同分工，同时也确定了上下级法院之间受理第一审行政案件的权限；对于当事人而言，这种职权分工则决定了其到哪一级法院及哪一个具体的法院提起行政诉讼。2014 年修正的《行政诉讼法》进一步完善了级别管辖制度，将中级人民法院对政府所作的行政行为提起诉讼的管辖权由“国

1　参见四川省乐山市市中区人民法院行政判决书，（2013）乐中行初字第 36 号。

务院各部门或者省、自治区、直辖市人民政府”扩大到“国务院部门或者县级以上地方人民政府”，有助于解决行政案件诉讼难的问题。

（一）级别管辖

级别管辖，是指上下级法院之间受理第一审行政案件的分工和权限。级别管辖是确定行政案件管辖权的前提，解决的是案件由哪一级法院管辖的问题，是从纵向上确定各级人民法院对行政案件的管辖权限。《行政诉讼法》根据行政案件的性质、复杂程度和影响范围等因素确定了四级法院管辖的案件类型。

1. 基层人民法院管辖的第一审行政案件

《行政诉讼法》第 14 条规定，基层人民法院管辖第一审行政案件。据此，除法律规定由上级法院管辖的特殊情形之外，行政案件都应当由基层人民法院负责管辖。因为基层人民法院是当事人所在地、争议财产所在地或行为地等，由基层人民法院管辖第一审案件有利于当事人行使诉权，也便于法院审理案件。

2. 中级人民法院管辖的第一审行政案件

《行政诉讼法》第 15 条规定，中级人民法院管辖下列第一审行政案件：对国务院部门或者县级以上地方人民政府所作的行政行为提起诉讼的案件；海关处理的案件；本辖区内重大、复杂的案件；其他法律规定由中级人民法院管辖的案件。《行政诉讼法解释》第 5 条规定，有下列情形之一的，属于《行政诉讼法》第 15 条第 3 项规定的“本辖区内重大、复杂的案件”：“（一）社会影响重大的共同诉讼案件；（二）涉外或者涉及香港特别行政区、澳门特别行政区、台湾地区的案件；（三）其他重大、复杂案件”。

3. 高级人民法院管辖的第一审行政案件

《行政诉讼法》第 16 条规定，高级人民法院管辖本辖区内重大、复杂的第一审行政案件。这类行政案件一般是指在一个省、自治区或直辖市范围内，案情重大、复杂的案件。

4. 最高人民法院管辖的第一审行政案件

《行政诉讼法》第 17 条规定，最高人民法院管辖全国范围内重大、复杂的第一审行政案件。这类行政案件主要是指在全国范围内有重大影响的案件。

5. 级别管辖的特殊规定

《行政诉讼法解释》第 134 条第 3 款规定，复议机关作共同被告的案件，以作出原行政行为的行政机关确定案件的级别管辖。复议机关维持原行政行为的，复议机关和作出原行政行为的行政机关成为共同被告。由于复议决定是对原行政行为的确认，因此真正对当事人权利义务产生影响的仍然是原行政行为，以作出原行政行为的行政机关确定案件的级别管辖可以避免过多的案件涌向上一级人民法院，有利于将矛盾化解在中、基层人民法院。

（二）地域管辖

地域管辖，是指同一级别人民法院之间受理第一审行政案件的分工和权限。地域管辖解决的是行政案件由哪个地方法院进行管辖的问题，是从横向上确定同一级别法院之间的管辖权限。地域管辖分为一般地域管辖和特殊地域管辖，特殊地域管辖又可以分为专属管辖和共同管辖。

1. 一般地域管辖

一般地域管辖适用于没有法定特殊因素的一般行政案件，以最初作出行政行为的行政机关所在地作为确定行政案件管辖法院的依据。《行政诉讼法》第 18 条第 1 款规定，行政案件由最初作出行政行为的行政机关所在地人民法院管辖。经复议的案件，也可以由复议机关所在地人民法院管辖。按照这一规定，凡是未经复议机关复议而直接向人民法院起诉的行政案件，都采用一般地域管辖原则，即由最初作出行政行为的行政机关所在地人民法院管辖，而经过复议的案件，也可以由复议机关所在地人民法院管辖。此外，经最高人民法院批准，高级人民法院可以根据审判工作的实际情况，确定若干人民法院跨行政区域管辖行政案件。专门人民法院一般不审理行政案件，即便铁路运输法院等专门人民法院审理行政案件，也应当经最高人民法院批准，由高级人民法院确定。

2. 特殊地域管辖

特殊地域管辖是与一般地域管辖相对应的特殊规定，一般是为了更有利于行政案件审理或当事人参加诉讼。

（1）共同管辖。

共同管辖，是指两个以上人民法院对同一行政案件都具有管辖权。但两个以上人民法院都具有管辖权并不是同时审理同一案件，而是由原告进行选择，从而确定管辖的法院。《行政诉讼法》第 21 条规定，两个以上人民法院都有管辖权的案件，原告可以选择其中一个人民法院提起诉讼。原告向两个以上有管辖权的人民法院提起诉讼的，由最先立案的人民法院管辖。这一规定一方面便利了当事人诉讼，另一方面避免了司法资源的浪费。

《行政诉讼法》第 19 条规定，对限制人身自由的行政强制措施不服提起的诉讼，由被告所在地或者原告所在地人民法院管辖。该条规定的“原告所在地”，包括原告的户籍所在地、经常居住地和被限制人身自由地。对行政机关基于同一事实，既采取限制公民人身自由的行政强制措施，又采取其他行政强制措施或者行政处罚不服的，由被告所在地或原告所在地的人民法院管辖。这种选择管辖权只有公民享有，法人或其他组织不能享有。

（2）专属管辖。

专属管辖，是指法院规定特定的行政案件只能由特定的法院进行管辖。《行政诉讼法》第 20 条规定，因不动产提起的行政诉讼，由不动产所在地人民法院管辖。《行政诉讼法解释》第 9 条规定，《行政诉讼法》第 20 条规定的“因不动产提起的行政诉讼”，是指因行政行为导致不动产物权变动而提起的诉讼。不动产已登记的，以不动产登记簿记载的所在地为不动产所在地；不动产未登记的，以不动产实际所在地为不动产所在地。根据该规定，涉及不动产的行政诉讼并非都由不动产所在地人民法院进行专属管辖，只有被诉行政行为产生了不动产物权的设立、变更、转让或消灭的行政诉讼才是真正意义上的“因不动产提起的行政诉讼”，应由不动产所在地人民法院进行管辖。实践中，关于何为“因不动产提起的行政诉讼”，当事人往往会产生误解，如房屋被征收人对人民政府作出的房屋征收补偿决定提起诉讼，往往会主张其属于因不动产引起的诉讼，应当由不动产所在地人民法院管辖并适用 20 年的最长保护期限。根据上述规定，此类诉讼虽然涉及不动产因素，但并非因行政行为产生了不动产物权的设立、变更、转让或消灭的法律效果，因此并不适用专属管辖，而应适用一般地域管辖。

三、行政诉讼当事人

行政诉讼的当事人有广义和狭义之分。广义的当事人包括原告、被告、共同诉讼人和第三人；狭义的当事人仅指原告和被告。

（一）行政诉讼原告

1. 行政诉讼原告的资格认定

行政诉讼原告，是指认为行政行为侵犯其合法权益，而依法向人民法院提起诉讼的公民、法人或者其他组织。原告资格的确定在行政诉讼中具有重要意义，因此，一方面，要保证当事人的诉权；另一方面，要防止滥用诉权，力求在保护当事人权利与维持行政秩序和行政行为效率之间保持平衡。

《行政诉讼法》第 2 条第 1 款规定，公民、法人或者其他组织认为行政机关和行政机关工作人员的行政行为侵犯其合法权益，有权依照该法向人民法院提起诉讼。第 25 条第 1~3 款规定，行政行为的相对人以及其他与行政行为有利害关系的公民、法人或者其他组织，有权提起诉讼。有权提起诉讼的公民死亡，其近亲属可以提起诉讼。有权提起诉讼的法人或者其他组织终止，承受其权利的法人或者其他组织可以提起诉讼。“与行政行为有利害关系”主要包括以下几种情形：（1）被诉的行政行为涉及其相邻权或者公平竞争权的，如行政机关在相邻土地上批准工程建设从而侵犯了原告的通风、采光等相邻权；（2）在行政复议等行政程序中被追加为第三人的，如行政行为涉及第三人权利义务，则第三人可以作为原告提起诉讼；（3）要求行政机关依法追究加害人法律责任的，在治安案件中，如果受害人认为加害人未受到处罚，则受害人应当具有原告资格；（4）撤销或者变更行政行为涉及其合法权益的；（5）为维护自身合法权益向行政机关投诉，具有处理投诉职责的行政机关作出或者未作出处理的，如消费者对产品质量问题进行投诉，按照相关规定市场监督管理部门应当进行调查并可以作出行政处罚，此种情形下如市场监督管理部门未进行处理，则消费者可以对此不作为提起行政诉讼；（6）其他与行政行为有利害关系的情形。

2. 行政诉讼原告的特殊规定

《行政诉讼法解释》第 13 条规定了债权人的原告主体资格，债权人以行政机关对债务人所作的行政行为损害债权实现为由提起行政诉讼的，人民法院应当告知其就民事争议提起民事诉讼，但行政机关作出行政行为时依法应予保护或者应予考虑的除外。实践中，如果行政机关对债务人作出行政行为，对债务人的财产状况可能会有所影响，如行政处罚数额较大，可能导致债务人无法履行对债权人的义务。一般情况下，债务人只能通过民事诉讼进行救济，而不能通过行政诉讼进行主张，但在特殊情形下，如以房屋为标的物的债权已办理预告登记，债权人为抵押权人且房屋转让未经其同意的或人民法院依债权人申请对房屋采取强制执行措施并已通知房屋登记机构，债权人对房屋登记机构为债务人办理房屋转移登记不服，可以向人民法院提起行政诉讼，人民法院也应当予以受理。上述情形即属于行政机关作出行政行为时依法应予保护或者应当予以考虑的特殊情况。

《行政诉讼法解释》第 17 条规定了非营利法人出资人、设立人的原告主体资格。事业单位、社会团体、基金会、社会服务机构等非营利法人的出资人、设立人认为行政行为损害法人合法权益的，可以自己的名义提起诉讼。非营利法人与其出资人、设立人之间是相互独立的，非营利法人成立的目的主要是维护社会公益，之所以规定非营利法人出资人、设立人的原告主体资格，是因为如果行政行为对非营利法人的权益造成损害，而非营利法人由于特殊原因无法提起诉讼，社会公共利益就会受损。因此，在非营利法人无法通过法人的内部机构来维护自身的权利时，出资人、设立人可以自己的名义提起行政诉讼，通过维护非营利法人的利益从而维护社会公共利益。

《行政诉讼法解释》第 18 条规定了涉及业主共有利益的原告主体资格。业主委员会对于行政机关作出的涉及业主共有利益的行政行为，可以自己的名义提起诉讼。业主委员会不起诉的，专有部分占建筑物总面积过半数或者占总户数过半数的业主可以提起诉讼。业主委员会可以起诉的情形是行政行为涉及业主共有利益，如果只涉及业主专有部分的权益，则可以起诉的是业主而不是业主委员会。

除了行政行为的相对人以及其他与行政行为有利害关系的公民、法人或者其他组织外，检察机关在特殊情形下也可以成为行政诉讼的原告，可以就特殊领域内的违法行政行为或行政不作为向人民法院提起行政公益诉讼。人民检察院在履行职责中发现生态环境和资源保护、食品药品安全、国有财产保护、国有土地使用权出让等领域负有监督管理职责的行政机关违法行使职权或者不作为，致使国家利益或者社会公共利益受到侵害的，应当向行政机关提出检察建议，督促其依法履行职责。行政机关不依法履行职责的，人民检察院依法向人民法院提起诉讼。

（二）行政诉讼被告

行政诉讼被告，是指由原告起诉其行政行为违法，经人民法院通知应诉的行政机关或法律法规授权的组织。一般而言，作出行政行为的行政机关是行政诉讼的被告，这是行政诉讼被告确认的一般原则。

1. 行政诉讼被告的一般规定

《行政诉讼法》第26条第1款、第4款、第5款、第6款规定，公民、法人或者其他组织直接向人民法院提起诉讼的，作出行政行为的行政机关是被告。两个以上行政机关作出同一行政行为的，共同作出行政行为的行政机关是共同被告。行政机关委托的组织所作的行政行为，委托的行政机关是被告。行政机关被撤销或者职权变更的，继续行使其职权的行政机关是被告。

2. 行政复议案件被告

《行政诉讼法》第26条第2款规定，经复议的案件，复议机关决定维持原行政行为的，作出原行政行为的行政机关和复议机关是共同被告；复议机关改变原行政行为的，复议机关是被告。《行政诉讼法解释》第133条规定，《行政诉讼法》第26条第2款规定的“复议机关决定维持原行政行为”，包括复议机关驳回复议申请或者复议请求的情形，但以复议申请不符合受理条件为由驳回的除外。第134条第1款规定，复议机关决定维持原行政行为的，作出原行政行为的行政机关和复议机关是共同被告。原告只起诉作出原行政行为的行政机关或者复议机关的，人民法院应当告知原告追加被告。原告不同意追加的，人民法院应当将另一机关列为共同被告。“复议机关改变原行政行为”，是指复议机关改变原行政行为的处理结果。复议机关改变原行政行为所认定的主要事实和证据、改变原行政行为所适用的规范依据，但未改变原行政行为处理结果的，视为复议机关维持原行政行为。复议机关确认原行政行为无效，属于改变原行政行为。复议机关确认原行政行为违法，属于改变原行政行为，但复议机关以违反法定程序为由确认原行政行为违法的除外。复议机关在法定期限内未作出复议决定，当事人起诉原行政行为的，应当以作出原行政行为的行政机关为被告，当事人对复议机关不作为不服提起诉讼的，应当以复议机关为被告。

3. 行政诉讼被告的特殊规定

（1）经批准的行政行为引起行政争议被告的确定。

《行政诉讼法解释》第 19 条规定，当事人不服经上级行政机关批准的行政行为，向人民法院提起诉讼的，以在对外发生法律效力的文书上署名的机关为被告。“对外发生法律效力”一般是指对公民、法人或其他组织的权利义务产生相应的法律效力，而“署名”则以在文书上加盖印章为标准。“批准”可以作广义的理解，不仅包括上级机关的正式批准，而且包括上级机关的同意以及上级机关对下级机关请示的肯定批复等情形。之所以以署名为准来确定行政诉讼的被告，主要是为了诉讼便利，即便于行政相对人确定适格的被告。如果法律、法规、规章或其他规范性文件规定下级机关作出行政行为须经过上级机关的批准，但署名机关仅为下级行政机关，则仍以署名的下级行政机关为被告。

（2）行政机关的内设机构、派出机构或其他组织行政诉讼被告的确定。

行政机关组建并赋予行政管理职能但不具有独立承担法律责任能力的机构，以自己的名义作出行政行为，当事人不服提起诉讼的，应当以组建该机构的行政机关为被告。法律、法规或者规章授权行使行政职权的行政机关内设机构、派出机构或者其他组织，超出法定授权范围实施行政行为，当事人不服提起诉讼的，应当以实施该行为的机构或者组织为被告。没有法律、法规或者规章规定，行政机关授权其内设机构、派出机构或者其他组织行使行政职权的，属于《行政诉讼法》第 26 条规定的委托。当事人不服提起诉讼的，应当以该行政机关为被告。行政机关为了对行政事务进行更好的管理，往往会设立若干派出机构，如派出所、司法所等。从性质上而言，派出机构属于行政机关的组成部分，其以行政机关名义作出的行政行为，应以该行政机关为被告；其以自己名义作出的行政行为，应根据是否有授权进行判断。如果派出机构有法律、法规或者规章的授权，则应当以派出机构为被告，否则应当以行政机关为被告。

（3）村民委员会、居民委员会、高等学校以及律师协会、注册会计师协会等行业协会行政诉讼被告的确定。

村民委员会、居民委员会、高等学校以及律师协会、注册会计师协会等行业协会并非行政主体，但近年来其参与社会公共管理的程度越来越高，参与的事务也会对当事人的权利义务造成影响，因此上述主体在履行行政管理职责时也应当成为行政诉讼的被告。《行政诉讼法解释》根据上述主体是依授权还是受委托作出行为进行了不同的规定，即当事人对村民委员会或者居民委员会依据法律、法规、规章的授权履行行政管理职责的行为不服提起诉讼的，以村民委员会或者居民委员会为被告。当事人对村民委员会、居民委员会受行政机关委托作出的行为不服提起诉讼的，以委托的行政机关为被告。当事人对高等学校等事业单位以及律师协会、注册会计师协会等行业协会依据法律、法规、规章的授权实施的行政行为不服提起诉讼的，以该事业单位、行业协会为被告。当事人对高等学校等事业单位以及律师协会、注册会计师协会等行业协会受行政机关委托作出的行为不服提起诉讼的，以委托的行政机关为被告。

【案例：行政诉讼被告资格】在田某诉北京科技大学拒绝颁发毕业证、学位证案[1]中，北京市第一中级人民法院生效裁判认为：根据我国法律、法规规定，高等学校对受教育者有进行学籍管理、奖励或处分的权力，有代表国家对受教育者颁发学历证书、学位证书的职责。高等学校与受教育者之间属于教育行政管理关系，受教育者对高等学校涉及受教育者基本权利的管理行为不服的，有权提起行政诉讼，高等学校是行政诉讼的适格被告。

四、行政诉讼附带审查规范性文件

《行政诉讼法》第 53 条第 1 款规定，公民、法人或者其他组织认为行政行为所依据的国务院部门和地方人民政府及其部门制定的规范性文件不合法，在对行政行为提起诉讼时，可以一并请求对该规范性文件进行审查。这一规定赋予了公民、法

1 参见北京市海淀区人民法院行政判决书，（1998）海行初字第 00142 号；北京市第一中级人民法院行政判决书，（1999）一中行终字第 73 号。

人或者其他组织对规范性文件附带审查的请求权，也赋予了人民法院就规范性文件是否合法进行审查的权力。

规范性文件是行政行为的依据和源头，将其纳入行政诉讼审查范围，有助于促进规范性文件制定的合法性，更有利于从行政行为的源头上解决行政争议，最终有助于推动依法行政。“规范性文件”，是指国务院部门和地方人民政府制定的规范性文件，更高位阶的规范性文件如规章、法规及法律不能作为审查的对象。按照法律规定，对规范性文件的审查以“附带性”审查为原则，公民、法人或者其他组织在对行政行为提起诉讼时可以一并请求对所依据的规范性文件进行审查，即当事人向人民法院提出一并审查规范性文件是建立在对产生直接影响的行政行为起诉的基础上，人民法院审查规范性文件与审查行政行为的合法性一并进行。

（一）管辖法院

因为规范性文件的合法性是被诉行政行为合法性的考量因素之一，所以对规范性文件合法性的审查与行政行为的审查应当一并进行，公民、法人或者其他组织在对行政行为提起诉讼时一并请求对所依据的规范性文件审查的，由行政行为案件管辖法院一并审查。公民、法人或者其他组织请求人民法院一并审查规范性文件是其诉讼请求，而当事人提出诉讼请求一般应当在第一审开庭审理前提出，因此当事人请求一并审查规范性文件也应当在第一审开庭审理前提出；有正当理由的，也可以在法庭调查中提出。

（二）审查的方式

人民法院在对规范性文件审查过程中，发现规范性文件可能不合法的，应当听取规范性文件制定机关的意见。制定机关申请出庭陈述意见的，人民法院应当准许。行政机关未陈述意见或者未提供相关证明材料的，不能阻止人民法院对规范性文件进行审查。

（三）审查的内容

人民法院对规范性文件进行一并审查时，可以从规范性文件制定机关是否超越权限或者违反法定程序、作出行政行为所依据的条款以及相关条款等方面进行。有下列情形之一的，属于《行政诉讼法》第64条规定的“规范性文件不合法”：（1）超越制定机关的法定职权或者超越法律、法规、规章的授权范围的；（2）与法律、法规、规章等上位法的规定相抵触的；（3）没有法律、法规、规章依据，违法增加公民、法人和其他组织义务或者减损公民、法人和其他组织合法权益的；（4）未履行法定批准程序、公开发布程序，严重违反制定程序的；（5）其他违反法律、法规以及规章规定的情形。对规范性文件的审查是综合性的全面审查，既要审查作出行政行为所依据的条款，也要审查相关条款，同时还要对该规范性文件的制定机关的制定权限、法律依据、制定程序等进行审查。关于程序问题，对于可以补正的程序上的瑕疵，可以建议有权机关在一定期限内予以补正；对于严重违反法定程序、无法及时补正的规范性文件，且对当事人权益产生不可弥补的损害的，法院才可以建议废止。

（四）审查的结果及处理

人民法院经审查认为行政行为所依据的规范性文件合法的，应当作为认定行政行为合法的依据；经审查认为规范性文件不合法的，不作为人民法院认定行政行为合法的依据，并在裁判理由中予以阐明。作出生效裁判的人民法院应当向规范性文件的制定机关提出处理建议，并可以抄送制定机关的同级人民政府、上一级行政机关、监察机关以及规范性文件的备案机关。规范性文件不合法的，人民法院可以在裁判生效之日起3个月内，向规范性文件制定机关提出修改或者废止该规范性文件的司法建议。规范性文件由多个部门联合制定的，人民法院可以向该规范性文件的主办机关或者共同上一级行政机关发送司法建议。接收司法建议的行政机关应当在收到司法建议之日起60日内予以书面答复。情况紧急的，人民法院可以建议制定机关或者其上一级行政机关立即停止执行该规范性文件。人民法院认为规范性文件不合法的，应当在裁判生效后报送上一级人民法院进行备案。涉及国务院部门、省级行政机关制定的规范性文件，司法建议还应当分别层报最高人民法院、高级人民法院备案。

【案例：规范性文件不合法】在徐某英诉山东省五莲县社会医疗保险事业处不予报销医疗费用案[1]中，山东省日照市中级人民法院生效判决认为，案涉《2014年五莲县新型农村合作医疗管理工作实施办法》第5条第2款规定，“参合农民到市外就医，必须到政府举办的公立医疗机构”，该款规定对行政相对人的权利作出了限缩性规定，不符合上位法规范性文件的相关规定，不能作为认定行政行为合法的依据，《五莲县社会医疗保障事业处关于对申请人徐某英合作医疗报销申请的书面答复》应予撤销。对于徐某英的新型农村合作医疗费用依据上位规范性文

1　参见山东省日照市中级人民法院行政判决书，（2016）鲁11行终9号。

件的规定应否报销，需由五莲县社会医疗保险事业处重新审查并作出处理。

【案例：规范性文件合法】在上海苏华物业管理有限公司（以下简称苏华公司）诉上海市住房和城乡建设管理委员会物业服务资质行政许可案[1]中，上海市黄浦区人民法院一审认为，《物业服务企业资质管理办法》（已废止）明确规定，物业服务企业中从事物业管理的专业人员应当是“专职”的管理和技术人员。原上海市房屋土地资源管理局作为物业服务企业资质的主管机关，根据上位法规定制定《关于新设立物业管理企业资质审批有关事项的通知》，对《物业服务企业资质管理办法》中专职人员的认定标准进行了解释和细化规定，与《行政许可法》《物业管理条例》等法律、法规的规定不相冲突，制定主体、制定目的、制定过程符合规范，并无明显违法情形。结合该通知第 1 条的规定和相关证据，苏华公司聘用的相关专业人员社保缴纳记录仅持续 1 个月，显然不符合物业服务企业中专业人员的专职性要求，进而不符合专职人员的人数要求。据此，法院判决驳回苏华公司的诉讼请求。苏华公司不服，提起上诉，二审裁定驳回上诉，维持原判。

【案例：规范性文件附带审查的附带性】在成都金牌天使医疗科技有限责任公司（以下简称金牌天使公司）诉四川省成都市科学技术局（以下简称成都市科技局）科技项目资助行政许可案[2]中，成都市高新技术产业开发区人民法院一审认为，

1 参见上海市黄浦区人民法院行政判决书，（2015）黄浦行初字第 503 号；上海市第三中级人民法院行政判决书，（2016）沪 03 行终 231 号。

2 参见四川省成都市高新技术产业开发区人民法院行政裁定书，（2015）高新行初字第 295 号。

金牌天使公司所诉的行政行为，是成都市科技局因金牌天使公司未完整提交申请所需材料而无法进入实质审查程序的一项告知行为，可视为一种程序性行政行为。该案行政程序尚未进入对金牌天使公司申请事项的实体认定阶段，成都市科技局作出的审核告知行为并未产生是否给予金牌天使公司项目资助的法律后果，该程序性告知行为不属于实体上的行政行为，没有直接影响金牌天使公司的实体权益。因此，如果所诉行政行为不符合行政诉讼的受案范围，则同时提起规范性文件审查的请求也不属于人民法院行政诉讼的受案范围。该案中，金牌天使公司所诉审核告知退回修改的程序性行政行为不属于人民法院行政诉讼的受案范围，故其请求审查并确认成都市科技局制定的相关规范性文件违法的诉请也不属于人民法院行政诉讼的受案范围，遂裁定驳回金牌天使公司的起诉。金牌天使公司不服，提出上诉，四川省成都市中级人民法院二审裁定驳回上诉，维持原裁定。

五、第一审程序

（一）起诉与受理

1. 起诉的条件

根据《行政诉讼法》第 49 条的规定，提起行政诉讼应当符合下列条件：原告是行政行为的相对人以及其他与行政行为有利害关系的公民、法人或者其他组织；有明确的被告；有具体的诉讼请求和事实根据；属于人民法院受案范围和受诉人民法院管辖。《行政诉讼法解释》第 68 条规定，《行政诉讼法》第 49 条第 3 项规定的“有具体的诉讼请求”是指：（1）请求判决撤销或者变更行政行为；（2）请求判决行政机关履行特定法定职责或者给付义务；（3）请求判决确认行政行为违法；（4）请求判决确认行政行为无效；（5）请求判决行政机关予以赔偿或者补偿；（6）请求解决行政协议争议；（7）请求一并审查规章以下规范性文件；（8）请求一并解决相关民事争议；（9）其他诉讼请求。当事人单独或者一并提起行政赔偿、补偿诉讼的，应当有具体的赔偿、补偿事项以及数额；请求一并审查规章以下规范性文件的，应当提供明确的文件名称或者审查对象；请求一并解决相关民事争议的，应当有具体的民事诉讼请求。当事人未能正确表达诉讼请求的，人民法院应当要求其明确诉讼请求。明确诉讼请求实际上有助于行政诉讼的类型化。通过对撤销之诉、确认违法之诉、确认无效之诉、履行义务之诉、一般给付之诉等类型的划分，人民法院可以引导行政相对人针对不同的诉讼类型寻求适当的救济方式，同时也可以根据不同的诉讼类型采用恰当的裁判方式。

除上述条件外，提起行政诉讼还需要符合法定起诉期限的要求。公民、法人或者其他组织不服复议决定的，可以在收到复议决定书之日起 15 日内向人民法院提起诉讼。复议机关逾期不作决定的，申请人可以在复议期满之日起 15 日内向人民法院提起诉讼，法律另有规定的除外。除非法律另有规定，否则公民、法人或者其他组织直接向人民法院提起诉讼的，应当自知道或者应当知道作出行政行为之日起 6 个月内提出。因不动产提起诉讼的案件自行政行为作出之日起超过 20 年，其他案件自行政行为作出之日起超过 5 年提起诉讼的，人民法院不予受理。

2. 审查受理

司法实践中，人民法院应当就起诉状内容和材料是否完备以及是否符合《行政诉讼法》规定的起诉条件进行审查。人民法院在接到起诉状时对符合法律规定的起诉条件的，应当登记立案。对当场不能判定是否符合《行政诉讼法》规定的起诉条件的，应当接收起诉状，出具注明收到日期的书面凭证，并在7日内决定是否立案。不符合起诉条件的，作出不予立案的裁定。裁定书应当载明不予立案的理由。原告对裁定不服的，可以提起上诉。起诉状内容欠缺或者有其他错误的，应当给予指导和释明，并一次性告知当事人需要补正的内容。不得未经指导和释明即以起诉不符合条件为由不接收起诉状。

对于不接收起诉状、接收起诉状后不出具书面凭证，以及不一次性告知当事人需要补正的起诉状内容的，当事人可以向上级人民法院投诉，上级人民法院应当责令其改正，并对直接负责的主管人员和其他直接负责人员依法给予处分。

人民法院既不立案，又不作出不予立案裁定的，当事人可以向上一级人民法院起诉。上一级人民法院认为符合起诉条件的，应当立案、审理，也可以指定其他下级人民法院立案、审理。

3. 有关复议前置的特别规定

根据《行政诉讼法解释》第56~59条的规定， 法律、法规规定应当先申请复议，公民、法人或者其他组织未申请复议直接提起诉讼的，人民法院裁定不予立案。复议前置程序的设立，一方面可以为相对人提供更多的救济途径，另一方面行政复议程序相对于行政诉讼更为快捷，救济效率更高，也可以同时解决行政行为的合法性与合理性问题，有利于从根本上解决行政争议。复议机关不受理复议申请或者在法定期限内不作出复议决定，公民、法人或者其他组织不服，依法向人民法院提起诉讼的，人民法院应当依法立案。法律、法规未规定行政复议为提起行政诉讼必经程序，公民、法人或者其他组织既提起诉讼又申请行政复议的，由先立案的机关管辖；同时立案的，由公民、法人或者其他组织选择。公民、法人或者其他组织已经申请行政复议，在法定复议期间内又向人民法院提起诉讼的，人民法院裁定不予立案。法律、法规未规定行政复议为提起行政诉讼必经程序，公民、法人或者其他组织向复议机关申请行政复议后，又经复议机关同意撤回复议申请，在法定起诉期限内对原行政行为提起诉讼的，人民法院应当依法立案。公民、法人或者其他组织向复议机关申请行政复议后，复议机关作出维持决定的，应当以复议机关和原行为机关为共同被告，并以复议决定送达时间确定起诉期限。

（二）审理前的准备

审理前的准备工作主要包括确定审判组织、通知被告应诉、发送诉讼文书、审查诉讼材料和调查收集证据、审查诉讼参与人情况、确定开庭时间与地点并通知当事人和其他诉讼参与人等内容。人民法院受理行政案件，由审判员组成合议庭，或者由审判员、陪审员组成合议庭。合议庭的成员，应当是 3 人以上的单数。人民法院向当事人送达受理案件通知书或应诉通知书时，应当告知其举证范围、举证期限和逾期提供证据的法律后果，并告知因正当事由不能按期提供证据时应当提出延期举证的申请。人民法院应当在立案之日起 5 日内，将起诉状副本发送被告。被告应当在收到起诉状副本之日起 15 日内向人民法院提交作出行政行为的证据和所依据的规范性文件，并提出答辩状。人民法院应当在收到答辩状之日起 5 日内，将答辩状副本发送原告。被告不提出答辩状的，不影响人民法院审理。

在诉讼过程中，被告及其诉讼代理人不得自行向原告、第三人和证人收集证据。被告在作出行政行为时已经收集了证据，但因不可抗力等正当事由不能提供的，经人民法院准许，可以延期提供。原告或者第三人提出了其在行政处理程序中没有提出的理由或者证据的，经人民法院准许，被告可以补充证据。对于案情比较复杂或者证据数量较多的案件，人民法院可以组织当事人向对方出示或者交换证据，并将交换证据的情况记录在案。

（三）庭审程序

行政案件一般应公开审理，但涉及国家秘密、个人隐私和法律另有规定的除外。涉及商业秘密的案件，当事人申请不公开审理的，可以不公开审理。审判长宣布开庭后要先核对各方当事人和其他诉讼参与人的身份，告知当事人在诉讼中的权利义务，宣布合议庭组成人员，告知当事人享有申请合议庭成员回避的权利并询问其是否申请回避。当事人申请回避的，应当说明理由，在案件开始审理时提出；回避事由在案件开始审理后知道的，应当在法庭辩论终结前提出。被申请回避的人员，在人民法院作出是否回避的决定前，应当暂停参与该案的工作，但案件需要采取紧急措施的除外。对于当事人提出的回避申请，人民法院应当在 3 日内以口头或者书面形式作出决定。对于当事人提出的明显不属于法定回避事由的申请，法庭可以依法当庭驳回。申请人对驳回回避申请决定不服的，可以向作出决定的人民法院申请复议一次。复议期间，被申请回避的人员不停止参与该案的工作。对于申请人的复议申请，人民法院应当在3日内作出复议决定，并通知复议申请人。

法庭调查阶段是合议庭核实和审查证据、查明案件事实的过程。法庭调查的顺序一般为：当事人陈述；告知证人的权利义务，证人作证，宣读未到庭的证人证言；出示书证、物证、视听资料和电子数据；宣读鉴定意见；宣读勘验笔录。在合议庭主持下，当事人可以互相进行发问，以便查清事实。原告在庭审中明确拒绝陈述或者以其他方式拒绝陈述，导致庭审无法进行，经法庭释明法律后果后仍不陈述意见的，视为放弃陈述权利，由其承担不利的法律后果。

法庭辩论阶段是在审判人员主持下，当事人及其代理人对法律调查的事实、证据，发表自己的观点和意见。一般按照以下顺序进行：原告及其诉讼代理人发言；被告及其诉讼代理人答辩；第三人及其诉讼代理人发言或答辩；互相辩论。在法庭辩论中，审判人员始终处于指挥者和组织者的地位，引导当事人围绕争议焦点进行辩论；同时，审判人员应为各方当事人及其诉讼代理人提供平等的辩论机会，保障并便利他们充分行使辩论权。

法庭辩论结束后，由审判长按照原告、被告、第三人的顺序依次征询最后意见，然后由审判长宣布休庭。合议庭评议后，进行宣判。如果不能当庭宣判，择期另行宣判。人民法院对公开审理和不公开审理的案件，一律公开宣告判决。当庭宣判的，应当在10日内发给判决书；定期宣判的，宣判后立即发给判决书。宣告判决时，必须告知当事人上诉权利、上诉期限和上诉的人民法院。

（四）举证责任

与民事诉讼中“谁主张，谁举证”的举证责任分配的一般原则相比，在行政诉讼中，被告对被诉行政行为的合法性承担举证责任是基本原则，原告只在特定情况下承担相关举证责任。《行政诉讼法》第34条规定，被告对作出的行政行为负有举证责任，应当提供作出该行政行为的证据和所依据的规范性文件。被告不提供或者无正当理由逾期提供证据，视为没有相应证据。但是，被诉行政行为涉及第三人合法权益，第三人提供证据的除外。因此，在行政诉讼中，被告的举证责任既包括事实根据，也包括行政主体作出行政行为所依据的法律及行政规范依据。被告承担举证责任，并不意味着被告对行政诉讼中的一切事实都承担举证责任。原告也可以提供证明行政行为违法的证据，但原告提供的证据不成立的，不免除被告的举证责任。在起诉被告不履行法定职责的案件中，原告应当提供其向被告提出申请的证据。但有下列情形之一的除外：（1）被告应当依职权主动履行法定职责的；（2）原告因正当理由不能提供证据的。在行政赔偿、补偿的案件中，原告应当对行政行为造成的损害提供证据。由于被告导致原告无法举证的，由被告承担举证责任。对于各方主张损失的价值无法认定的，应当由负有举证责任的一方当事人申请鉴定，但法律、法规、规章规定行政机关在作出行政行为时依法应当评估或者鉴定的除外；负有举证责任的当事人拒绝申请鉴定的，由其承担不利的法律后果。当事人的损失由于客观原因无法鉴定的，人民法院应当结合当事人的主张和在案证据，遵循法官的职业道德，运用逻辑推理和生活经验、生活常识等，酌情确定赔偿数额。

（五）审理期限

人民法院应当在立案之日起6个月内作出第一审判决。有特殊情况需要延长的，由高级人民法院批准；高级人民法院审理第一审案件需要延长的，由最高人民法院批准。

（六）一审判决

人民法院审理行政案件，对行政行为是否合法进行审查。经过审理，根据不同情况，有以下几种判决形式。

1. 驳回诉讼请求判决

行政行为证据确凿，适用法律、法规正确，符合法定程序的，或者原告申请被告履行法定职责或者给付义务理由不成立的，人民法院判决驳回原告的诉讼请求。

2. 撤销判决

行政行为有下列情形之一的，人民法院判决撤销或者部分撤销，并可以判决被告重新作出行政行为：（1）主要证据不足的；（2）适用法律、法规错误的；（3）违反法定程序的；（4）超越职权的；（5）滥用职权的；（6）明显不当的。

3. 履行或给付判决

人民法院经过审理，查明被告不履行法定职责的，判决被告在一定期限内履行。人民法院经过审理，查明被告依法负有给付义务的，判决被告履行给付义务。

4. 变更判决

行政处罚明显不当，或者其他行政行为涉及对款额的确定、认定确有错误的，人民法院可以变更判决。人民法院变更判决，不得加重原告的义务或者减损原告的权益。但利害关系人同为原告，且诉讼请求相反的除外。

5. 确认违法判决

行政行为有下列情形之一的，人民法院判决确认违法，但不撤销行政行为：（1）行政行为依法应当撤销，但撤销会给国家利益、社会公共利益造成重大损害的；（2）行政行为程序轻微违法，但对原告权利不产生实际影响的。

行政行为有下列情形之一，不需要撤销或者判决履行的，人民法院判决确认违法：（1）行政行为违法，但不具有可撤销内容的；（2）被告改变原违法行政行为，原告仍要求确认原行政行为违法的；（3）被告不履行或者拖延履行法定职责，判决履行没有意义的。

6. 确认无效判决

行政行为有实施主体不具有行政主体资格或者没有依据等重大且明显违法情形，原告申请确认行政行为无效的，人民法院判决确认无效。人民法院判决确认违法或者无效的，可以同时判决责令被告采取补救措施；给原告造成损失的，依法判决被告承担赔偿责任。

7. 行政协议履行及补偿判决

被告不依法履行、未按照约定履行或者违法变更、解除《行政诉讼法》第 12 条第 1 款第 11 项规定的协议的，人民法院判决被告承担继续履行、采取补救措施或者赔偿损失等责任。被告变更、解除《行政诉讼法》第 12 条第 1 款第 11 项规定的协议合法，但未依法给予补偿的，人民法院判决给予补偿。

六、简易程序

人民法院审理下列第一审行政案件，认为事实清楚、权利义务关系明确、争议不大的，可以适用简易程序：（1）被诉行政行为是依法当场作出的；（2）案件涉及款额2000元以下的；（3）属于政府信息公开案件的。

除上述规定以外的第一审行政案件，当事人各方同意适用简易程序的，可以适用简易程序。但发回重审、按照审判监督程序再审的案件不适用简易程序。

适用简易程序审理的行政案件，由审判员一人独任审理，并应当在立案之日起45日内审结。人民法院在审理过程中，发现案件不宜适用简易程序的，裁定转为普通程序。

七、第二审程序

（一）上诉的提起和受理

能够提起上诉的判决、裁定包括地方各级人民法院第一审尚未发生法律效力的判决和对不予立案、驳回起诉、管辖异议所作出的裁定。当事人不服人民法院第一审判决的，有权在判决书送达之日起15日内向上一级人民法院提起上诉。当事人不服人民法院第一审裁定的，有权在裁定书送达之日起10日内向上一级人民法院提起上诉。逾期不提出上诉的，人民法院的第一审判决或者裁定发生法律效力。上诉必须提交符合法律规定的上诉状。当事人提出上诉，既可以通过原审人民法院，也可以直接向第二审人民法院提出。

原审人民法院收到上诉状、答辩状后，应当在5日内连同全部卷宗和证据，报送第二审人民法院。已经预收诉讼费用的，一并报送。

（二）上诉案件的审理

根据《行政诉讼法》第86条的规定，人民法院对上诉案件，应当组成合议庭，开庭审理。经过阅卷、调查和询问当事人，对没有提出新的事实、证据或者理由，合议庭认为不需要开庭审理的，也可以不开庭审理。第 87 条规定，人民法院审理上诉案件，应当对原审人民法院的判决、裁定和被诉行政行为进行全面审查。第 88 条规定，人民法院审理上诉案件，应当在收到上诉状之日起 3 个月内作出终审判决。有特殊情况需要延长的，由高级人民法院批准，高级人民法院审理上诉案件需要延长的，由最高人民法院批准。

（三）二审判决

根据《行政诉讼法》第 89 条的规定，人民法院审理上诉案件，按照下列情形，分别处理：（1）原判决、裁定认定事实清楚，适用法律、法规正确的，判决或者裁定驳回上诉，维持原判决、裁定；（2）原判决、裁定认定事实错误或者适用法律、法规错误的，依法改判、撤销或者变更；（3）原判决认定基本事实不清、证据不足的，发回原审人民法院重审，或者查清事实后改判；（4）原判决遗漏当事人或者违法缺席判决等严重违反法定程序的，裁定撤销原判决，发回原审人民法院重审。原审人民法院对发回重审的案件作出判决后，当事人提起上诉的，第二审人民法院不得再次发回重审。人民法院审理上诉案件，需要改变原审判决的，应当同时对被诉行政行为作出判决。

八、审判监督程序

（一）审判监督程序的提起

1. 当事人申请再审

当事人对已经发生法律效力的判决、裁定，认为确有错误的，可以向上一级人民法院申请再审，但判决、裁定不停止执行。根据《行政诉讼法解释》第110条的规定，当事人向上一级人民法院申请再审，应当在判决、裁定或者调解书发生法律效力后6个月内提出。有下列情形之一的，自知道或者应当知道之日起6个月内提出：（1）有新的证据，足以推翻原判决、裁定的；（2）原判决、裁定认定事实的主要证据是伪造的；（3）据以作出原判决、裁定的法律文书被撤销或者变更的；（4）审判人员审理该案件时有贪污受贿、徇私舞弊、枉法裁判行为的。人民法院收到当事人的再审申请后，经审查，符合再审条件的，应当立案并及时通知各方当事人；不符合再审条件的，予以驳回。

《行政诉讼法》第91条规定，当事人的申请符合下列情形之一的，人民法院应当再审：（1）不予立案或者驳回起诉确有错误的；（2）有新的证据，足以推翻原判决、裁定的；（3）原判决、裁定认定事实的主要证据不足、未经质证或者系伪造的；（4）原判决、裁定适用法律、法规确有错误的；（5）违反法律规定的诉讼程序，可能影响公正审判的；（6）原判决、裁定遗漏诉讼请求的；（7）据以作出原判决、裁定的法律文书被撤销或者变更的；（8）审判人员在审理该案件时有贪污受贿、徇私舞弊、枉法裁判行为的。

2. 人民法院依职权提起

各级人民法院院长对本院已经发生法律效力的判决、裁定，发现有《行政诉讼法》第91条规定的应当再审的情形之一的，或者发现调解违反自愿原则或者调解书内容违法，认为需要再审的，应当提交审判委员会讨论决定。

最高人民法院对地方各级人民法院已经发生法律效力的判

决、裁定，上级人民法院对下级人民法院已经发生法律效力的判决、裁定，发现有《行政诉讼法》第 91 条规定的应当再审的情形之一，或者发现调解违反自愿原则或者调解书内容违法的，有权提审或者指令下级人民法院再审。

3. 人民检察院抗诉

最高人民检察院对各级人民法院已经发生法律效力的判决、裁定，上级人民检察院对下级人民法院已经发生法律效力的判决、裁定，发现有《行政诉讼法》第 91 条规定的应当再审的情形之一，或者发现调解书损害国家利益、社会公共利益的，应当提出抗诉。

地方各级人民检察院对同级人民法院已经发生法律效力的判决、裁定，发现有《行政诉讼法》第 91 条规定的应当再审的情形之一，或者发现调解书损害国家利益、社会公共利益的，可以向同级人民法院提出检察建议，并报上级人民检察院备案；也可以提请上级人民检察院向同级人民法院提出抗诉。

根据《行政诉讼法解释》第 117 条的规定，有下列情形之一的，当事人可以向人民检察院申请抗诉或者检察建议：（1）人民法院驳回再审申请的；（2）人民法院逾期未对再审申请作出裁定的；（3）再审判决、裁定有明显错误的。人民法院基于抗诉或者检察建议作出再审判决、裁定后，当事人申请再审的，人民法院不予立案。

（二）再审案件的审理

1. 审理程序

人民法院按照审判监督程序再审的案件，发生法律效力的判决、裁定是由一审法院作出的，按照一审程序审理，所作的判决、裁定，当事人可以上诉；发生法律效力的判决、裁定是由二审法院作出的，按照二审程序审理，所作的判决、裁定是发生法律效力的判决、裁定；上级人民法院按照审判监督程序提审的，按照二审程序审理，所作的判决、裁定是发生法律效力的判决、裁定。

人民法院审理再审案件，应当另行组成合议庭。人民法院审理再审案件应当围绕再审请求和被诉行政行为的合法性进行。当事人的再审请求超出原审诉讼请求，符合另案诉讼条件的，告知当事人可以另行起诉。被申请人及原审其他当事人在庭审辩论结束前提出的再审请求，符合规定的申请期限的，人民法院应当一并审理。人民法院经再审，发现已经发生法律效力的判决、裁定损害国家利益、社会公共利益、他人合法权益的，应当一并审理。

2. 再审裁判

人民法院审理再审案件，认为原生效判决、裁定确有错误的，在撤销原生效判决或者裁定的同时，可以对生效判决、裁定的内容作出相应裁判，也可以裁定撤销生效判决或者裁定，发回作出生效判决、裁定的人民法院重新审理。

人民法院审理再审案件，对原审法院不予立案或者驳回起诉错误的，应当区分情况作如下处理：二审法院维持一审法院不予立案裁定错误的，再审法院应当撤销一、二审裁定，指令一审法院受理；二审法院维持一审法院驳回起诉裁定错误的，再审法院应当撤销一、二审裁定，指令一审法院审理。

第二节 香港特区司法复核程序

香港特区没有成文的行政诉讼法，其由司法复核程序来代替内地行政诉讼的概念。香港特区法院的司法复核权源于普通法，但现行关于司法复核程序的规定也有成文法的依据。《香港特别行政区基本法》就是司法复核程序最基本的制定法依据，该法第 35 条第 2 款规定：“香港居民有权对行政部门和行政人员的行为向法院提起诉讼。”第 11 条和第 160 条是合法性原则的制定法依据。第 11 条规定：“根据中华人民共和国宪法第三十一条，香港特别行政区的制度和政策，包括社会、经济制度，有关保障居民的基本权利和自由的制度，行政管理、立法和司法方面的制度，以及有关政策，均以本法的规定为依据。香港特别行政区立法机关制定的任何法律，均不得同本法相抵触。”因此，《香港特别行政区基本法》的规定及其相关解释对司法复核具有重要的影响。同时，《高等法院条例》第 21K 条及《高等法院规则》第 53 号命令对司法复核程序作出了详细规定。根据上述规定，司法复核是香港高等法院原讼法庭对行使公共职能的机构和个人的决定行使监督管辖权的程序。司法复核可以分为两大类：一是对立法机关制定的条例进行审查，包括附属法例或授权立法的有效性；二是对行政机关的越权行为进行审查。但“香港特别行政区法律是否符合香港基本法，只能由全国人大常委会作出判断和决定，任何其他机关都无权作出判断和决定”。[1]

一、司法复核的基础

司法复核的主要意旨在于由司法机关对行政机关的行为进行监督审查，其存在的前提或理由即公职人员的行为不得超越其法律权力。普通法上的越权原则是香港特区司法复核的基础。换言之，提起司法复核的基础或依据是行政机关的行为超越法律赋予的权限，即越权原则。如果公共机构的行为超越法例特别是《香港特别行政区基本法》所赋予的范围，或者没有遵循有关法例所隐含的限制，均属违反越权原则，即可提出司法复核的请求。另外，司法复核审查的是公共机构在行为上的合法性，而不是其政策在争议层面上是否可取，即司法复核关注的是“合法或者不合法”。司法复核应当在尊重公共机构的权力行使和对越权行为的审查之间保持平衡，并非以法院的决定来取代相应决策机构的决定。法院在审查行政行为是否越权时，通常考虑以下因素：（1）该行政机关是否有权执行该行政行为；（2）该行政行为的性质是否合乎该行政机关的管辖范围；（3）该行政行为的执行方法是否正确，是否出于良好愿望；（4）该行政行为的执行过程是否合法。

二、司法复核申请的许可

对司法复核申请是否予以许可的审查工作由高等法院原讼法庭管辖。司法复核的申请人与民事诉讼的原告不同。司法复核的提出需要符合相关法例规定的各种要求，且申请人提出的司法复核的请求须有可合理争议的胜诉机会，才有可能获得法

1 《全国人大常委会法工委发言人就香港法院有关司法复核案判决发表谈话》，载中国人大网，http://www.npc.gov.cn/npc/c2/c30834/201911/t2019 1119_302216.html。

庭的许可。司法复核关注的只是公共机构行为的合法性问题，而上诉需要解决的是对与错的问题。

（一）申请许可的形式要求

根据《高等法院条例》第 21K 条的规定，除非已按照法院规则取得原讼法庭的许可，否则不得提出申请司法复核，而除非法院认为申请人与申请所关乎的事宜有充分利害关系，否则不得批予提出该项申请的许可。根据《高等法院规则》第 53 号命令的规定，法庭的许可是提出司法复核的前提条件，且申请许可必须单方面提出，并须按照要求将载有相关事宜陈述的格式通知书和核实所依据的事实的誓章送交登记处存档。该通知书须载明以下事实的陈述：申请人的姓名或名称及描述；答辩人的姓名或名称及描述；所寻求的济助及寻求该济助所依据的理由；申请人所知悉的有利害关系的各方（如有）的姓名或名称及描述；代表申请人的律师行（如有）的名称及地址和申请人的送达地址（如申请人没有律师代表行事）。

许可程序是只有一方当事人参加的特别程序。除非申请人的申请通知书中请求进行聆讯，否则法官可在不进行聆讯的情况下就许可申请作出裁定，并且无须在公开法庭上进行聆讯，但在任何情况下，司法常务官均须将法官命令的文本送达申请人。凡申请许可遭一名法官拒准或在有条款施加的情况下获批予，申请人可在该名法官作出命令后 14 日内，针对该命令向上诉法庭提出上诉。如法庭批予许可，可施加其认为适合的关于讼费及提供保证的条款。

（二）申请许可的时间要求

对申请许可的时间亦有要求。申请司法复核的许可，须从速提出，并无论如何均须在申请理由首次出现的日期起3个月内提出，除非法庭认为有好的理由延展提出该申请的期限或个别法规设有特别限制提出许可申请的时间。凡所寻求的济助是就任何判决、命令、定罪判决或其他法律程序作出移审令，则申请理由首次出现的日期，须视为该判决、命令、定罪判决或法律程序的日期。如果一项司法复核的申请存在不当的延迟，原讼法庭可拒绝批予许可。

（三）批予许可的标准

法官批予许可的标准首先要求申请人对申请所涉及的事宜具有足够权益，如果法官判断申请人没有受到该受到质疑的决定影响，则申请人与该事宜没有足够权益，法院不会批予司法复核申请的许可。除了考虑具体个案的法律和事实，法院也可能考虑如下因素：维护法治的重要性、所提出争议的重要性、事件中是否存在具有更大权益的其他质疑者，以及被质疑违反的法律责任的性质等。除在申请所关乎的事宜中有足够权益外，申请人必须显示根据其申请中提呈的材料而寻求的济助有“可合理争议”的论据；曾用作验证准则的“潜在可争辩性”不再是批予许可的充分基础。

【案例：申请人的诉讼资格——是否存在足够权益】在Ng Wing Hung v. Hong Kong Examinations and Assessment Authority[1]案中，申请人质疑香港特区考试及评核局宣布的有关由其提供和举行的考试之决定。法院拒绝批予该司法复核申请的许可，理由是其没有足够权益，因缺少充分证据证明其有足够权益，且证据显示其不可能参加相关考试。

1 HCAL 79/2010（判词日期：22.9.2010）.

【案例：申请人的诉讼资格——是否属于“可合理争议”】

在 Peter Po Fun Chan v. Winnie CW Cheung & Anor[1] 案中，终审法院所修订的准则是，除非案件为“可合理争议”，即它有实质的成功机会，否则法庭不应批予许可。对法律或事实的争议，都应采用相同的准则。

三、司法复核的标准

司法复核的标准或依据源于普通法，其从根本上来说是越权原则的具体体现。自迪普洛克法官（Lord Diplock）GCHQ 案以来，对司法复核标准的概括一直为：不合法、不合理和程序不当。2022 年香港特区律政司编写的《司法复核概论：给政府机关行政人员的指南》（第 4 版）对上述三项标准作了详细介绍。

（一）不合法

《司法复核概论：给政府机关行政人员的指南》指出，法庭可以根据多个理由裁定有关决定的作出是不合法的。

1. 与权力基础相关的理由

（1）抵触《香港特别行政区基本法》；（2）赋权的附属法例越权；（3）无法确定授权附属法例的意义；（4）决策者超越其权力范围行事。

2. 与权力行使方式相关的理由

（1）权力并非由获授予权力的主管当局行使，如赋予一个主管当局的权力实质上是由另一个主管当局行使；非法转授权力。（2）错误：出现决定性的法律上的错误以及该项决定实质上受到重大的事实错误所影响。（3）不相关因素，即决策

1　（2007）10 HKCFAR 676；FACV 10/2007（判词日期：30.11.2007）.

者考虑不相关因素或没有考虑相关因素。（4）未能遵守酌情决定权不受约束的情形：由于决策者受主使而行事，或没有考虑有关个案的是非曲直而僵化地适用政策，致使酌情决定权的行使受到约束；决策者误解或误用既定的政策。（5）不当的目的及不真诚，即该项决定基于不当的目的而作出，决策者不真诚地作出该项决定。（6）决策者过分拖延作出决定的时间。

（二）不合理

对于不合理这一标准，《司法复核概论：给政府机关行政人员的指南》指出，公共机构必须合理地行使其酌情决定权。然而，这并不表示纯粹由于法官认为某决定不合理，又或假若其是决策者便会作出不同的决定，就可以推翻有关决定。不合理的标准应适用“韦恩斯伯里式不合理性”（Wednesbury Unreasonableness）的验证准则，也就是说，决定太不合理，是任何一个理智的人都不会作出的。但“韦恩斯伯里式不合理性”的验证准则并非一套统一的准则，而是取决于有关决定的内容。当有关决定影响到基本权利时，法庭便会以“用心审查”的方式予以考虑，而这亦意味着韦恩斯伯里式的验证标准会降低；另外，如果有决定关乎高层次的政策事宜，并已获立法会决议批准，则在不合理性原则方面必须采用一个异常高的标准。法庭除考虑“韦恩斯伯里式不合理性”原则外，也会考虑“比例原则”。如某项决定涉及基本权利，法庭会评估决策者在作出有关限制时，是否已在权利与对立目标之间取得合理的平衡。如果某项决定可能是立法机关或行政机关在个人权利与社会需要之间作出艰难抉择之后才作出，法庭会在某种程度上尊重立法机关或行政机关，这有时会被称为“酌情衡量的空间”。比如，在涉及社会经济政策的事项时，法院倾向于不进行干预，以给予有关主管当局较大的酌情衡量的空间。

（三）程序不当

关于程序不当的标准，《司法复核概论：给政府机关行政人员的指南》指出，行政机关在作出决定时应遵守自然公义原则。公共机构在自然公义原则下所要遵守的程序性要求取决于公共机构作出的决定所涉及的主体以及案件的其他情况。自然公义原则要求决策者在作出可能对某人有不利影响的决定时，须符合程序上的保障。这些保障包括获得公平聆讯的权利，针对偏颇的原则以及保障合理期望的原则。此外，为避免程序不当，决策者还有责任提供理由。

1. 获得公平聆讯的权利

公平并不意味着必须在每个案件中进行口头聆讯，而是必须接收及考虑各项申述，也可以是书面申述。是否需要进行口头聆讯，关键在于是否出现只可凭口头证据解决的事实争议。如果法庭认为基于公平及自然公义原则，公共机构决策者须向申请人披露文件或者资料，以给予申请人回应该文件或资料的机会，但是决策者没有进行披露，法庭会进一步考虑是否行使酌情决定权来撤销有关决定。在这类情形下，程序不公是否使申请人的权利受损是法庭需要考量的因素之一。

2. 针对偏颇的原则

针对偏颇的原则源自普通法原则，即“公义必须实践，并且毋庸置疑地彰显人前”及“当事人不得在己案中担任法官”。偏颇可以分为三类，即实际偏颇、推定偏颇和表面偏颇。自然公义原则的具体要求之一即决策者不应该存有偏见，如果决策者在所涉及的争端中具有任何直接的经济利益或个人利益，如基于婚姻、血缘或友谊的密切关系，不论利益大小，其均不具有就争端作出决定的资格。如果决策者确实存有偏见，包括裁决者在作出决定时受偏见影响，或有证据可以证明其实际上偏袒一方当事人，法院就可以通过司法复核程序撤销相关的决定。即使决策者在事实上并非确实存在偏见，但只要确实有存在偏见的危险，受其决定影响的当事人也可以提起司法复核。

【案例：实际偏颇】在 R v. Or Sai Por[1]案中，某个牌照委员会的成员在聆讯前议决并宣布不会续某个牌照，直至有关的酒店处所建成为止。法院裁定裁决者可以对某件事有初步意见，但不可早有定论。

3. 保障合理期望原则

按照这一原则，如决策者引导受决定影响的人士合理地期望当局会遵照某项特定程序来作出决定，或会作出某个特定的（通常是对该人士有利的）决定（而这个决定属于决策者的权力范围），则除非基于凌驾性的公众利益，否则该合理期望必须获得保障。

四、司法复核的限制

《香港特别行政区基本法》第 19 条第 2 款规定，香港特区法院继续保持香港原有法律制度和原则对其审判权所作的限制；第 3 款规定，香港特区法院对国防、外交等国家行为无管辖权。第 63 条规定，香港特区律政司主管刑事检察工作，不受任何干涉。《全国人民代表大会常务委员会关于〈中华人民共和国香港特别行政区维护国家安全法〉第十四条和第四十七条的解释》

---

1 ［1987］HKLR 956；HCMA 191/1987（判词日期：13.5.1987）.

第 1 条的规定，根据《香港国安法》第 14 条的规定，香港特区维护国家安全委员会作出的决定不受司法复核。另外，其他法例中也有部分法定条款对司法复核进行了一定程度的限制，如《房屋条例》第 19 条第（3）款规定，如任何人的租契已根据该条第（1）款终止，则法院没有司法管辖权聆讯由该人或代该人提出的与该项终止有关的宽免申请。第（1）款主要列举了房屋委员会可以终止租约的情形，如委员会认为根据租契持有的土地已不适合人居住，或构成妨扰、危害健康或不安全，则可无须通知而将租契终止；委员会如认为并无租契授权占用土地或其部分的人占用土地或其部分，也可以无须通知而将租契终止。

五、司法复核的程序

根据《高等法院规则》第 53 号命令的规定，司法复核申请获许可后，申请人必须以原诉传票方式正式提出司法复核。原诉传票必须送达所有直接受影响的人，如果原诉传票是关于某法庭的任何法律程序或关于在某法庭席前进行的法律程序，申请的目的是迫使该法庭或其人员作出与该等法律程序有关的任何行为，或撤销该等法律程序，或在该等法律程序中作出的任何命令，那么该原诉传票也必须送达该法庭的书记主任或司法常务官；如果对有关法官的行为提出任何反对，那么该原诉传票也必须送达该名法官。除非批予许可的法庭另有指示，否则原诉传票的送达与其所指明的聆讯日期之间必须相隔最少 10 日。原诉传票必须在批予许可后 14 日内发出以待聆讯。

司法复核的法律程序并不包括各方自动互相交换所有相关文件清单以供查阅或复制的程序，但法庭可应有关申请而命令其中一方透露特定的文件。答辩人以宗教式誓章或非宗教式誓章的形式存档的证据，应尽可能来自实际决策者，并应概述作出决定的步骤和理由，以及展示有关的文件记录作为物证。在司法复核程序中，法庭很少让存档证据的宣誓人接受盘问。这是因为法庭通常比较关注合法性、公正性及程序等事宜，而无须就实情方面展开调查程序。不过，如果案件在事实方面出现严重争议，并可能实质上影响复核结果，法庭可批准进行盘问程序，以解决有关的争议。

六、司法复核的济助

申请人在司法复核申请中请求法庭给予济助的形式有以下七种类型：（1）履行义务令。即要求答辩人履行特定的职责或义务。（2）移审令。即要求推翻或取消答辩人已作出的决定。（3）禁止令。即要求答辩人不得作出或不再作出越权或违反自然公义原则的行为。（4）宣令。即要求宣布各方当事人的法律权利和义务。（5）强制令。即禁止非法行为，禁止干扰他人的权利。（6）损害赔偿。该济助方式不可在司法复核申请时单独提出，但可以与其他方式同时提出，作出附加要求的济助。（7）中期救济。司法复核申请未有结果前，法庭可作临时命令。然而，法庭未批予许可提出司法复核申请前，不会批予中期救济。原诉法庭行使司法复核权时，可以批予移审令，被质疑的决定会被撤销。法庭也可以将有关事宜发回有关的法院、审裁处或主管当局，并指示按照原诉法庭的裁断而重新考虑有关事宜和达成决定。此外，法庭就个别法律条文或某些行政安排的有效性和合法性作出宣布也是非常普遍的做法。

如申请人成功申请司法复核，法庭有酌情决定权根据具体情况批予适合的最终济助。如申请人在作出司法复核申请时过分拖延，以及法庭认为给予济助可能会对任何人造成实质困难或实质地损害其权利，或有损良好的行政运作，法庭可拒绝批予该司法复核的胜诉申请人所寻求的济助。如程序不公平的理由成立，法庭在决定是否行使其酌情决定权撤销决策机构的决定或给予其他适当的济助（如有）时，将把该违反事项是否对申请人造成任何损害作为相关考虑因素。

【案例：申请济助时的过分延误】在 Anderson Asphalt Ltd. & Ors v. The Secretary for Justice[1]案中，高等法院法官解释，以不当延误为基本理由拒绝许可或济助适用于司法复核的各个程序及步骤，从向原讼法庭法官申请司法复核许可开始，直至包括在原讼法庭进行司法复核的实质申请的最后一步及至程序的完结，并包括任何非正审上诉。对法官而言，该理由伸延及适用于司法复核中对实质聆讯后拒绝济助的任何上诉。从另一角度看，法官认为“许可申请”包括就原讼法庭拒绝给予许可的任何上诉。根据该案的实情，以及鉴于法庭以其他理由拒绝司法复核，延误的影响（如有）对济助问题的影响已属于学术性质。

【案例：程序不公时的济助】在 Leung Fuk Wah Oil v. Commissioner of Police[2]案中，上诉法庭维持原讼法庭的裁决，认为处理申请人对其纪律定罪的上诉聆讯因依赖某些并未向申请人披露的文件而存在程序不公，但鉴于司法复核的济助是酌情决定，而申请人实质上并未受到任何损害，程序不公在该案

1 ［2009］3 HKLRD 215；HCAL 28/2006 & 98/2007（判词日期：16.3.2009）.

2 ［2002］3 HKLRD 653；CACV 2744/2001（判词日期：28.3.2002）.

中不成为撤销决定的理由，因而法庭拒绝酌情给予任何济助。

在符合下列条件的情况下，法庭还可将损害赔偿判给申请人：（1）申请人已在其申请中加入就申请所关乎事宜引致的损害赔偿而提出的申索；（2）法院信纳，假若申请人是在其申请提出时开展诉讼，而其又在该诉讼中提出该申索，则可获判损害赔偿。

【案例：损害赔偿】在 A & Ors v. Director of Immigration[1] 案中，原讼法庭司法复核的申请人是等候根据《禁止酷刑和其他残忍、不人道或有辱人格的待遇或处罚公约》的规定进行评估的申索人，他们质疑其被羁留的合法性，而其申请最初被驳回。上诉中，上诉法庭推翻下级法庭的判决，裁定在缺乏充分和易于取览的确定政策下，该案中申请人在提出酷刑声请后被羁留违反《香港人权法案》第 5（1）条，属于违法行为。该案件之后发还原讼法庭，以评估他们被非法羁留的损害赔偿，包括其申索的基本或一般损害赔偿、加重的损害赔偿及惩罚性损害赔偿。

1 ［2008］4 HKLRD 752；CACV 314- 317/2007（判词日期：18.7.2008）.

第四章

仲裁司法审查程序

第一节　概　述

仲裁，是一种纠纷当事人在自愿的基础上达成协议，将纠纷提交非司法机构的第三者审理，第三者就纠纷居中评判是非，并作出对争议各方均有拘束力的裁决的解决纠纷的制度、方法或方式。[1]

一、仲裁机构

根据处理争议的仲裁机构有无固定的办公场所和章程，仲裁机构可以分为临时仲裁组织和常设仲裁机构。[2] 与此相对应，仲裁分为临时仲裁和机构仲裁。

在中国内地，法律仅规定了常设仲裁机构。除《仲裁法》的相关法条使用“仲裁委员会”的表述外，其他法律规范多表述为“仲裁机构”。

1　参见黄进、宋连斌、徐前权：《仲裁法学》，中国政法大学出版社 2008 年版，第 1 页。

2　参见宋连斌主编：《仲裁法》，武汉大学出版社 2010 年版，第 30 页。

仲裁机构的设立应当符合《仲裁法》的规定。《仲裁法》第 10 条和第 66 条分别规定了仲裁机构的两种不同设立方式。根据《仲裁法》第 10 条的规定，仲裁机构可以在直辖市和省、自治区人民政府所在地的市设立，也可以根据需要在其他设区的市设立，必须经省、自治区、直辖市的司法行政部门登记。仲裁机构名称准确地表述为"某地仲裁委员会"，如"杭州仲裁委员会"。根据《仲裁法》第 66 条的规定，涉外仲裁委员会可以由中国国际商会组织设立，不必经司法行政部门登记。其分院或分支机构经司法行政部门登记后成为独立的仲裁机构的，可以分支机构或分院的名义出具仲裁裁决。

2016 年，最高人民法院印发了《关于为自由贸易试验区建设提供司法保障的意见》，该意见第 9 条第 3 款规定，"在自贸试验区内注册的企业相互之间约定在内地特定地点、按照特定仲裁规则、由特定人员对有关争议进行仲裁的，可以认定该仲裁协议有效……"自此，自贸试验区率先允许临时仲裁。

继自贸试验区允许临时仲裁后，深圳也开放了临时仲裁。2020 年 8 月 31 日，深圳市人民代表大会常务委员会公布《深圳国际仲裁院条例》，其中第 25 条规定："当事人达成按照特定仲裁规则、由特定人员在深圳经济特区对争议进行仲裁的仲裁协议，并据此进行仲裁的，除当事人另有约定以外，仲裁院可以提供代为指定仲裁员等必要的协助。"

在香港特区，根据《香港法例》第 609 章《仲裁条例》第 2(b)条的规定，仲裁指不论是否由常设仲裁机构进行的任何仲裁。由此可见，香港仲裁包括机构仲裁和临时仲裁，仲裁组织包括临时仲裁组织和常设仲裁机构。

《香港安排》对内地与香港特区互相执行仲裁裁决作出安排。鉴于香港特区仲裁包括临时仲裁的特点，《最高人民法院关于香港仲裁裁决在内地执行的有关问题的通知》特别对此作出规定，当事人向人民法院申请执行在香港特区作出的临时仲裁裁决的，人民法院应当按照《香港安排》的规定进行审查。

临时仲裁和机构仲裁是从处理纠纷的第三者是临时仲裁组织还是常设仲裁机构对仲裁所作的区分。为表述方便，下文对处理纠纷的第三者统称仲裁机构，对临时仲裁和机构仲裁统称仲裁。

二、仲裁范围

仲裁机构受理案件的范围由法律规定。内地主要由《仲裁法》作出规定，香港特区主要由《仲裁条例》作出规定。

在内地，根据《仲裁法》第 2 条的规定，“平等主体的公民、法人和其他组织之间发生的合同纠纷和其他财产权益纠纷，可以仲裁”。同时，《仲裁法》第 3 条规定，“下列纠纷不能仲裁：（一）婚姻、收养、监护、扶养、继承纠纷；（二）依法应当由行政机关处理的行政争议”。此外，《仲裁法》第 77 条还特别指出，“劳动争议和农业集体经济组织内部的农业承包合同纠纷的仲裁，另行规定”。

上述规定对仲裁范围进行了界定。关于“其他财产权益纠纷”的具体范围，可结合《最高人民法院关于执行我国加入的〈承认及执行外国仲裁裁决公约〉的通知》进一步予以明确。根据该通知，“契约性和非契约性商事法律关系”具体是指由于合同、侵权或者根据有关法律规定而产生的经济上的权利义务关系。由此，《仲裁法》规定的内地仲裁机构的受案范围为平等主体之间因合同、侵权或者根据有关法律规定而产生的财产权益纠纷；不包括婚姻家事纠纷、劳动争议和行政争议。

在我国香港特区，从1844年《仲裁条例》第一次赋予仲裁机构处理纠纷的权力起，即明确限定受案范围为民事纠纷。2011年实施的《仲裁条例》采纳《贸法委示范法》。从仲裁协议看，根据《仲裁条例》第19条采纳《贸法委示范法》第7（1）条的规定，“仲裁协议”是指当事人同意将他们之间一项确定的契约性或非契约性的法律关系中已经发生或可能发生的一切争议或某些争议交付仲裁的协议。由此可见，香港特区的法律并未严格限定仲裁协议约定法律关系的范围。从仲裁范围看，《贸法委示范法》第1（1）条规定，“本法适用于国际商事仲裁……”但《仲裁条例》第7条特别单列一条明确指出，《仲裁条例》第5条取代《贸法委示范法》第1条而具有效力。《仲裁条例》第5（1）条规定，如仲裁地是在香港特区，则该条例适用于根据仲裁协议（不论该协议是否在香港特区订立）而进行的仲裁。此处，立法者有意偏离《贸法委示范法》第1（1）条关于“商事仲裁”的限定，《仲裁条例》将仲裁机构的受案范围拓宽至“国际商事仲裁”以外。由此可见，无论是从仲裁协议约定的法律关系，还是从仲裁本身性质来看，香港特区的法律对仲裁机构受理案件的范围均未限定在商事法律关系的范畴。

三、仲裁裁决的籍属

仲裁裁决具有国籍性，而在我国“一国两制”框架下，仲裁裁决还有区际性。仲裁裁决籍属是区分仲裁裁决种类、确定仲裁司法审查案件类型以及确定审查依据和审查程序的重要依据。

在内地，《审查规定》第1条以内地仲裁裁决、港澳台仲裁裁决、外国仲裁裁决三类不同仲裁裁决为标准，区分三类不同仲裁司法审查案件。由此，根据仲裁裁决籍属不同，可分为外国仲裁裁决、内地仲裁裁决和港澳台仲裁裁决三类仲裁裁决。

仲裁裁决除了以籍属为标准进行区分，还可以根据审查依据和审查程序不同而进行区分。在内地，根据审查依据的不同，仲裁裁决可以分为内地仲裁机构作出的非涉外涉港澳台仲裁裁决、内地仲裁机构作出的涉外涉港澳台仲裁裁决、港澳台仲裁裁决、公约仲裁裁决、非公约（外国）仲裁裁决。根据审查程序的不同，可以分为涉外涉港澳台仲裁裁决（包括外国仲裁裁决、港澳台仲裁裁决和内地仲裁机构作出的涉外涉港澳台仲裁裁决）、非涉外涉港澳台仲裁裁决。

在香港特区，《仲裁条例》在适用法律上对仲裁裁决也作了区分，根据第10部“裁决的承认和强制执行”，仲裁裁决可分为香港裁决（包括非公约裁决）、公约裁决、内地裁决和澳门裁决。

2011年《仲裁条例》实施前，原《仲裁条例》含有本地仲裁和国际仲裁两种不同规则。2011年《仲裁条例》实施后，取消了本地仲裁和国际仲裁的概念区别，在香港特区进行的所有仲裁法律适用趋于统一。

四、仲裁司法审查的概念和范围

仲裁司法审查是一个连接法院与仲裁机构相互关系的概念。法院通过审查仲裁活动的合法性、正当性，纠正仲裁权的不当运行所产生的错误，从而使仲裁当事人的权利获得救济。仲裁司法审查制度是法院介入仲裁一系列法律规范和程序的总称。

在内地，相关法律明确法院介入仲裁的司法活动被称为仲裁司法审查。

在香港特区，《仲裁条例》第 3（b）条规定，“法院应只在本条例明文规定的情况下，才干预争议的仲裁”。这里法条使用“干预”一词描述审查活动。《仲裁条例》第 12 条采纳《贸法委示范法》第 5 条关于“法院干预的限度”的规定，此处更加明确“法院干预”与内地“司法审查”具有相同意思。因此，内地所称“仲裁司法审查”，香港特区则以“法院干预仲裁”与之对应。

需要指出的是，本章所称仲裁司法审查（或香港特区的法院干预仲裁）均仅限于法院对仲裁的监督和控制的范畴，不包括“证据保全”“财产保全”等司法辅助行为。

第二节　中国内地仲裁司法审查程序

自 1995 年《仲裁法》实施起，中国内地商事仲裁制度初步建立。经过 30 年的实践和发展，仲裁作为解决商事纠纷的方式越来越成为社会纠纷矛盾化解机制的重要组成部分。党的十八届四中全会决定中明确指出，要健全社会矛盾纠纷预防化解机制，完善调解、仲裁、行政裁决、行政复议、诉讼等有机衔接、相互协调的多元化纠纷解决机制。完善仲裁制度，提高仲裁公信力；党的十九大提出“加强预防和化解社会矛盾机制建设”，由此，开启了中国特色社会主义仲裁事业发展的新征程。2018 年 12 月 31 日，中共中央办公厅、国务院办公厅印发《关于完善仲裁制度提高仲裁公信力的若干意见》，对完善仲裁制度、提高仲裁公信力提出全面系统的要求。根据该意见要求，人民法院要积极支持仲裁事业发展，提高审理有关仲裁司法审查案件的效率，规范仲裁协议效力的认定、裁决撤销和不予执行程序，依法支持和监督仲裁。2018年以来，为了加强法院对仲裁的监督和支持，最高人民法院连续出台有关仲裁司法审查的司法解释，进一步完善仲裁司法审查的规范体系。

一、法律渊源

内地仲裁司法审查的法律渊源繁杂，相关规定分散在法律、司法解释和最高人民法院的大量通知、批复和复函中。

（一）公约和法律

1986年我国正式加入《纽约公约》。1987年，《最高人民法院关于执行我国加入的〈承认及执行外国仲裁裁决公约〉的通知》进一步明确承认与执行公约裁决的几个问题。1991年颁布《民事诉讼法》，对不予执行仲裁裁决作出规定。1994年《仲裁法》颁布，经过2009年和2017年两次修正。《仲裁法》明确规定了仲裁范围、仲裁协议、仲裁机构等仲裁制度的基本问题，同时对申请确认仲裁协议效力案件、申请撤销仲裁裁决仲裁案件审查作出规定。《仲裁法》与《民事诉讼法》共同构筑了仲裁司法审查制度的基本框架。

（二）司法解释

除上述法律规定外，最高人民法院还出台司法解释对仲裁司法审查相关问题进一步明确和细化。仲裁司法审查相关司法解释数量繁多，如1998年发布的《最高人民法院关于确认仲裁协议效力几个问题的批复》，2006年施行的《仲裁法解释》，2018年施行的《审查规定》《仲裁执行规定》以及2018年施行后于2021年修正的《报核规定》。仲裁司法审查相关司法解释的出台及时回应了司法实践的需要，同时也不断完善了仲裁司法审查制度。

此外，关于我国港澳台仲裁裁决的执行，最高人民法院特别作出相关安排和规定。其中，最高人民法院分别与香港特区政府、澳门特区政府协商，达成相关“安排”，最高人民法院以司法解释的形式将“安排”的内容公布实施。2000 年 2 月 1 日《香港安排》实施，此后，《最高人民法院关于香港仲裁裁决在内地执行的有关问题的通知》和《补充安排》相继实施，作为《香港安排》的补充；2008 年 1 月 1 日，《澳门安排》实施。2015 年 7 月 1 日，《台湾规定》施行。上述安排和规定对执行我国港澳台仲裁裁决案件的审查程序和审查依据作出具体规定。

（三）其他规范性文件

此外，最高人民法院采用通知、复函、会议纪要的方式对司法实践中普遍性、复杂性的问题进行总结，及时回应仲裁司法审查实务的需要，如《全国法院涉外商事海事审判工作座谈会会议纪要》《最高人民法院关于人民法院处理与涉外仲裁及外国仲裁事项有关问题的通知》《最高人民法院关于下级法院撤销仲裁裁决后又以院长监督程序提起再审应如何处理问题的复函》《最高人民法院关于对驳回申请撤销仲裁裁决的裁定能否申请再审问题的复函》《最高人民法院关于朱裕华与上海海船厨房设备金属制品厂申请撤销仲裁裁决再审一案的请示报告的复函》《归口办理通知》。上述通知、复函虽然不是司法解释，但仍应作为仲裁司法审查工作的依据。值得一提的是，2017 年 5 月 22 日最高人民法院发布的《归口办理通知》规定仲裁司法审查案件由涉外商事庭专门办理，极大地提高了人民法院办理仲裁司法审查案件的质量和效率。

除了法律和司法解释外，国务院为规范仲裁工作出台的相关法规也是仲裁司法审查的法律渊源。比如，1996 年 6 月 8 日发布的《国务院办公厅关于贯彻实施〈中华人民共和国仲裁法〉需要明确的几个问题的通知》、1995 年 7 月 28 日国务院办公厅发布的《仲裁委员会章程示范文本》等。

经过几十年的发展，内地已经形成由法律、司法解释和通知、批复、复函等不同位阶的规范共同组成的、科学完备的仲裁司法审查法律规范体系。

二、仲裁司法审查案件的类型

仲裁司法审查案件的类型由法律明确规定。根据《审查规定》第 1 条的规定，仲裁司法审查包括下列案件：（1）申请确认仲裁协议效力案件；（2）申请执行我国内地仲裁机构的仲裁裁决案件；（3）申请撤销我国内地仲裁机构的仲裁裁决案件；（4）申请认可和执行香港特区、澳门特区、台湾地区仲裁裁决案件；（5）申请承认和执行外国仲裁裁决案件；（6）其他仲裁司法审查案件。《报核规定》第 1 条作了相似规定。综合上述规定，根据案由的不同，仲裁司法审查案件可分为三大类：申请确认仲裁协议效力案件、申请撤销仲裁裁决案件、申请执行仲裁裁决案件。

人民法院只受理申请撤销我国内地仲裁机构作出的仲裁裁决。对于承认（认可）和执行仲裁裁决，《审查规定》第 1 条根据裁决籍属的不同将其分为三类：申请执行我国内地仲裁机构的仲裁裁决案件，申请认可和执行香港特区、澳门特区、台湾地区仲裁裁决案件，申请承认和执行外国仲裁裁决案件。其中，申请承认和执行外国仲裁裁决，根据仲裁裁决是否属于公约仲裁裁决，可进一步区分为申请承认和执行公约仲裁裁决案件、申请承认和执行非公约仲裁裁决案件。

仲裁司法审查案件的类型不同，审查程序和审查依据不同。此外，是否具有涉外因素亦关系审查程序和审查依据的确定。根据《报核规定》第 2 条的规定，办理涉外涉港澳台仲裁司法审查案件与非涉外涉港澳台仲裁司法审查案件的报核程序不同。根据《仲裁法》第 70~71 条的规定，撤销和不予执行涉外仲裁裁决与非涉外仲裁裁决的法律适用不同。仲裁司法审查案件类型、涉外因素与仲裁司法审查程序、法律适用之间的具体关系将在下文细述。

三、仲裁司法审查程序的一般规定

仲裁司法审查程序属于司法程序。2016 年最高人民法院印发的《人民法院民事裁判文书制作规范》《民事诉讼文书样式》，将确认仲裁协议效力案件和撤销仲裁裁决案件归类于非讼程序目录项下，将执行仲裁裁决案件归类于执行程序目录项下。仲裁司法审查的申请、管辖、归口管理、审查等具体程序由法律明确规定。

（一）申请

当事人向人民法院申请仲裁司法审查应当按规定提交相关材料。《审查规定》第 5 条规定，申请人向人民法院申请确认仲裁协议效力的，应当提交申请书及仲裁协议正本或者经证明无误的副本。申请书应当载明下列事项：（1）申请人或者被申请人为自然人的，应当载明其姓名、性别、出生日期、国籍及住所；为法人或者其他组织的，应当载明其名称、住所以及法定代表人或者代表人的姓名和职务；（2）仲裁协议的内容；（3）具体的请求和理由。当事人提交的外文申请书、仲裁协议及其他文件，应当附有中文译本。第6条规定，申请人向人民法院申请执行或者撤销我国内地仲裁机构的仲裁裁决、申请承认和执行外国仲裁裁决的，应当提交申请书及裁决书正本或者经证明无误的副本。申请书应当载明下列事项：（1）申请人或者被申请人为自然人的，应当载明其姓名、性别、出生日期、国籍及住所；为法人或者其他组织的，应当载明其名称、住所以及法定代表人或者代表人的姓名和职务。（2）裁决书的主要内容及生效日期。（3）具体的请求和理由。当事人提交的外文申请书、裁决书及其他文件，应当附有中文译本。

此外，《纽约公约》《香港安排》《澳门安排》《台湾规定》分别对申请执行公约仲裁裁决、港澳台仲裁裁决需提交的申请材料作出相应的规定。

申请人是外国企业或组织、外国人的，还应当根据《民事诉讼法解释》第521~524条的规定履行相应的公证认证等手续。

对于申请人的申请，人民法院应当在7日内审查决定是否受理。人民法院受理仲裁司法审查案件后，应当在5日内向申请人和被申请人发出通知书，告知其受理情况及相关的权利义务。人民法院受理仲裁司法审查案件后，作出裁定前，申请人请求撤回申请的，裁定准许。对于申请提交材料不符合规定的，裁定不予受理，已经受理的裁定驳回申请。

（二）管辖

仲裁司法审查案件管辖法院的确定与案件类型相关，相关法律和司法解释对申请确认仲裁协议效力案件、申请撤销仲裁裁决案件和申请执行仲裁裁决案件的管辖作出明确规定。

1. 申请确认仲裁协议效力案件的管辖

《仲裁法解释》第12条对申请确认仲裁协议效力案件的管辖法院作出规定。之后出台的《审查规定》第2条对申请确认仲裁协议效力案件管辖法院的规定稍有改变，根据新法优于旧法的原则，应依据《审查规定》第2条确定申请确认管辖法院。

根据《审查规定》第2条的规定，申请确认仲裁协议效力的案件，由仲裁协议约定的仲裁机构所在地、仲裁协议签订地、申请人住所地、被申请人住所地的中级人民法院或者专门人民法院管辖。涉及海事海商纠纷仲裁协议效力的案件，由仲裁协议约定的仲裁机构所在地、仲裁协议签订地、申请人住所地、被申请人住所地的海事法院管辖；上述地点没有海事法院的，由就近的海事法院管辖。

2. 申请撤销仲裁裁决案件的管辖

《仲裁法》对申请撤销仲裁裁决案件的管辖作出规定。根据《仲裁法》第58条的规定，当事人应向仲裁委员会所在地的中级人民法院申请撤销裁决。仲裁委员会仅指根据《仲裁法》第10条和第66条的规定设立的仲裁机构，不包括未经依法登记的分支机构。

【案例：仲裁委员会所在地】上诉人邹某与被上诉人温州市豪达箱包有限公司申请撤销仲裁裁决案[1]，浙江省高级人民法院认为：根据《仲裁法》第58条的规定，当事人“可以向仲裁委员会所在地的中级人民法院申请撤销裁决”，而非向仲裁地

1　参见浙江省高级人民法院民事裁定书，（2020）浙民辖终9号。

中级人民法院申请撤销裁决，故邹某上诉以仲裁地在杭州为由提出该案由杭州市中级人民法院管辖于法无据，不予支持。仲裁委员会是依据《仲裁法》第10条或第66条规定设立的仲裁机构，中国国际经济贸易仲裁委员会(以下简称贸仲委)属于《仲裁法》第66条规定的仲裁委员会，该案应当由贸仲委所在地的中级人民法院管辖，贸仲委登记信息及仲裁规则显示贸仲委设在北京，其住所地为“北京市西城区”，根据《仲裁法》第58条的规定，该案应当由北京市的中级人民法院管辖。

3. 申请执行仲裁裁决案件的管辖

申请执行仲裁裁决案件的管辖法院由《民事诉讼法》《仲裁执行规定》及关于认可和执行港澳台仲裁裁决的相关安排和规定分别作出规定。

根据《仲裁执行规定》第2条第1款的规定，“当事人对仲裁机构作出的仲裁裁决或者仲裁调解书申请执行的，由被执行人住所地或者被执行的财产所在地的中级人民法院管辖”。由于《仲裁执行规定》第1条明确该规定所规范的是依据《仲裁法》作出的仲裁裁决，即我国内地仲裁机构作出的仲裁裁决，因此，《仲裁执行规定》第2条是对申请执行我国内地仲裁机构作出的仲裁裁决案件管辖法院的规定。

《民事诉讼法》第304条对申请执行外国仲裁裁决案件管辖法院作出规定，“在中华人民共和国领域外作出的发生法律效力的仲裁裁决，需要人民法院承认和执行的，当事人可以直接向被执行人住所地或者其财产所在地的中级人民法院申请。被执行人住所地或者其财产不在中华人民共和国领域内的，当事人可以向申请人住所地或者与裁决的纠纷有适当联系的地点的中级人民法院申请。人民法院应当依照中华人民共和国缔结或者参加的国际条约，或者按照互惠原则办理”。

对于香港仲裁裁决，根据《香港安排》第1~2条的规定，当事人可以向被申请人住所地或者财产所在地的中级人民法院申请执行。对于澳门仲裁裁决，根据《澳门安排》第2条的规定，当事人可以向被申请人住所地、经常居住地或者财产所在地的中级人民法院申请认可和执行。对于台湾仲裁裁决，根据《台湾规定》第4条的规定，申请认可台湾地区仲裁裁决的案件，由申请人住所地、经常居住地或者被申请人住所地、经常居住地、财产所在地中级人民法院或者专门人民法院受理。

需要注意的是，《审查规定》第3条规定了关联管辖，“外国仲裁裁决与人民法院审理的案件存在关联，被申请人住所地、被申请人财产所在地均不在我国内地，申请人申请承认外国仲裁裁决的，由受理关联案件的人民法院管辖。受理关联案件的人民法院为基层人民法院的，申请承认外国仲裁裁决的案件应当由该基层人民法院的上一级人民法院管辖。受理关联案件的人民法院是高级人民法院或者最高人民法院的，由上述法院决定自行审查或者指定中级人民法院审查。外国仲裁裁决与我国内地仲裁机构审理的案件存在关联，被申请人住所地、被申请人财产所在地均不在我国内地，申请人申请承认外国仲裁裁决的，由受理关联案件的仲裁机构所在地的中级人民法院管辖”。

4. 管辖权异议

人民法院受理仲裁司法审查案件后，被申请人对管辖权有异议的，应当自收到人民法院通知之日起15日内提出。在中华人民共和国领域内没有住所的被申请人对人民法院的管辖权有异议的，应当自收到人民法院通知之日起30日内提出。人民法院对被申请人提出的异议，应当审查并作出裁定。当事人对裁定不服的，可以提起上诉。

（三）归口管理

仲裁司法审查程序性强，涉及的法律规定繁杂，是一项专门性的工作。

为了规范审查程序、统一裁判尺度、提高办案质量，2017年，最高人民法院下发《归口办理通知》。该通知要求：（1）各级人民法院审理涉外商事案件的审判庭（合议庭）作为专门业务庭（以下简称专门业务庭）负责办理该通知规定的仲裁司法审查案件。（2）当事人申请确认仲裁协议效力的案件，申请撤销我国内地仲裁机构仲裁裁决的案件，申请认可和执行香港特区、澳门特区、台湾地区仲裁裁决的案件，申请承认和执行外国仲裁裁决等仲裁司法审查案件，由各级人民法院专门业务庭办理。专门业务庭经审查裁定认可和执行香港特区、澳门特区、台湾地区仲裁裁决，承认和执行外国仲裁裁决的，交由执行部门执行。（3）一审法院作出的不予受理、驳回起诉、管辖权异议裁定涉及仲裁协议效力的，当事人不服该裁定提起上诉的案件，由二审人民法院专门业务庭办理。

根据《归口办理通知》的规定，仲裁司法审查案件实行归口管理。司法实践中，除了申请执行我国内地仲裁机构作出的非涉外涉港澳台仲裁裁决案件外，其余仲裁司法审查案件由审理涉外商事案件的审判庭或合议庭办理。目前，最高人民法院和高级人民法院均由专门的涉外商事审判庭负责办理仲裁司法审查。中级人民法院没有设单独的商事审判庭的，则由审理涉外商事案件的专门合议庭办理。

经涉外庭审查，裁定执行我国内地仲裁机构作出的涉外涉港澳台仲裁裁决，执行香港特区、澳门特区、台湾地区仲裁裁决，执行外国仲裁裁决的，交由执行部门执行。

在民事诉讼案件中，一审法院作出的不予受理、驳回起诉、管辖权异议裁定涉及仲裁协议效力的，当事人不服提起上诉，二审在对仲裁协议作出否定性评价之前，根据《报核规定》第8条的规定，须逐级报核。因这类案件属于特殊的仲裁司法审查案件，根据《归口办理通知》的规定，二审亦应由审理涉外商事案件的专门业务庭办理。

（四）审查

仲裁司法审查是人民法院对仲裁进行监督和支持的主要方式，审查结果与仲裁当事人、仲裁机构、仲裁庭等密切相关。因此，设置一套高效合理的案件审查程序尤为重要。《审查规定》《报核规定》等对仲裁司法审查的审查方式、审查期限、内核制度及纠错机制等程序性问题作出了明确具体的规定。

1. 审查方式

《审查规定》第11条规定，“人民法院审查仲裁司法审查案件，应当组成合议庭并询问当事人”。仲裁司法审查案件必须组成合议庭办理，没有强制要求开庭审理，但必须询问当事人。下级人民法院报请上级人民法院审核的案件，应当将书面报告和案件卷宗材料一并上报。书面报告应当写明审查意见及具体理由。上级人民法院收到下级人民法院的报核申请后，认为案件相关事实不清的，可以询问当事人，或者将案件材料退回下级人民法院补充查明事实后再行上报。

如涉及对仲裁裁决进行审查的案件，则需要审查仲裁审理的相关情况。《仲裁法解释》第 30 条第 1 款规定，“根据审理撤销、执行仲裁裁决案件的实际需要，人民法院可以要求仲裁机构作出说明或者向相关仲裁机构调阅仲裁案卷”。仲裁机构不应拒绝作出说明或移送仲裁案卷，否则有可能影响对仲裁程序正当性的认定。

【案例：仲裁程序正当性】在申请人中交第一公路工程局有限公司与被申请人天贝投资集团有限公司申请撤销仲裁裁决案[1]中，浙江省温州市中级人民法院认为：仲裁机构不得以其内部案卷管理规程作为限制人民法院审阅仲裁司法审查所需案卷材料范围的理由。温州仲裁委员会给法院的复函称，专家咨询委员会成员由该委摇号确定，但因温州仲裁委员会未向法院提供此次会议的会议记录，在涉案仲裁案件卷宗材料中并无有关摇号的相关记录，故不能排除专家咨询委员会主任对此次讨论施加影响的合理怀疑。该院认定“仲裁庭的组成或者仲裁的程序违反法定程序”，裁定撤销温州仲裁委员会的裁决。

2. 审查期限

仲裁司法审查的目的在于对仲裁当事人的权利进行救济，但追求这一目的不能偏离仲裁本身的价值。仲裁作为当事人自愿选择中立的第三人进行裁判的争议解决制度，当事人希望公平高效地解决争议，尽快从无序状态恢复到有序状态是仲裁的价值取向和生命力所在。因此，人民法院办理仲裁司法审查案

1　参见浙江省温州市中级人民法院民事裁定书，（2018）浙 03 民特 63 号。

件应当尽快审查。

为了保障仲裁司法审查的效率，法律明确规定了审查期限。对于撤销仲裁裁决的审查，《仲裁法》第 60 条规定，“人民法院应当在受理撤销裁决申请之日起两个月内作出撤销裁决或者驳回申请的裁定”。《最高人民法院关于人民法院撤销涉外仲裁裁决有关事项的通知》特别指出，“受理申请撤销裁决的人民法院如认为应予撤销裁决或通知仲裁庭重新仲裁的，应在受理申请后三十日内报其所属的高级人民法院，该高级人民法院如同意撤销裁决或通知仲裁庭重新仲裁的，应在十五日内报最高人民法院，以严格执行仲裁法第六十条的规定”，由此可见，2 个月的审查期限包括报核程序。

对于执行仲裁裁决的审查，《仲裁执行规定》第 12 条规定，“人民法院对不予执行仲裁裁决案件的审查，应当在立案之日起两个月内审查完毕并作出裁定；有特殊情况需要延长的，经本院院长批准，可以延长一个月”。《台湾规定》第 13 条第 1 款规定，“人民法院应当尽快审查认可台湾地区仲裁裁决的申请，决定予以认可的，应当在立案之日起两个月内作出裁定；决定不予认可或者驳回申请的，应当在作出决定前按有关规定自立案之日起两个月内上报最高人民法院”。根据上述规定，执行仲裁裁决的审查期限一般为 2 个月。

需要指出的是，法律没有对确认仲裁协议效力的审查期限作出规定，司法实践中参照其他仲裁司法审查案件审查期限的规定。此外，相关安排没有对香港仲裁裁决和澳门仲裁裁决审查期限另行作出规定，司法实践中参照内地仲裁裁决审查期限的规定。

3. 内核程序

为了统一仲裁司法审查案件审理的裁判尺度，提高办理仲裁司法审查案件的质量，最高人民法院建立了仲裁司法审查案件的内核机制。

《报核规定》第 2 条规定，“各中级人民法院或者专门人民法院办理涉外涉港澳台仲裁司法审查案件，经审查拟认定仲裁协议无效，不予执行或者撤销我国内地仲裁机构的仲裁裁决，不予认可和执行香港特别行政区、澳门特别行政区、台湾地区仲裁裁决，不予承认和执行外国仲裁裁决，应当向本辖区所属高级人民法院报核；高级人民法院经审查拟同意的，应当向最高人民法院报核。待最高人民法院审核后，方可依最高人民法院的审核意见作出裁定。各中级人民法院或者专门人民法院办理非涉外涉港澳台仲裁司法审查案件，经审查拟认定仲裁协议无效，不予执行或者撤销我国内地仲裁机构的仲裁裁决，应当向本辖区所属高级人民法院报核；待高级人民法院审核后，方可依高级人民法院的审核意见作出裁定”。

《报核规定》第 3 条规定：“本规定第二条第二款规定的非涉外涉港澳台仲裁司法审查案件，高级人民法院经审查，拟同意中级人民法院或者专门人民法院以违背社会公共利益为由不予执行或者撤销我国内地仲裁机构的仲裁裁决的，应当向最高人民法院报核，待最高人民法院审核后，方可依最高人民法院的审核意见作出裁定。”第 4 条规定：“依据本规定第二条第二款由高级人民法院审核的案件，高级人民法院应当在作出审核意见之日起十五日内向最高人民法院报备。”

根据上述规定，对于仲裁司法审查案件，中级人民法院经审查拟作出否定性评价的，应当逐级报核，并根据上级人民法院或最高人民法院的审核意见作出裁定。

4. 一审终审

仲裁司法审查属于非讼程序，以一审终审为原则。《审查规定》第 20 条规定，“人民法院在仲裁司法审查案件中作出的裁定，除不予受理、驳回申请、管辖权异议的裁定外，一经送达即发生法律效力。当事人申请复议、提出上诉或者申请再审的，人民法院不予受理，但法律和司法解释另有规定的除外”。

不仅当事人不能对仲裁司法审查结果申请再审，检察院也不能对仲裁司法审查结果提起抗诉。《最高人民法院关于人民检察院对撤销仲裁裁决的民事裁定提起抗诉人民法院应如何处理问题的批复》（法释〔2000〕17 号）明确：“检察机关对发生法律效力的撤销仲裁裁决的民事裁定提起抗诉，没有法律依据，人民法院不予受理。”

尽管如此，法院仍可自行纠错。根据《最高人民法院关于朱裕华与上海海船厨房设备金属制品厂申请撤销仲裁裁决再审一案的请示报告的复函》，法院可依照《民事诉讼法》关于判决监督的规定对仲裁司法审查案件再审。仲裁司法审查案件纠错机制的建立，对提高审查质量、保障当事人权利具有重要意义。

5. 案件受理费

根据《诉讼费用交纳办法》第 10 条的规定，当事人申请仲裁司法审查应当交纳申请费。该办法第 14 条对具体交纳数额作出规定。申请撤销仲裁裁决或者认定仲裁协议效力的，每件交纳 400 元。申请执行仲裁机构依法作出的裁决和调解书、申请承认和执行国外仲裁机构裁决的，按照下列标准交纳：没有执行金额或者价额的，每件交纳 50 元至 500 元；执行金额或者价额不超过 1 万元的，每件交纳 50 元；超过 1 万元至 50 万元的部分，按照 1.5%交纳；超过 50 万元至 500 万元的部分，按照 1%交纳；超过 500 万元至 1000 万元的部分，按照 0.5%交纳；超过 1000 万元的部分，按照 0.1%交纳。

四、申请确认仲裁协议效力案件

仲裁协议是仲裁制度的基石。通过仲裁方式解决当事人之间的争议，必须以争议各方当事人达成仲裁协议为前提。[1] 仲裁协议是否有效关系仲裁程序能否正常进行、仲裁裁决能否被承认和执行。

确认仲裁协议效力的司法审查，是指人民法院依法对仲裁协议的形式与内容进行审查，确认当事人是否订有仲裁协议及仲裁协议是否有效的司法活动。正是基于仲裁协议在仲裁制度中的特殊地位，仲裁协议效力成为仲裁司法审查中最基本、最常见的审查内容。这种特殊性集中体现在涉及仲裁协议审查情形的多样性。人民法院对仲裁协议效力的审查既可在仲裁开始前、仲裁程序中依当事人的申请展开，也可在民事诉讼案件或其他仲裁司法审查案件中展开。当事人在仲裁程序中对仲裁协议提出异议还涉及仲裁机构的自裁管辖权。

（一）申请确认仲裁协议效力案件的由来

根据《审查规定》第 1 条的规定，申请确认仲裁协议效力案件依当事人的申请产生。《仲裁法》第 20 条第 1 款对申请确认仲裁协议效力案件的由来作出具体规定：当事人对仲裁协议的效力有异议的，可以请求仲裁委员会作出决定或者请求人民

1　参见宋连斌主编：《仲裁法》，武汉大学出版社 2010 年版，第 105 页。

法院作出裁定。一方请求仲裁委员会作出决定，另一方请求人民法院作出裁定的，由人民法院裁定。由此可见，当事人可选择仲裁机构或人民法院确认仲裁协议效力。当事人选择向人民法院申请确认仲裁协议效力可在仲裁程序开始前，也可在仲裁程序开始后。在仲裁程序开始后，一方请求仲裁委员会作出决定，另一方请求人民法院作出裁定的，由人民法院裁定。

根据 1998 年《最高人民法院关于确认仲裁协议效力几个问题的批复》第 4 条的规定，人民法院依法受理申请确认仲裁协议效力案件的，应通知仲裁机构中止仲裁。

法律没有明确是否可在仲裁程序开始前单独就确认仲裁协议效力向仲裁机构提出申请，由于实践中也无法确定此种情形下有管辖权的仲裁机构，因此，仲裁机构不应受理单独就确认仲裁协议效力提出的申请。

除了单独就确认仲裁协议效力向人民法院提起申请的案件外，确认仲裁协议效力的情形还发生在民事诉讼案件中。根据《仲裁法》第 26 条的规定，“当事人达成仲裁协议，一方向人民法院起诉未声明有仲裁协议，人民法院受理后，另一方在首次开庭前提交仲裁协议的，人民法院应当驳回起诉，但仲裁协议无效的除外……”《民事诉讼法解释》第 215 条也有类似规定，“当事人在书面合同中订有仲裁条款，或者在发生纠纷后达成书面仲裁协议，一方向人民法院起诉的，人民法院应当告知原告向仲裁机构申请仲裁，其坚持起诉的，裁定不予受理，但仲裁条款或者仲裁协议不成立、无效、失效、内容不明确无法执行的除外”。

（二）非涉外仲裁协议和涉外仲裁协议

根据是否具有涉外因素，仲裁协议可以分为非涉外仲裁协议和涉外仲裁协议。涉外仲裁协议是国际商事仲裁的基础。根据《审查规定》第 12 条的规定，仲裁协议具有《涉外民事关系法律适用法解释（一）》第 1 条规定情形的，为涉外仲裁协议。根据《涉外民事关系法律适用法解释（一）》第 17 条“涉及香港特别行政区、澳门特别行政区的民事关系的法律适用问题，参照适用本规定”的规定，涉港澳仲裁协议案件参照涉外仲裁协议案件进行司法审查。

审查涉外仲裁协议效力首先需要确定准据法。关于涉外仲裁协议效力审查的准据法确定，最早规定在《仲裁法解释》中。《仲裁法解释》第 16 条规定，“对涉外仲裁协议的效力审查，适用当事人约定的法律；当事人没有约定适用的法律但约定了仲裁地的，适用仲裁地法律；没有约定适用的法律也没有约定仲裁地或者仲裁地约定不明的，适用法院地法律”。2010 年施行的《涉外民事关系法律适用法》第 18 条规定，“当事人可以协议选择仲裁协议适用的法律。当事人没有选择的，适用仲裁机构所在地法律或者仲裁地法律”。《审查规定》第 15 条规定，仲裁协议未约定仲裁机构和仲裁地的，根据仲裁协议约定适用的仲裁规则可以确定仲裁机构或者仲裁地的，应当认定其为《涉外民事关系法律适用法》第 18 条中规定的仲裁机构或者仲裁地。《涉外民事关系法律适用法解释（一）》第 12 条进一步明确，“当事人没有选择涉外仲裁协议适用的法律，也没有约定仲裁机构或者仲裁地，或者约定不明的，人民法院可以适用中华人民共和国法律认定该仲裁协议的效力”。

根据上述法律和司法解释的规定，对涉外仲裁协议效力审查的准据法确定应遵循以下原则：首先适用当事人选择仲裁协议适用的法律；当事人没有选择的，适用仲裁机构所在地法律或者仲裁地法律；没有约定仲裁机构或者仲裁地，或者约定不明的，适用中华人民共和国法律。需要指出的是，因仲裁协议具有独立性，根据《审查规定》第13条的规定，当事人协议选择确认涉外仲裁协议效力适用的法律，应当作出明确的意思表示，仅约定合同适用的法律，不能作为确认合同中仲裁条款效力适用的法律。

（三）确认仲裁协议效力的审查依据

法律并没有直接列明确认仲裁协议效力的审查依据。由于申请确认仲裁协议效力案件的审查目的是确认仲裁协议是否有效，因此，审查依据必然围绕仲裁协议的构成要件展开。

《仲裁法》第16条规定，“仲裁协议包括合同中订立的仲裁条款和以其他书面方式在纠纷发生前或者纠纷发生后达成的请求仲裁的协议。仲裁协议应当具有下列内容：（一）请求仲裁的意思表示；（二）仲裁事项；（三）选定的仲裁委员会”。因此，对仲裁协议效力的审查应兼具形式、时间与内容。从形式上讲，仲裁协议既可以是合同中的仲裁条款，也可以是单独的仲裁协议；从时间上讲，既可以在纠纷产生前订立，也可以在纠纷发生后订立；从内容上讲，仲裁协议必须具备三要素：仲裁的意思表示、仲裁事项和选定的仲裁机构。

下面就仲裁协议的内容，分别从仲裁的意思表示、仲裁事项和选定的仲裁机构三要素考察仲裁协议效力的审查标准。

1. 仲裁的意思表示

当事人订立仲裁协议应当有将纠纷提交仲裁的意思表示，没有表示仲裁意愿的仲裁协议无效。仲裁的意思表示应当真实，根据《仲裁法》第 17 条的规定，无民事行为能力人或者限制民事行为能力人订立的仲裁协议无效；一方采取胁迫手段，迫使对方订立仲裁协议的无效。仲裁协议形式上是合同，但又不同于一般的合同，仲裁协议只是一种当事人关于纠纷解决方式的约定，本身并不直接产生对实体权益的处分。因此，法律没有规定对限制民事行为能力人订立的仲裁协议进行追认或申请撤销被迫订立的仲裁协议的程序设置，而是明确规定在上述两种情形下订立的仲裁协议无效。

2. 仲裁事项

仲裁协议约定的仲裁事项是指当事人框定的可提交仲裁的争议范围和内容。当事人订立仲裁协议的目的是通过仲裁解决纠纷，因此仲裁协议必须明确约定仲裁事项。但仲裁协议约定的仲裁事项受仲裁机构受案范围的限制。前已述及，仲裁的受案范围仅限于平等主体之间因合同、侵权或者根据有关法律规定而产生的财产权益纠纷。对于婚姻家事纠纷、劳动争议和行政争议，仲裁机构不能仲裁。因此，根据《仲裁法》第 17 条的规定，约定的仲裁事项超出法律规定的仲裁范围的，仲裁协议无效。

3. 选定的仲裁机构

前已述及，约定的仲裁机构应当系《仲裁法》第 10 条或第 66 条规定的仲裁机构。仲裁协议约定的仲裁机构应明确、唯一。《仲裁法解释》专门对仲裁协议约定仲裁机构不规范的情形如何处理作出规定。《仲裁法解释》第3条规定，仲裁协议约定的仲裁机构名称不准确，但能够确定具体的仲裁机构的，应当认定选定了仲裁机构。例如，仲裁协议约定的是“杭州市仲裁委员会”，应当认定其约定的是“杭州仲裁委员会”。第4条规定，仲裁协议仅约定纠纷适用的仲裁规则的，视为未约定仲裁机构，但当事人达成补充协议或者按照约定的仲裁规则能够确定仲裁机构的除外。例如，当事人约定根据杭州仲裁委员会的仲裁规则进行仲裁，即应认定由杭州仲裁委员会仲裁。第5条规定，仲裁协议约定两个以上仲裁机构的，当事人可以协议选择其中的一个仲裁机构申请仲裁；当事人不能就仲裁机构选择达成一致的，仲裁协议无效。实践中，当事人约定两个仲裁机构，其中一个不存在，则应认定约定另一个仲裁机构。第6条规定，仲裁协议约定由某地的仲裁机构仲裁且该地仅有一个仲裁机构的，该仲裁机构视为约定的仲裁机构。该地有两个以上仲裁机构的，当事人可以协议选择其中的一个仲裁机构申请仲裁；当事人不能就仲裁机构选择达成一致的，仲裁协议无效。实践中，仲裁协议约定向某区、县仲裁机构仲裁，如果该区、县所在市仅有一家确定的仲裁机构，应当认定选定了仲裁机构。仲裁协议约定提交“申诉人所在地”“原告所在地”“异议提出方所在地”“双方所在城市”仲裁机构仲裁，一方提起仲裁时“所在地”可唯一确定的，且该所在地的仲裁机构亦能唯一确定的，应认定仲裁协议有效。

不具有涉外因素的仲裁协议不能约定境外仲裁机构或境外临时仲裁进行仲裁，但自贸试验区例外。根据《最高人民法院关于为自由贸易试验区建设提供司法保障的意见》第9条的规定，在自贸试验区内注册的外商独资企业相互之间约定商事争议提交域外仲裁的，不应仅以其争议不具有涉外因素为由认定相关仲裁协议无效。一方或者双方均为在自贸试验区内注册的外商投资企业，约定将商事争议提交域外仲裁，发生纠纷后，当事人将争议提交域外仲裁，相关裁决作出后，其又以仲裁协议无效为由主张拒绝承认、认可或执行的，人民法院不予支持；另一方当事人在仲裁程序中未对仲裁协议效力提出异议，相关裁决作出后，又以有关争议不具有涉外因素为由主张仲裁协议无效，并以此主张拒绝承认、认可或执行的，人民法院不予支持。在自贸试验区内注册的企业相互之间约定在内地特定地点、按照特定仲裁规则、由特定人员对有关争议进行仲裁的，可以认定该仲裁协议有效。人民法院认为该仲裁协议无效的，应报请上一级法院进行审查。上级法院同意下级法院意见的，应将其审查意见层报最高人民法院，待最高人民法院答复后作出裁定。

4. 禁止反言原则

一般情形下，法院通过严格审查仲裁协议的三要素以确认其是否有效，但特殊情形下，法院根据禁止反言原则确定仲裁协议效力。

《仲裁法》第26条规定，“当事人达成仲裁协议，一方向人民法院起诉未声明有仲裁协议，人民法院受理后……另一方在首次开庭前未对人民法院受理该案提出异议的，视为放弃仲裁协议，人民法院应当继续审理”。根据该条规定，当事人参加民事诉讼且在首次开庭前未声明有仲裁协议的，则视同没有仲裁协议。司法实践中，对方当事人应诉答辩的，应当视为双方当事人放弃了仲裁协议的约定，人民法院具有管辖权。对方当事人虽然在提交答辩状期间提出管辖权异议，但未以有仲裁协议为由提出主管异议的，视为没有仲裁协议。故在人民法院作出驳回管辖权异议的情况下，不得再以存在仲裁协议为由对法院的管辖权提出抗辩。

【案例：民事诉讼中对仲裁协议效力的禁止反言】在再审申请人冠县港海薄板有限公司（以下简称港海公司）与被申请人冠县恒润复合材料有限责任公司（以下简称恒润公司）租赁合同纠纷案[1]中，最高人民法院裁定撤销山东省高级人民法院（2018）鲁民终1871号民事裁定及山东省聊城市中级人民法院（2017）鲁15民初297号民事裁定，指令山东省聊城市中级人民法院对该案进行审理。

最高人民法院认为：即使当事人之间存在有效的仲裁协议，但一方当事人向人民法院起诉时未声明有仲裁协议，人民法院受理后，对方当事人应诉答辩的，应当视为双方当事人放弃了仲裁协议的约定，人民法院具有管辖权。港海公司与恒润公司签订的《补充协议》虽经北京市第三中级人民法院作出的（2018）京03民特97号民事裁定确认为有效。但在2016年11月港海公司向冠县人民法院起诉恒润公司，请求解除双方于2015年6月10日签订的租赁合同时，恒润公司并未向人民法院声明双方之间存在仲裁协议，且恒润公司就该案实体内容进行了答辩并提出了反诉、追加被告的相关申请。因此，恒润公司在该案审理过程中应诉答辩的行为，表明其已经接受法院的管辖，放弃了仲裁管辖的约定。且在该案一审答辩期间，恒润公司仅向一审法院提出应由北京市朝阳区人民法院管辖的异议，并未就法

1 参见最高人民法院民事裁定书，（2020）最高法民再150号。

院主管提出异议，表明恒润公司就该案在法院进行诉讼作出了选择。故在两审法院就该案管辖权作出驳回恒润公司的管辖权异议的情况下，恒润公司无权再就法院主管问题提出异议，不得再以双方当事人之间存在仲裁协议、法院没有管辖权为由提出抗辩。

同时，相关法律对仲裁程序中关于仲裁协议禁止反言也作了相应规定。根据《仲裁法》第20条第2款的规定，当事人对仲裁协议的效力有异议，应当在仲裁庭首次开庭前提出。《仲裁法解释》第13条进一步规定，依照《仲裁法》第20条第2款的规定，当事人在仲裁庭首次开庭前没有对仲裁协议的效力提出异议，而后向人民法院申请确认仲裁协议无效的，人民法院不予受理。综合上述规定，当事人在仲裁庭首次开庭前未对仲裁协议效力提出异议的，即视同确认仲裁协议有效。

（四）审查结果

仲裁协议效力审查的结论是对仲裁协议作出肯定性或否定性评价。仲裁协议的肯定性评价为认定有仲裁协议且仲裁协议有效。仲裁协议的否定性评价包括《报核规定》第8条列举的“仲裁协议不成立、无效、失效、内容不明确无法执行”四种情形。此外，《仲裁法》第58条第1款第1项规定了“没有仲裁协议”的情形，根据《仲裁法解释》第18条的规定，“仲裁协议无效”视同“没有仲裁协议”。概言之，仲裁协议效力的否定性评价的情形包括没有仲裁协议，仲裁协议不成立、无效、失效、内容不明确无法执行。

五、申请撤销仲裁裁决案件

根据《仲裁法》第9条的规定，仲裁实行一裁终局制。因此，仲裁裁决一经作出，即意味着当事人之间争议的权利义务关系得到最终确认，仲裁裁决对当事人具有法律约束力，非经法定程序不得撤销。当事人可依据裁决申请法院强制执行。基于仲裁的上述特性，为了防止一裁终局可能造成不公正，保护当事人正当权益，法律专门设置当事人向人民法院申请撤销仲裁裁决的程序。对当事人申请撤销仲裁裁决的司法审查是人民法院司法监督仲裁最直接和最重要的方式。

（一）申请和受理

根据《最高人民法院关于对崇正国际联盟集团有限公司申请撤销仲裁裁决人民法院应否受理的复函》的规定，申请撤销仲裁裁决的当事人必须是被申请撤销的仲裁裁决的申请人或被申请人，仲裁案件之外的第三人无权申请。当事人向人民法院申请撤销仲裁裁决的范围仅限于内地仲裁裁决。

《仲裁法》第 59 条规定，当事人申请撤销裁决的，应当自收到裁决书之日起 6 个月内提出。第 61 条规定，人民法院受理撤销裁决的申请后，认为可以由仲裁庭重新仲裁的，通知仲裁庭在一定期限内重新仲裁，并裁定中止撤销程序。仲裁庭拒绝重新仲裁的，人民法院应当裁定恢复撤销程序。《仲裁法解释》第 22 条规定，仲裁庭在人民法院指定的期限内开始重新仲裁的，人民法院应当裁定终结撤销程序；未开始重新仲裁的，人民法院应当裁定恢复撤销程序。

对于同一仲裁裁决，一方当事人申请执行裁决，另一方当事人申请撤销裁决的，根据《仲裁法》第 64 条第 1 款的规定，人民法院应当裁定中止执行。《仲裁法解释》第 25 条和《仲裁执行规定》第 20 条第 2 款也有相同规定。根据《仲裁法》第 64

条第2款的规定，人民法院裁定撤销裁决的，应当裁定终结执行。撤销裁决的申请被裁定驳回的，人民法院应当裁定恢复执行。

（二）审查依据

《仲裁法》对申请撤销仲裁裁决案件的审查依据作出了明确规定。根据《仲裁法》第58条的规定，当事人提出证据证明裁决有下列情形之一的，可以向仲裁委员会所在地的中级人民法院申请撤销裁决：（1）没有仲裁协议的；（2）裁决的事项不属于仲裁协议的范围或者仲裁委员会无权仲裁的；（3）仲裁庭的组成或者仲裁的程序违反法定程序的；（4）裁决所根据的证据是伪造的；（5）对方当事人隐瞒了足以影响公正裁决的证据的；（6）仲裁员在仲裁该案时有索贿受贿，徇私舞弊，枉法裁决行为的。人民法院经组成合议庭审查核实裁决有前述规定情形之一的，应当裁定撤销。人民法院认定该裁决违背社会公共利益的，应当裁定撤销。

根据《仲裁法》第70条的规定，涉外仲裁裁决应当依据《民事诉讼法》第291条第1款规定的情形进行审查。《民事诉讼法》第291条第1款规定的情形为：（1）当事人在合同中没有订有仲裁条款或者事后没有达成书面仲裁协议的；（2）被申请人没有得到指定仲裁员或者进行仲裁程序的通知，或者由于其他不属于被申请人负责的原因未能陈述意见的；（3）仲裁庭的组成或者仲裁的程序与仲裁规则不符的；（4）裁决的事项不属于仲裁协议的范围或者仲裁机构无权仲裁的。

根据《审查规定》第21条的规定，撤销我国内地仲裁机构作出的涉及香港特区、澳门特区、台湾地区仲裁裁决的案件，参照适用涉外仲裁司法审查案件的规定审查。

因此，撤销我国内地仲裁机构作出的非涉外涉港澳台案件应根据《仲裁法》第58条进行审查，撤销我国内地仲裁机构作出的涉外涉港澳台案件应根据《民事诉讼法》第291条第1款进行审查。

1. 非涉外仲裁裁决和涉外仲裁裁决共同的撤裁事由

（1）没有仲裁协议。《仲裁法》第58条第1款第1项规定的撤裁事由为“没有仲裁协议”。根据《仲裁法解释》第18条的规定，“没有仲裁协议”，是指当事人没有达成仲裁协议。《民事诉讼法》第291条第1款第1项规定的撤裁事由为“当事人在合同中没有订有仲裁条款或者事后没有达成书面仲裁协议的”。因此，《仲裁法》第58条第1款第1项与《民事诉讼法》第291条第1款第1项撤销事由的内涵相同。

对于“没有仲裁协议”的理解应当包括对仲裁协议效力否定性评价的所有情形，如前文述及，应包括没有仲裁协议，仲裁协议不成立、无效、失效、内容不明确无法执行等诸多情形。

当事人对仲裁协议效力的禁止反言原则在申请撤销仲裁裁决案件中涉及仲裁协议效力的审查时也同样适用。根据《仲裁法解释》第27条第1款的规定，当事人在仲裁程序中未对仲裁协议的效力提出异议，在仲裁裁决作出后以仲裁协议无效为由主张撤销仲裁裁决的，人民法院不予支持。但该条第2款规定，当事人在仲裁程序中对仲裁协议的效力提出异议，在仲裁裁决作出后又以此为由主张撤销仲裁裁决的，人民法院仍应依据《仲裁法》第58条或《民事诉讼法》第291条进行审查作出裁定。结合《仲裁法》第20条第2款的规定，《仲裁法解释》第27条“仲裁程序中”具体应指“仲裁庭首次开庭前”。如果当事人未在仲裁庭首次开庭前对仲裁协议的效力提出异议，则在仲裁裁决作出后不能再以仲裁协议无效为由主张撤销仲裁裁决；同时，当事人在仲裁庭首次开庭前对仲裁协议的效力提出异议的，根据《仲裁法解释》第 13 条第 2 款的规定，“仲裁机构对仲裁协议的效力作出决定后，当事人向人民法院申请确认仲裁协议效力或者申请撤销仲裁机构的决定的，人民法院不予受理”。

（2）无权仲裁。《仲裁法》第 58 条第 1 款第 2 项规定撤裁情形为“裁决的事项不属于仲裁协议的范围或者仲裁委员会无权仲裁的”。《民事诉讼法》第 291 条第 1 款第 4 项对此有相同的规定。根据《仲裁执行规定》第 13 条的规定，“裁决的事项不属于仲裁协议的范围或者仲裁机构无权仲裁的”情形是指：裁决的事项超出仲裁协议约定的范围；裁决的事项属于依照法律规定或者当事人选择的仲裁规则规定的不可仲裁事项；裁决内容超出当事人仲裁请求的范围；作出裁决的仲裁机构非仲裁协议所约定。

此外，有两点值得注意：其一，根据《仲裁法解释》第 19 条的规定，超裁部分与其他裁决可分的，人民法院应当撤销仲裁裁决中的超裁部分。但超裁部分与其他裁决事项不可分的，人民法院应当撤销整个仲裁裁决。其二，假如作出仲裁裁决的仲裁机构并非仲裁协议所约定的仲裁机构，则不适用禁止反言原则，人民法院可认定无权仲裁以撤销该仲裁裁决。

（3）违法仲裁。《仲裁法》第 58 条第 1 款第 3 项和第 6 项分别规定了两种情形，即“仲裁庭的组成或者仲裁的程序违反法定程序的”“仲裁员在仲裁该案时有索贿受贿，徇私舞弊，枉法裁决行为的”。需要注意的是，对于仲裁员有索贿受贿、徇私舞弊、枉法裁决等行为的认定，应当以司法机关已经认定的事实为依据。

《民事诉讼法》第 291 条第 1 款第 2 项和第 3 项也规定了两种情形，即“被申请人没有得到指定仲裁员或者进行仲裁程序的通知，或者由于其他不属于被申请人负责的原因未能陈述意见的”“仲裁庭的组成或者仲裁的程序与仲裁规则不符的”。

《仲裁法》与《民事诉讼法》对违法仲裁事由规定的差异体现了对非涉外仲裁裁决和涉外仲裁裁决进行监督的不同要求，对于涉外仲裁裁决的监督更侧重于程序审查。

仲裁违反法定程序既包括违反法律、司法解释规定的仲裁程序，也包括违反仲裁机构的仲裁规则，还包括当事人对仲裁程序的特别约定。违反法定程序并不当然构成撤销依据，根据《仲裁法解释》第 20 条的规定，违反仲裁法规定的仲裁程序和当事人选择的仲裁规则，可能影响案件正确裁决的才构成撤销依据。

【案例】在申请人孙某君与被申请人宁波市华东建设工程有限公司申请撤销仲裁裁决案[1]中，浙江省宁波市中级人民法院裁定撤销宁波仲裁委员会于 2018 年 12 月 27 日作出的（2017）甬仲字第 6 号仲裁裁决。

浙江省宁波市中级人民法院认为：《仲裁法》第 53 条规定，“裁决应当按照多数仲裁员的意见作出，少数仲裁员的不同意见可以记入笔录。仲裁庭不能形成多数意见时，裁决应当按照首席仲裁员的意见作出”，这是仲裁庭独立裁决的制度保障。（2017）甬仲字第 6 号案件首席仲裁员称评议笔录的仲裁结果与 3 位仲裁员在合议时发表的仲裁意见不一致，但其在该笔录

1　参见浙江省宁波市中级人民法院民事裁定书，（2019）浙 02 民特 81 号。

上签名并依据该仲裁结果拟写了最终裁决书稿的行为，与仲裁庭独立裁决的制度不相符，相关仲裁员的履职行为不规范。同时，《宁波仲裁委员会仲裁规则》第 71 条、《宁波仲裁委员会仲裁案件审理规范（试行）》第 83 条等规定，并无仲裁庭评议时仲裁委负责人在场并对实体处理发表意见的内容。仲裁裁决的形成不符合仲裁委的仲裁规则，亦有违仲裁庭独立裁决制度，可能影响案件公正裁决，属于程序违法。

（4）公共利益保留。《仲裁法》第 58 条第 3 款规定，“人民法院认定该裁决违背社会公共利益的，应当裁定撤销”。《民事诉讼法》第 291 条第 2 款也对公共利益保留作出相似规定，尽管《仲裁法》第 70 条规定撤销涉外仲裁裁决的审查适用《民事诉讼法》第 291 条第 1 款，但作为仲裁正当性审查的一项普遍原则，公共利益保留理应成为审查撤销涉外仲裁裁决的事由。

2. 非涉外仲裁裁决特有的撤裁事由

《仲裁法》第 58 条第 1 款第 4 项“裁决所根据的证据是伪造的”和第 5 项“对方当事人隐瞒了足以影响公正裁决的证据的”，涉及对仲裁裁决的实体审查。《仲裁执行规定》第 15 条、第 16 条对上述事由的具体适用情形作出进一步明确规定。

第 15 条规定，“裁决所根据的证据是伪造的”的适用须满足以下条件：该证据已被仲裁裁决采信；该证据属于认定案件基本事实的主要证据；该证据经查明确属通过捏造、变造、提供虚假证明等非法方式形成或者获取，违反证据的客观性、关联性、合法性要求。

第 16 条规定，“对方当事人向仲裁机构隐瞒了足以影响公正裁决的证据的”的适用须满足以下条件：该证据属于认定案件基本事实的主要证据；该证据仅为对方当事人掌握，但未向仲裁庭提交；仲裁过程中知悉存在该证据，且要求对方当事人出示或者请求仲裁庭责令其提交，但对方当事人无正当理由未予出示或者提交。

非涉外仲裁裁决具有“裁决所根据的证据是伪造的”“对方当事人隐瞒了足以影响公正裁决的证据的”情形的，人民法院应撤销仲裁裁决。但是，根据《仲裁法解释》第 21 条的规定，人民法院在作出撤销裁决前可以通知仲裁庭重新仲裁。值得注意的是，《全国法院涉外商事海事审判工作座谈会会议纪要》第 104 条并未限定可以重新仲裁的情形。

六、申请执行仲裁裁决案件

根据《审查规定》第 1 条的规定，申请执行仲裁裁决系仲裁司法审查案件的一种。以仲裁裁决的籍属作为区分标准，申请执行仲裁裁决案件分为：申请执行我国内地仲裁机构的仲裁裁决案件；申请认可和执行香港特区、澳门特区、台湾地区仲裁裁决案件；申请承认和执行外国仲裁裁决案件。

（一）申请与受理

对于仲裁机构作出的仲裁裁决，当事人应当履行。根据《仲裁法》第 62 条的规定，一方当事人不履行的，另一方当事人可以依照民事诉讼法的有关规定向人民法院申请执行。如果申请执行的仲裁裁决系外国仲裁裁决和港澳台仲裁裁决，则根据《民事诉讼法解释》第 544 条的规定，当事人应当先向人民法院申请承认（认可）。承认（认可）是执行的前提，人民法院经审查裁定承认外国仲裁裁决或认可港澳台仲裁裁决后，再依法予以执行。当事人仅申请承认外国仲裁裁决或认可港澳台仲裁裁决的，人民法院仅对应否承认或认可进行审查并作出裁定。

法律对申请执行仲裁裁决的时效有明确规定。根据《民事诉讼法》第 250 条第 1 款的规定，申请执行的期间为 2 年。申请执行时效的中止、中断，适用法律有关诉讼时效中止、中断的规定。《民事诉讼法解释》第 545 条规定，当事人申请执行外国仲裁裁决的期间也为 2 年，仅申请承认而未同时申请执行的，申请执行的期间自人民法院对承认申请作出的裁定生效之日起重新计算。根据《民事诉讼法解释》第 549 条的规定，人民法院审理涉及香港特区、澳门特区和台湾地区的民事诉讼案件参照适用涉外民事诉讼程序的特别规定，因此申请认可和执行港澳台仲裁裁决的期间参照适用申请承认和执行外国仲裁裁决的期间规定。

申请不予执行仲裁裁决以该仲裁裁决已被申请执行为前提，仲裁当事人未申请执行仲裁裁决的，另一方当事人不能单独就不予执行向人民法院提起申请，但案外人除外。根据《仲裁执行规定》第 9 条的规定，案外人申请不予执行仲裁裁决不以仲裁当事人已经申请执行为前提。

被执行人申请不予执行仲裁裁决的，根据《仲裁执行规定》第 8 条的规定，应当在执行通知书送达之日起 15 日内提出书面申请；有“裁决所根据的证据是伪造的”“仲裁员在仲裁该案时有贪污受贿，徇私舞弊，枉法裁决行为的”两种情形，且执行程序尚未终结的，应当自知道或者应当知道有关事实或案件之日起 15 日内提出书面申请。

根据《仲裁法解释》第 25 条的规定，人民法院受理当事人撤销仲裁裁决的申请后，另一方当事人申请执行同一仲裁裁决的，受理执行申请的人民法院应当在受理后裁定中止执行。根据《仲裁执行规定》第 20 条第 2 款的规定，在不予执行仲裁裁决案件审查期间，当事人向有管辖权的人民法院提出撤销仲裁裁决申请并被受理的，人民法院应当裁定中止对不予执行申请的审查；仲裁裁决被撤销或者决定重新仲裁的，人民法院应当裁定终结执行，并终结对不予执行申请的审查；撤销仲裁裁决申请被驳回或者申请执行人撤回撤销仲裁裁决申请的，人民法院应当恢复对不予执行申请的审查；被执行人撤回撤销仲裁裁决申请的，人民法院应当裁定终结对不予执行申请的审查，但案外人申请不予执行仲裁裁决的除外。

（二）审查依据

申请执行仲裁裁决案件，被申请人提出证据证明仲裁裁决有可不予执行的情形，人民法院经审查核实裁定不予执行。

当事人申请执行仲裁裁决，被申请人未申请不予执行的，在司法实践中，人民法院仍应依据不予执行审查事由的相关规定进行全面审查。

《民事诉讼法》第 248 条、第 291 条都是对申请执行仲裁裁决审查依据的规定，其中第 291 条适用对象表述为“中华人民共和国涉外仲裁机构作出的裁决”。根据《国务院办公厅关于贯彻实施〈中华人民共和国仲裁法〉需要明确的几个问题的通知》第 3 条的规定，新组建的仲裁委员会亦可受理涉外仲裁案件。因此，仲裁案件审查不能再以仲裁机构是否涉外作为确定审查依据的标准，而应以仲裁裁决的籍属作为确定审查依据的标准。

按仲裁裁决的籍属区分，《审查规定》第 1 条分列申请执行内地仲裁机构的仲裁裁决、申请执行港澳台仲裁裁决和申请执行外国仲裁裁决三类案件。案件类型不同，法律规定审查依据不同。根据《审查规定》第 21 条的规定，人民法院受理的申请执行我国内地仲裁机构作出的涉及香港特区、澳门特区、台湾地区仲裁裁决的案件，参照适用涉外仲裁司法审查案件的规定审查。因此，申请执行我国内地仲裁机构作出的涉港澳台仲裁裁决也应按照《仲裁法》第 71 条、《审查规定》第 17 条第 2 款的规定确定审查依据。

综上分析，根据审查依据不同，申请执行仲裁裁决案件可以分为申请执行内地仲裁机构作出的非涉外涉港澳台仲裁裁决案件、申请执行《纽约公约》仲裁裁决案件、申请执行港澳台仲裁裁决案件、申请执行《仲裁法》第 71 条所指涉外仲裁裁决案件（包括非公约仲裁裁决和我国内地仲裁机构的涉外涉港澳台仲裁裁决案件）四类案件。申请执行仲裁裁决的具体审查依据规定在《民事诉讼法》《纽约公约》《香港安排》《澳门安排》《台湾规定》中，应根据具体案由选择相应的法律依据进行审查。下文详述各类案件的审查依据。

1. 申请执行内地仲裁机构作出的非涉外涉港澳台仲裁裁决案件的审查依据

《审查规定》第 17 条第 1 款规定，“人民法院对申请执行我国内地仲裁机构作出的非涉外仲裁裁决案件的审查，适用《中华人民共和国民事诉讼法》第二百三十七条[1]的规定”。据此，申请执行内地仲裁机构作出的非涉外仲裁裁决案件依据《民事诉讼法》第 248 条进行审查。《民事诉讼法》第 248 条第 2 款

1　现为第 248 条。

规定，被申请人提出证据证明仲裁裁决有下列情形之一的，经人民法院组成合议庭审查核实，裁定不予执行：（1）当事人在合同中没有订有仲裁条款或者事后没有达成书面仲裁协议的；（2）裁决的事项不属于仲裁协议的范围或者仲裁机构无权仲裁的；（3）仲裁庭的组成或者仲裁的程序违反法定程序的；（4）裁决所根据的证据是伪造的；（5）对方当事人向仲裁机构隐瞒了足以影响公正裁决的证据的；（6）仲裁员在仲裁该案时有贪污受贿、徇私舞弊、枉法裁决行为的。该条第3款对公共利益保留作出规定：人民法院认定执行该裁决违背社会公共利益的，裁定不予执行。《民事诉讼法》第248条规定的各项审查事由与《仲裁法》第58条规定的申请撤销非涉外仲裁裁决案件审查的依据事由内容基本相同，在此不再赘述。

2. 申请执行《纽约公约》仲裁裁决案件的审查依据

《最高人民法院关于执行我国加入的〈承认及执行外国仲裁裁决公约〉的通知》指出，“根据我国加入该公约时所作的互惠保留声明，我国对在另一缔约国领土内作出的仲裁裁决的承认和执行适用该公约。该公约与我国民事诉讼法（试行）有不同规定的，按该公约的规定办理”。

根据《纽约公约》第3条的规定，对公约仲裁裁决的审查不得较国内仲裁裁决审查附加过苛之条件或征收过多之费用。

《纽约公约》第5条对申请不予承认和执行公约仲裁裁决的审查依据作出规定：（1）该公约第2条所称协定之当事人依对其适用之法律有某种无行为能力情形者，或该项协定依当事人作为协定准据之法律系属无效，或未指明以何法律为准时，依裁决地所在国法律系属无效者；（2）受裁决援用之一造未接获关于指派仲裁员或仲裁程序之适当通知，或因他故，致未能申辩者；（3）裁决所处理之争议非为交付仲裁之标的或不在其条款之列，或裁决载有关于交付仲裁范围以外事项之决定者，但交付仲裁事项之决定可与未交付仲裁之事项划分时，裁决中关于交付仲裁事项之决定部分得予承认及执行；（4）仲裁机关之组成或仲裁程序与各造间之协议不符，或无协议而与仲裁地所在国法律不符者；（5）裁决对各造尚无拘束力，或业经裁决地所在国或裁决所依据法律之国家之主管机关撤销或停止执行者。倘声请承认及执行地所在国之主管机关认定有下列情形之一，亦得拒不承认及执行仲裁裁决：（1）依该国法律，争议事项系不能以仲裁解决者；（2）承认或执行裁决有违该国公共政策者。

3. 申请执行港澳台仲裁裁决案件的审查依据

申请执行港澳台仲裁裁决案件，应当分别按照《香港安排》及其相关通知和补充安排、《澳门安排》及《台湾规定》办理。上述安排或规定没有规定的，按照《民事诉讼法》《仲裁法》及仲裁司法审查相关司法解释办理。

（1）申请执行香港特区仲裁裁决。

根据《香港安排》第7条的规定，申请执行香港仲裁裁决案件的审查依据为：①仲裁协议当事人依对其适用的法律属于某种无行为能力的情形；或者该项仲裁协议依约定的准据法无效；或者未指明以何种法律为准时，依仲裁裁决地的法律是无效的。②被申请人未接到指派仲裁员的适当通知，或者因他故未能陈述意见的。③裁决所处理的争议不是交付仲裁的标的或者不在仲裁协议条款之内，或者裁决载有关于交付仲裁范围以外事项的决定的；但交付仲裁事项的决定可与未交付仲裁的事项划分时，裁决中关于交付仲裁事项的决定部分应当予以执行。④仲裁庭的组成或者仲裁庭程序与当事人之间的协议不符，或者在有关当事人没有这种协议时与仲裁地的法律不符的。⑤裁决对当事人尚无约束力，或者业经仲裁地的法院或者按仲裁地的法律撤销或者停止执行的。此外，依执行地法律，争议事项不能以仲裁解决的，或违反内地社会公共利益的，亦可不予执行。

需要注意的是，根据2009年12月30日发布的《最高人民法院关于香港仲裁裁决在内地执行的有关问题的通知》的规定，当事人向人民法院申请执行在香港特区作出的临时仲裁裁决、国际商会仲裁院等国外仲裁机构在香港特区作出的仲裁裁决的，人民法院应当按照《香港安排》的规定进行审查。

（2）申请执行澳门特区仲裁裁决。

根据《澳门安排》第7条的规定，申请执行澳门仲裁裁决案件的审查依据为：①仲裁协议一方当事人依对其适用的法律在订立仲裁协议时属于无行为能力的；或者依当事人约定的准据法，或当事人没有约定适用的准据法而依仲裁地法律，该仲裁协议无效的。②被申请人未接到选任仲裁员或者进行仲裁程序的适当通知，或者因他故未能陈述意见的。③裁决所处理的争议不是提交仲裁的争议，或者不在仲裁协议范围之内；或者裁决载有超出当事人提交仲裁范围的事项的决定，但裁决中超出提交仲裁范围的事项的决定与提交仲裁事项的决定可以分开的，裁决中关于提交仲裁事项的决定部分可以予以认可。④仲裁庭的组成或者仲裁程序违反了当事人的约定，或者在当事人没有约定时与仲裁地的法律不符的。⑤裁决对当事人尚无约束力，或者业经仲裁地的法院撤销或者拒绝执行的。此外，依执行地法律，争议事项不能以仲裁解决的，或违反内地法律的基本原则或者社会公共利益的，不予执行。

（3）申请执行台湾地区仲裁裁决。

根据《台湾规定》第14条的规定，申请执行台湾地区仲裁裁决案件审查依据为：①仲裁协议一方当事人依对其适用的法律在订立仲裁协议时属于无行为能力的；或者依当事人约定的准据法，或当事人没有约定适用的准据法而依台湾地区仲裁规定，该仲裁协议无效的；或者当事人之间没有达成书面仲裁协议的，但申请认可台湾地区仲裁调解的除外。②被申请人未接到选任仲裁员或进行仲裁程序的适当通知，或者由于其他不可归责于被申请人的原因而未能陈述意见的。③裁决所处理的争议不是提交仲裁的争议，或者不在仲裁协议范围之内；或者裁决载有超出当事人提交仲裁范围的事项的决定，但裁决中超出提交仲裁范围的事项的决定与提交仲裁事项的决定可以分开的，裁决中关于提交仲裁事项的决定部分可以予以认可。④仲裁庭的组成或者仲裁程序违反当事人的约定，或者在当事人没有约定时与台湾地区仲裁规定不符的。⑤裁决对当事人尚无约束力，或者业经台湾地区法院撤销或者驳回执行申请的。此外，依据国家法律，该争议事项不能以仲裁解决的，或者认可该仲裁裁决将违反一个中国原则等国家法律的基本原则或损害社会公共利益的，人民法院应当裁定不予认可。

需要注意的是，申请人申请认可台湾地区仲裁裁决，应当提供相关证明文件，以证明该仲裁裁决的真实性。申请人可以申请人民法院通过海峡两岸调查取证司法互助途径查明台湾地区仲裁裁决的真实性；人民法院认为必要时，也可以就有关事项依职权通过海峡两岸司法互助途径向台湾地区请求调查取证。根据《台湾规定》第 15 条的规定，人民法院经审查不能确认该仲裁裁决真实性的，裁定驳回申请。

4. 申请执行其他涉外仲裁裁决案件

前已述及，《仲裁法》第 71 条所指的涉外仲裁裁决包括非公约国仲裁裁决和内地仲裁机构作出的涉外涉港澳台仲裁裁决。

非公约国仲裁裁决，是指在非《纽约公约》缔约国领土内作出的外国仲裁裁决。

内地仲裁机构作出的涉外涉港澳台仲裁裁决，是指具有涉外涉港澳台因素的内地仲裁裁决。确定是否系具有涉外涉港澳台因素的内地仲裁裁决的依据是《民事诉讼法解释》第 520 条和《涉外民事关系法律适用法解释（一）》第 1 条的规定：（1）当事人一方或者双方是外国人、无国籍人、外国企业或者组织的；（2）当事人一方或者双方的经常居所地在中华人民共和国领域外的；（3）标的物在中华人民共和国领域外的；（4）产生、变更或者消灭民事关系的法律事实发生在中华人民共和国领域外的；（5）可以认定为涉外民事案件的其他情形。

非公约国仲裁裁决，根据《最高人民法院关于执行我国加入的〈承认及执行外国仲裁裁决公约〉的通知》的规定，对于在非缔约国领土内作出的仲裁裁决，需要我国法院承认和执行的，应按《民事诉讼法》第 304 条的规定办理，即“人民法院应当依照中华人民共和国缔结或者参加的国际条约，或者按照互惠原则办理”。

内地仲裁机构作出的涉外涉港澳台仲裁裁决，及适用我国法律进行审查的非公约国仲裁裁决，根据《仲裁法》第 71 条、《审查规定》第 17 条第 2 款的规定，审查依据为《民事诉讼法》第 291 条。

5. 禁止反言原则和在先审查效力原则

根据《仲裁法解释》第 27 条的规定，当事人在仲裁程序中未对仲裁协议的效力提出异议，在仲裁裁决作出后以仲裁协议无效为由提出不予执行抗辩的，人民法院不予支持。当事人在仲裁程序中对仲裁协议的效力提出异议，在仲裁裁决作出后又以此为由提出不予执行抗辩，经审查符合《仲裁法》第 58 条或者《民事诉讼法》第 248 条、第 291 条规定的，人民法院应予支持。

《仲裁执行规定》第 20 条第 1 款规定，当事人向人民法院申请撤销仲裁裁决被驳回后，又在执行程序中以相同事由提出不予执行申请的，人民法院不予支持；当事人向人民法院申请不予执行被驳回后，又以相同事由申请撤销仲裁裁决的，人民法院不予支持。

第三节　香港特区仲裁司法审查程序

在香港特区，法院对仲裁协议、仲裁裁决同样具有审查职能。《仲裁条例》第 3（2）b 条规定，“法院应只在本条例明文规定的情况下，才干预争议的仲裁”。前已述及，对应于内地“仲裁司法审查”的概念，《仲裁条例》采用“法院干预”的概念。

一、法律渊源

香港特区没有关于法院干预仲裁的单独法例，法院干预仲裁的种类、程序、依据等相关规定散见于《仲裁条例》《高等法院规则》等法律中。

（一）仲裁条例

《仲裁条例》是香港特区法院干预仲裁的主要法律依据。1963年7月5日，《仲裁条例》发布，列为《香港法例》第341章。其后，《仲裁条例》进行了多次修订和增减。2011年修订后的《仲裁条例》列为《香港法例》第609章。2021年3月17日，《仲裁条例》修订，以实施《补充安排》第2条、第3条。在2022年最新一次修订时加入第10B部，对香港的仲裁收费制度作出重大改变，使香港能够保持其作为世界顶级仲裁地之一的竞争力。

2011年《仲裁条例》是以联合国贸易法委员会在2006年7月7日修订的《贸法委示范法》为基础，采用示范法条款前后加入非示范法条文的形式，整合本地仲裁规定和示范法条款从而形成单一仲裁法例。

2011年《仲裁条例》实施前，香港特区的仲裁条例带有“本地仲裁”和“国际仲裁”两种不同的规则，2011年《仲裁条例》实施后，除了数项过渡性措施外，本地仲裁和国际仲裁的概念已不再适用。无论是本地仲裁还是国际仲裁，所有在香港特区进行的仲裁均受《仲裁条例》约束。

（二）判例法

根据《香港特别行政区基本法》的规定，判例法在香港特区仍适用。与法院干预仲裁相关的判例主要是高等法院自己作出的在先判例。

（三）《高等法院规则》

《高等法院规则》第 73 号命令系关于仲裁程序的规则，该规则规定了根据《仲裁条例》向高等法院提出各项申请的方式。

二、法院干预仲裁的一般规定

香港特区的法院干预仲裁的程序受严格约束。根据《仲裁条例》第 3（2）b 条的规定，“法院应只在本条例明文规定的情况下，才干预争议的仲裁”。与此同时，《仲裁条例》第 12 条采纳《贸法委示范法》第 5 条 (法院干预的限度)，作出同样的规定，“由本法管辖的事情，任何法院不得干预，除非本法有此规定”。因此，法院干预仲裁应严格根据《仲裁条例》《贸法委示范法》规定的范围和程序进行。

（一）法院干预仲裁的类型

与内地仲裁司法审查案件类型相似，根据《仲裁条例》的规定，法院干预仲裁的案件类型可分为申请确认仲裁协议效力案件、申请撤销仲裁裁决案件和申请强制执行仲裁裁决案件三大类。具体如下：

《仲裁条例》第 20（1）条采纳《贸法委示范法》第 8 条（仲裁协议和向法院提出的实体申诉），规定了对仲裁协议的法院干预。

《仲裁条例》第 81（1）条采纳《贸法委示范法》第 34 条（申请撤销，作为不服仲裁裁决的唯一追诉），规定了对申请撤销仲裁裁决的法院干预。

《仲裁条例》第 10 部规定对仲裁裁决的强制执行。其中第

10部第1分部第82~86条是对仲裁裁决强制执行的一般性规定，第10部第2分部第87~91条是对公约裁决强制执行的规定，第10部第3分部第92~98条是对内地裁决强制执行的规定。第10部第4分部第98A条、第98B条、第98C条、第98D条是对澳门裁决强制执行的规定。

（二）申请确认仲裁协议效力案件的由来

《仲裁条例》第20（1）条采纳《贸法委示范法》第8条(仲裁协议和向法院提出的实体性申诉)。《贸法委示范法》第8（1）条规定，“就仲裁协议的标的向法院提起诉讼时，一方当事人在不迟于其就争议实体提出第一次申述时要求仲裁的，法院应让当事人诉诸仲裁，除非法院认定仲裁协议无效、不能实行或不能履行”。该条使用“要求”一词，以描述在诉讼程序中，当事人申请法院确认仲裁协议效力的方式。

同时，《仲裁条例》第34（1）条采纳《贸法委示范法》第16条（仲裁庭对其管辖权作出裁定的权力）。《贸法委示范法》第16（3）条规定，“……仲裁庭作为一个初步问题裁定其拥有管辖权的，任何一方当事人可在收到裁定通知后三十天内请求第6条规定的法院对此事项作出决定……”此处使用“请求”一词，以描述在仲裁程序中，当事人申请法院确认仲裁协议效力的方式。

（三）申请撤销仲裁裁决案件的由来

《仲裁条例》第81（1）条采纳《贸法委示范法》第34条(申请撤销，作为不服仲裁裁决的唯一追诉)。《贸法委示范法》第34（1）条规定，“不服仲裁裁决而向法院提出追诉的唯一途径是依照本条第（2）和(3)款的规定申请撤销”。该条使用“申请”

一词，以描述当事人不服仲裁裁决向法院提起撤销的方式。

（四）申请强制执行仲裁裁决案件的由来

《仲裁条例》第 86（4）b 条规定，“可应寻求强制执行该裁决的该方的申请，命令属强制执行的对象的人，提供保证”。该条使用“申请”一词，以描述香港特区仲裁裁决当事人通过法院实施强制执行仲裁裁决的方式。除此之外，根据第 87（1）a 条、第 92（1）a 条、第 98A（1）a 条规定，还可通过“诉讼”在香港特区的法院强制执行。

（五）法院干预仲裁案件的管辖

《仲裁条例》第 13 条采纳《贸法委示范法》第 6 条 (法院或其他机构对仲裁予以协助和监督的某种职责)。《贸法委示范法》第 13（5）条规定，“藉 —（a）第 34 条而具有效力的《贸法委示范法》第 16（3）条所提述的法院的职能；或（b）第 81 条而具有效力的《贸法委示范法》第 34（2）条所提述的法院的职能，由原讼法庭执行”。据此，申请确认仲裁协议效力案件和申请撤销仲裁裁决案件由高等法院原讼法庭办理。此外,《仲裁条例》第 84（1）条还规定，仲裁裁决只有在原讼法庭许可下方可强制执行。

（六）法院干预的期限

《仲裁条例》《高等法院规则》等法律对当事人请求法院干预仲裁的期间作出相应规定。

1. 仲裁庭对仲裁协议效力作出自决管辖裁定后，当事人对此向法院上诉的期限

根据《仲裁条例》第 34（1）条采纳《贸法委示范法》第 16 条（仲裁庭对其管辖权作出裁定的权力）。《贸法委示范法》

第 16（3）条规定，“……仲裁庭作为一个初步问题裁定其拥有管辖权的，任何一方当事人可在收到裁定通知后三十天内请求第 6 条规定的法院对此事项作出决定，该决定不得上诉；在对该请求未决期间，仲裁庭可以继续进行仲裁程序和作出裁决”。

2. 申请撤销仲裁裁决的期限

《仲裁条例》第 9 部第 81（1）条采纳《贸法委示范法》第 34 条（申请撤销，作为不服仲裁裁决的唯一追诉）。《贸法委示范法》第 34（3）条规定，当事人在收到裁决书之日起 3 个月后不得申请撤销裁决；已根据第 33 条提出请求的，从该请求被仲裁庭处理完毕之日起 3 个月后不得申请撤销。

3. 特殊情况下，对仲裁裁决质疑的期限

《高等法院规则》第 73 号命令第 5 条（根据《仲裁条例》提出的某些申请的时限及其他特别条文）规定，（1）以仲裁裁决的严重不当为理由而根据《仲裁条例》(第 609 章) 附表 2 第 4 条提出的质疑该裁决的申请，必须于该裁决发送后的 30 日内提出，而原诉传票或传票必须于该裁决发送后的 30 日内送达。（2）寻求针对仲裁裁决所产生的法律问题而根据《仲裁条例》(第 609 章) 附表 2 第 6 条提出上诉的许可的申请，必须于该裁决发送后的 30 日内提出，而原诉传票或传票必须于该裁决发送后的 30 日内送达，如仲裁庭根据该条例第 69 条，对该裁决作出改正或解释，则该 30 日的限期，须由所作出的改正或所给予的解释发送之日起计。（3）根据《仲裁条例》(第 609 章) 附表 2 第 3 条提出的、要求对在仲裁程序的过程中产生的法律问题作出决定的申请，必须于仲裁庭给予对提出申请的书面许可后的 30 日内提出，或在仲裁程序的所有其他各方已书面同意提出申请后的30日内提出，而原诉传票或传票必须于仲裁庭给予该许可后的30日内或该项同意后的30日内送达。

三、申请确认仲裁协议效力案件

（一）审查程序

香港特区的法律没有对当事人在仲裁程序或诉讼程序之外就仲裁协议效力单独向法院申请确认的情形作出规定，根据《仲裁条例》，确认仲裁协议效力的法院干预仅发生在诉讼过程中或者当事人对仲裁庭行使自裁管辖权不服向法院上诉的程序中。其中，《仲裁条例》第20条规定在诉讼过程中一方申请确认仲裁协议效力的情形；第34条规定在仲裁程序中，当事人对仲裁协议效力提出异议情况下法院干预的情形。

1. 诉讼过程中确认仲裁协议效力的审查程序

《仲裁条例》第20（1）条采纳《贸法委示范法》第8条（仲裁协议和向法院提出的实体性申诉）。《贸法委示范法》第8条规定，"（1）就仲裁协议的标的向法院提起诉讼时，一方当事人在不迟于其就争议实体提出第一次申述时要求仲裁的，法院应让当事人诉诸仲裁，除非法院认定仲裁协议无效、不能实行或不能履行。（2）提起本条第（1）款所指诉讼后，在法院对该问题未决期间，仍然可以开始或继续进行仲裁程序，并可作出裁决"。

根据上述规定，在民事诉讼案件中，被告认为有仲裁协议，须"在不迟于其就争议实体提出第一次申述时"向法院提出要求仲裁。如果被告向法庭作实体申述而没有提出要求仲裁，应被视为其同意诉讼和放弃仲裁。对于被告提出要求仲裁的，法院应当搁置诉讼，把争议交由仲裁庭处理。但是，如法院审查后认定仲裁协议无效、不能实行或不能履行，则驳回被告提出要求仲裁的申请，法院继续审理。

值得注意的是，法庭仅仅是形式审查是否存在有效的仲裁协议，如得出肯定结论，关于管辖权和争议事项需要交由仲裁庭来进行实质审查。

【案例】在原告保利达国际有限公司（POLYTEC OVERSEAS LIMITED）、保利达控股国际有限公司（POLYTEC HOLDINGS INTERNATIONAL LIMITED）与被告龙浩国际集团有限公司（GRAND DRAGON INTERNATIONAL HOLDINGS COMPANY LIMITED）、广东龙浩集团有限公司（GUANGDONG LONGHAO GROUP COMPANY LIMTED）、X确认仲裁协议效力案[1]中，被告主张根据当事人之间协议的仲裁条款，请求法院不予受理原告对他们提起的诉讼。

法院认为：48. 援引 PCCW Global Limited v. Interactive Communications Service Ltd. 案判决，需要注意的是，在此阶段，法庭仅仅是形式审查是否存在有效的仲裁协议。Court of Appeal in Private Company "Triple V" Inc. v. Star (Universal) Co. Ltd. & Another [1995] 2 HKLRD 62 中，法官认为，如有表面证据证明仲裁协议的存在，应由仲裁员来决定效力，法官必须对是否存在仲裁的基本协议作出判断，而他只能进行形式审查。

法院最终裁定：在发现原、被告之间表面上存在仲裁协议且仲裁协议并非无效之后，法院将根据《仲裁条例》第20条准予中止诉讼程序，以便将此事提交仲裁庭裁决，包括关于其管辖权和仲裁协议是否存在等各项争议。

1 香港高等法院原讼法庭2016年第2776号。

值得注意的是，根据《贸法委示范法》第8（2）条的规定，在民事诉讼中，因一方当事人提出要求仲裁而搁置诉讼的，在法院审查仲裁协议效力期间，当事人可以将争议诉诸仲裁，并继续进行仲裁程序。

2. 仲裁程序中法院干预仲裁协议效力的程序

《仲裁条例》第34（1）条采纳《贸法委示范法》第16条（仲裁庭对其管辖权作出裁定的权力），赋予仲裁庭对其管辖权作出裁定的权力。《贸法委示范法》第16条中规定，“（1）仲裁庭可以对其管辖权，包括对关于仲裁协议的存在或效力的任何异议作出裁定。为此目的，构成合同一部分的仲裁条款应当视为独立于合同其他条款的一项协议。仲裁庭作出关于合同无效的决定，在法律上不导致仲裁条款无效。（2）有关仲裁庭无管辖权的抗辩不得在提出答辩书之后提出。一方当事人指定或参与指定仲裁员的事实，不妨碍其提出此种抗辩。有关仲裁庭超越其权限范围的抗辩，应当在仲裁程序中出现被指称的越权事项时立即提出。在其中任何一种情况下，仲裁庭如认为迟延有正当理由的，可准许推迟提出抗辩”。

根据上述规定，仲裁过程中，当事人无权直接向法院提请确认仲裁协议效力，而仲裁庭有权对仲裁协议的存在或效力的任何异议作出裁定。关于仲裁协议效力的异议不得在提出答辩书之后提出，关于仲裁庭超越其权限范围的抗辩应当在仲裁程序中出现被指称的越权事项时立即提出。否则，适用禁止反言原则，视为认同仲裁协议有效或没有超出仲裁协议约定的范围。

需要指出的是，指定或参与指定仲裁员的事实并不代表其认同仲裁协议有效，不妨碍其对仲裁协议的效力提出抗辩。

《贸法委示范法》第16（3）条规定，“仲裁庭可以根据案情将本条第（2）款所指抗辩作为一个初步问题裁定或在实体裁决中裁定。仲裁庭作为一个初步问题裁定其拥有管辖权的，任何一方当事人可在收到裁定通知后三十天内请求第6条规定的法院对此事项作出决定，该决定不得上诉；在对该请求未决期间，仲裁庭可以继续进行仲裁程序和作出裁决”。《仲裁条例》第34（4）条规定，“如仲裁庭裁定它并无管辖权就某争议作出决定，任何人不得针对该项裁定提出上诉”。第34（5）条规定，“尽管有第20条的规定，如仲裁庭裁定它并无管辖权就某争议作出决定，则如法院具有司法管辖权，法院须就该争议作出决定”。

由此可见，为防止仲裁庭的自我裁决失当，仲裁庭对管辖权的自我裁决并非最终定案结果，法院对此有最终的决定权。在仲裁庭就自身权利或管辖权作出裁定后，不满裁决的当事人可以就裁决向法院上诉，而高等法院原讼法庭就上诉作出的判决则是最终判决。如果仲裁庭裁定自己没有管辖权，裁决将不能被上诉，当事人应将相关纠纷诉诸法院，由法院通过审判解决双方的实体争议。

（二）审查依据

与内地申请确认仲裁协议效力案件的审查依据相似，香港特区的法院审查仲裁协议效力的主要依据也围绕仲裁协议的形式和内容要件展开。

1. 仲裁协议的形式

在香港特区，仲裁协议不仅包括仲裁协议和仲裁条款，还包括一切能证明仲裁意思表示的形式。[1]关于何为仲裁协议，《仲裁条例》第19（1）条采纳《贸法委示范法》第7条备选方案文一（仲裁协议的定义和形式）。《贸法委示范法》第7条规定：（1）“仲裁协议”，是指当事人同意将他们之间一项确定的契约性或非契约性的法律关系中已经发生或可能发生的一切争议或某些争议交付仲裁的协议。仲裁协议可以采取合同中的仲裁条款形式或单独的协议形式。（2）仲裁协议应为书面形式。（3）仲裁协议的内容以任何形式记录下来的，即为书面形式，无论该仲裁协议或合同是以口头方式、行为方式还是其他方式订立的。（4）电子通信所含信息可以调取以备日后查用的，即满足了仲裁协议的书面形式要求；“电子通信”，是指当事人以数据电文方式发出的任何通信；“数据电文”，是指经由电子手段、磁化手段、光学手段或类似手段生成、发送、接收或储存的信息，这些手段包括但不限于电子数据交换、电子邮件、电报、电传或传真。（5）另外，仲裁协议如载于相互往来的索赔声明和抗辩声明中，且一方当事人声称有协议而另一方当事人不予否认的，即为书面协议。（6）在合同中提及载有仲裁条款的任何文件的，只要此种提及可使该仲裁条款成为该合同的一部分，即构成书面形式的仲裁协议。

【案例】在迪维集团（控股）有限公司［DICKSON VALORA GROUP (HOLDINGS) COMPANY LIMITED］、迪给（连云港）置业有限公司［DICKSON VALORA (LIANYUNGANG) PROPERTY CO. LIMITED］v. 樊纪乾（FAN JI QIAN) 案[2]中，双方当事人对

1　参见宋连斌主编：《仲裁法》，武汉大学出版社2010年版，第272页。

2　参见香港高等法院原讼法庭2018年第1954号杂项程序。

案涉《股东协议》中的仲裁条款是否已纳入第三增编有争议。

法院认为："21. 根据《仲裁条例》（第609章）第19条生效的《贸易法委员会示范法》第7条规定：（6）合同中对包含仲裁条款的任何文件的援引构成书面仲裁协议，只要该援引使该条款成为合同的一部分。"

"22. Kaplan J 在 AstelPeiniger Joint Venture v. Argos Engineering & Heavy Industries Co. Ltd. [1995] 1 HKLR 300 at 306 307 和 Gay Constructions Pty Ltd. and another v. Caledonian Techmore (Building) Ltd. [1995] 2 HKLR 35 at 39 案中认为，没有必要明确引用仲裁条款；引用包含该条款的文件可能就足够了。"

法院最终支持原告的观点，认定第三增编应遵守《股东协议》中的仲裁条款。判决将根据原告的请求发布一项反诉讼禁令。

此外，《仲裁条例》第19（2）条、第19（3）条对《贸法委示范法》第7条作出补充规定：在不影响第（1）款的原则下，仲裁协议如符合以下规定，即属以书面订立——（a）该协议是载于文件之内的，不论该文件是否由该协议的各方签署；或（b）该协议虽然并非以书面订立，但却是在该协议的每一方的授权下，由该协议的其中一方或由第三者记录下来的。如在协议中提述书面形式的仲裁条款，而该项提述的效果是使该条款成为该协议的一部分的，该项提述即构成仲裁协议。

值得注意的是，根据《贸法委示范法》第16（1）条的规定，构成合同一部分的仲裁条款应当视为独立于合同其他条款的一项协议。合同无效，不导致仲裁条款无效。

2. 关于仲裁协议约定纠纷所涉法律关系的范围

尽管《仲裁条例》对仲裁范围的规定未限于商事法律关系的范畴，但《仲裁条例》还是对几类特殊法律关系作出特别规定，排除可仲裁性。

《仲裁条例》第 20（2）条对劳动争议案件作出规定，“如仲裁协议的标的事宜中的争议，涉及在根据《劳资审裁处条例》(第 25 章) 第 3 条 (审裁处的设立) 设立的劳资审裁处的司法管辖权内的申索或其他争议，而有人并已向法院提出诉讼，则如一方向该法院提出请求，而该法院信纳以下情况，该法院可将各方转介仲裁：（a）并无充分理由支持不应按照仲裁协议将各方转介仲裁；及（b）要求仲裁的一方在提出诉讼时，已准备和愿意作出一切为使仲裁恰当地进行而需要的事情，并一直准备和愿意作出该等事情”。由此可见，仲裁协议约定的争议涉及劳工纠纷时，在香港特区该类案件由劳资审裁处专门管辖，法庭可酌情考虑是否应搁置诉讼或把纠纷交于审裁处处理。

《仲裁条例》第 20（3）条对消费者特殊程序保护作出规定，“第（1）款在《管制免责条款条例》(第 71 章) 第 15 条 (仲裁协议) 的规限下具有效力”。据此，法庭因仲裁而搁置诉讼的责任不是绝对的。如果申索人（原告）作为消费者从被告处购买商品，因该买卖行为双方订下仲裁协议，对此，法院只有在两种情况下才会确认实行仲裁协议：一是仲裁协议系双方在纠纷发生后达成的，这说明原告（消费者）在签订仲裁协议时同意把纠纷交付仲裁，没有减损消费者的诉讼权利；二是原告之前通过仲裁方式解决同一项买卖的其他纠纷。除此两种情况之外，即便仲裁协议有效，法院亦不应作出搁置诉讼的裁决，而应继续审理。

《仲裁条例》第20（6）条对海事纠纷作出特别规定，如属海事法律程序，则：（a）尽管有第（1）及（5）款的规定，将各方转介仲裁及搁置该法律程序的命令，可在附带须为履行仲裁中作出的任何裁决提供保证的条件下作出；或（b）(凡在该法律程序中，财产已被扣押，或已为防止财产被扣押或为使被扣押的财产得以发还，而提供保释金或其他保证)如法院根据第（5）款作出命令，搁置该法律程序，该法院可命令将被扣押的财产或将提供的保释金或保证，予以保留，以作为履行仲裁中作出的任何裁决的保证。据此，有关海事纠纷的案件，法院可考虑在仲裁前有条件地搁置诉讼。法院可命令被告向法院存入保证金。被告存入的保证金可被用作支付仲裁裁决的命令。

（三）审查结果

《贸法委示范法》第8（1）条规定，“就仲裁协议的标的向法院提起诉讼时，一方当事人在不迟于其就争议实体提出第一次申述时要求仲裁的，法院应让当事人诉诸仲裁，除非法院认定仲裁协议无效、不能实行或不能履行”。由此可见，确认仲裁协议效力的法院干预应当依据《仲裁条例》第19条、第34条、第20条的规定对仲裁协议有效、无效、不能实行或不能履行作出认定。

《仲裁条例》第20（8）条规定，“法院如根据：——（a）藉第（1）款而具有效力的《贸法委示范法》第8条；或（b）第（2）款，决定将各方转介仲裁，任何人不得针对该决定提出上诉”。据此，对于当事人就仲裁协议向法院申述要求仲裁的，法院经审查作出仲裁协议有效而将争议转介仲裁机构进行仲裁的决定的，该决定一经作出即生效，不得上诉。

《仲裁条例》第 20（9）条规定，“凡法院根据——（a）藉第（1）款而具有效力的《贸法委示范法》第 8 条；或（b）第（2）款，决定拒绝将各方转介仲裁，则须获该法院许可，方可针对该决定提出上诉”。据此，对于当事人就仲裁协议向法院申述要求仲裁的，法院经审查作出仲裁协议无效、不能实行或不能履行而驳回当事人申请的决定的，该决定一经作出即生效。当事人不服，只有经原讼法庭许可才能上诉。

简言之，法院作出搁置诉讼，将争议转介仲裁的决定不能上诉；法庭作出拒绝搁置诉讼的决定，当事人需经原讼法庭许可才能提出上诉。这与《贸法委示范法》第 5 条严格限制法院干预限度的原则相符，反映出香港特区的法院支持仲裁的精神。

四、申请撤销仲裁裁决案件

《仲裁条例》第 81（1）条采纳《贸法委示范法》第 34 条（申请撤销，作为不服仲裁裁决的唯一追诉）。据此，当事人质疑仲裁裁决，可向法院申请撤销仲裁裁决。

与内地不同，香港特区以仲裁地作为区分仲裁裁决籍属的依据。前已述及，在 2011 年《仲裁条例》施行后，不再区分本地仲裁和国际仲裁，向香港特区的法院申请撤销仲裁裁决均依《仲裁条例》进行审查。

（一）审查依据

《仲裁条例》第 81 条是对香港特区的法院撤销仲裁裁决审查依据的规定。2003 年《香港仲裁法委员会报告书》对该条给予了中肯的评价：该条规定达到了一种精妙而重要的平衡，即一方面维护了仲裁程序之自治性与仲裁裁决的终局性；另一方面保证了法院对于违反正当程序原则（自然正义）或《仲裁条例》第34（2）条的行为的控制。

1. 撤销仲裁裁决的审查依据的一般规定

根据《贸法委示范法》第34（2）条的规定，有下列情形之一的，仲裁裁决才可以被法院撤销："（a）提出申请的当事人提出证据，证明有下列任何情况：（i）第7条所指仲裁协议的当事人有某种无行为能力情形；或者根据各方当事人所同意遵守的法律或在未指明法律的情况下根据本国法律，该协议是无效的；或（ii）未向提出申请的当事人发出指定仲裁员的适当通知或仲裁程序的适当通知，或因他故致使其不能陈述案情；或（iii）裁决处理的争议不是提交仲裁意图裁定的事项或不在提交仲裁的范围之列，或者裁决书中内含对提交仲裁的范围以外事项的决定；如果对提交仲裁的事项所作的决定可以与对未提交仲裁的事项所作的决定互为划分，仅可以撤销含有对未提交仲裁的事项所作的决定的那部分裁决；或（iv）仲裁庭的组成或仲裁程序与当事人的约定不一致，除非此种约定与当事人不得背离的本法规定相抵触；无此种约定时，与本法不符；或（b）法院认定有下列任何情形：（i）根据本国的法律，争议事项不能通过仲裁解决；或（ii）该裁决与本国的公共政策相抵触"。

根据上述规定，当事人不服仲裁裁决，提交证据证明有《贸法委示范法》第34（2）a条所列事由，可向法院申请撤销仲裁裁决。法院对申请撤销仲裁裁决进行审查的依据除第34（2）a条所列情形外，还应包括第34（2）b条所列情形。因此，一般情况下，申请撤销仲裁裁决案件的审查依据包括以下情形：（1）仲裁协议无效；（2）裁决事项超越法律规定或当事人约定；

（3）仲裁程序违法；（4）公共利益保留。

值得注意的是，对于裁决事项超越法律规定的情形，如果对提交仲裁的事项所作的决定可以与对未提交仲裁的事项所作的决定划分开，仅可以撤销含有对未提交仲裁事项所作决定的那部分裁决。

2. 撤销仲裁裁决审查依据的特别规定

香港特区的法院审查撤销仲裁裁决案件除依据《贸法委示范法》第 34（2）条规定的情形外，特殊情形下，还可依据《仲裁条例》第 81（2）条撤销仲裁裁决。《仲裁条例》第 81（2）条规定，“第（1）款并不影响——（a）原讼法庭根据第 26（5）条撤销仲裁裁决的权力；（b）根据附表 2 第 4 条（如适用的话）质疑仲裁裁决的权利；或（c）根据附表 2 第 5 条（如适用的话）针对仲裁裁决的法律问题而提出上诉的权利”。

关于第 81（2）a 条，根据《仲裁条例》第 26（5）条的规定，系申请回避的程序中，如原讼法庭判决质疑得直，原讼法庭可撤销涉及回避的仲裁裁决。

关于第 81（2）b 条、第 81（2）c 条，根据《仲裁条例》附表 2 第 4~5 条的规定，第 81（2）b 条系当事人以“严重不当事件为理由而质疑仲裁裁决”，如证明有严重不当事件影响仲裁庭、有关仲裁程序或裁决，原讼法庭可作出撤销仲裁裁决相应的命令；第 81（2）c 条系当事人“就法律问题而针对仲裁裁决提出上诉”的特殊规定。第 81（2）b 条、第 81（2）c 条的适用须以当事人明确选择采用或自动选择采用《仲裁条例》附表 2 第 4 条和第 5 条的情形为前提。

值得注意的是，《仲裁条例》第 81（3）条规定，除第 81

（2） c 条另有规定外，原讼法庭并无司法管辖权以仲裁裁决表面有事实或法律上的错误为理由，而撤销或发还该裁决。因此，除在第 81（2）c 条规定情形下法院可就仲裁案件的事实和法律问题进行审查外，香港特区不允许法院干预仲裁裁决的事实和法律问题。

（二）审查程序和审查结果

当事人申请撤销仲裁裁决须向高等法院原讼法庭提出。根据《贸法委示范法》第 34（3）条的规定，当事人在收到裁决书之日起 3 个月后不得申请撤销裁决；已根据第 33 条提出请求的，从该请求被仲裁庭处理完毕之日起 3 个月后不得申请撤销。《贸法委示范法》第 33 条系关于请求仲裁庭更正仲裁裁决的规定。根据上述规定，当事人申请撤销仲裁裁决的期限为作出仲裁裁决或更正仲裁裁决后 3 个月内。

与内地类似，香港特区对撤销仲裁裁决的法院干预同样有发回仲裁机构重新仲裁的程序设置。根据《贸法委示范法》第 34（4）条的规定，“向法院申请撤销裁决时，如果适当而且一方当事人也提出请求，法院可以在其确定的一段时间内暂时停止进行撤销程序，以便仲裁庭有机会重新进行仲裁程序或采取仲裁庭认为能够消除撤销裁决理由的其他行动”。

原讼法庭对申请撤销仲裁裁决审查后作出的决定，一经作出即生效。《仲裁条例》第 81（4）条规定，“凡原讼法庭根据藉第（1）款而具有效力的《贸法委示范法》第 34 条作出决定，则须获原讼法庭许可，方可针对该决定提出上诉”。据此，对原讼法庭作出的决定，当事人一般不能上诉，除非获得原讼法庭的许可。

五、申请执行仲裁裁决案件

《仲裁条例》第 10 部为仲裁裁决的强制执行提供了一套简易程序，通过当事人向法院提出申请的方式将仲裁裁决转化成判决。

根据仲裁裁决籍属不同，《仲裁条例》第 10 部将强制执行仲裁裁决分为香港特区仲裁裁决的强制执行、公约裁决的强制执行、内地裁决的强制执行和澳门裁决的强制执行四个分部，并分别作出规定。与此同时，《仲裁条例》还赋予被执行对象向法院提交证明拒绝仲裁裁决强制执行的权力。

（一）香港特区仲裁裁决的强制执行

《仲裁条例》第 10 部第 1 分部第 84 条、第 85 条是关于强制执行香港特区仲裁裁决的一般性规定，同时也是除公约裁决、内地裁决和澳门裁决以外的仲裁裁决强制执行的依据。

香港特区作为国际化的仲裁中心，将强制执行作为吸引当事人选择香港特区作为仲裁地的重要因素，基于外国仲裁裁决向香港特区的法院申请强制执行与香港特区仲裁裁决强制执行的程序规范相同，没有将互惠原则作为强制执行外国仲裁裁决的前提。现行《仲裁条例》取消了本地仲裁与国际仲裁的概念，因此，向香港特区的法院申请执行仲裁裁决均统一受 2011 年《仲裁条例》所采纳的《贸法委示范法》的规范。《仲裁条例》第 84 条、第 85 条是关于香港特区仲裁裁决的强制执行的规定。

1. 受理

《仲裁条例》第 84 条（仲裁裁决的强制执行）规定，“（1）在第 26（2）条的规限下，仲裁庭在仲裁程序中作出的裁决，不论是在香港或香港以外地方作出的，均可犹如具有同等效力的原讼法庭判决般，以同样方式强制执行，但只有在原讼法庭许可下，方可如此强制执行。（2）原讼法庭如根据第（1）款批予许可，可按有关裁决的条款，登录判决。（3）凡原讼法庭决定根据第（1）款批予强制执行裁决的许可，或决定拒绝根据第（1）款批予该许可，则须获原讼法庭许可，方可针对该决定提出上诉”。

《仲裁条例》第 85 条（为强制执行仲裁裁决而提供证据）规定，“凡任何一方寻求强制执行仲裁裁决，而该裁决并非公约裁决、内地裁决或澳门裁决，则不论该裁决是在香港或香港以外地方作出的，该方须交出——（a）该裁决的经妥为认证的正本，或该裁决的经妥为核证的副本；（b）有关仲裁协议的正本，或有关仲裁协议的经妥为核证的副本；及（c）（如该裁决或协议并非采用一种或两种法定语文）由官方翻译人员、经宣誓的翻译人员、外交代表或领事代理人核证的一种法定语文的译本”。

根据上述规定，受理申请强制执行香港特区仲裁裁决的法院为高等法院。经高等法院原讼法庭许可后，仲裁裁决与原讼法庭判决具有同样的效力，按判决同样的方式强制执行。向法院申请执行仲裁裁决，不论该裁决是在香港特区或香港特区以外地方作出的，须提交经认证的仲裁裁决和仲裁协议的正本或经核证的副本。在提交申请材料上一视同仁也体现出 2011 年《仲裁条例》不再区分本地仲裁与国际仲裁的特点。

2. 审查依据

《仲裁条例》第 84（1）条关于“只有在原讼法庭许可下”

方可强制执行，如遇被执行人提出抗辩，则须经过一个两阶段程序后，法院才会批准许可：第一阶段是一方当事人向原讼法庭申请强制执行许可并命令按有关裁决的条款，登录判决；第二阶段是在法院向被执行人发出命令后，被执行人申请撤销执行命令，并申请两造聆讯。

《仲裁条例》第 86 条（拒绝强制执行仲裁裁决）规定了法院拒绝执行仲裁裁决的审查依据。其中，第 86（1）条既是法院审查依据，也是被执行人申请拒绝强制执行仲裁裁决的事由。该条规定，“（1）如某人属强制执行第 85 条所提述的裁决的对象，而该人证明有以下情况，则该裁决的强制执行可遭拒绝——（a）根据适用于有关仲裁协议的一方的法律，该方缺乏某些行为能力；（b）有关仲裁协议根据以下法律属无效—（i）（凡各方使该协议受某法律规限）该法律；或（ii）（如该协议并无显示规限法律）作出该裁决所在的国家的法律；（c）该人——（i）并没有获得关于委任仲裁员或关于仲裁程序的恰当通知；或（ii）因其他理由而未能铺陈其论据；（d）除第（3）款另有规定外——（i）该裁决所处理的分歧，并非提交仲裁的条款所预期者，或该项分歧并不属该等条款所指者；或（ii）该裁决包含对在提交仲裁范围以外事宜的决定；（e）有关仲裁当局的组成或仲裁的程序，并非按照——（i）各方的协议所订者；或（ii）（如没有协议）进行仲裁所在的国家的法律所订者；或（f）该裁决——（i）对各方尚未具约束力；或（ii）已遭作出该裁决所在的国家的主管当局撤销或暂时中止，或（如该裁决是根据某国家的法律作出的）已遭该国家的主管当局撤销或暂时中止”。

香港特区法院审查强制执行仲裁裁决案件，除针对被执行人申请事由的第 86（1）条规定的情形进行审查外，还应当审查仲裁裁决是否具有第 86（2）条所列情形。根据第 86（2）条的规定，“如有以下情况，第 85 条所提述的裁决的强制执行亦可遭拒绝——（a）根据香港法律，该裁决所关乎的事宜是不能藉仲裁解决的；（b）强制执行该裁决，会违反公共政策；或（c）由于任何其他原因，法院认为予以拒绝是公正的”。

综上，香港特区对于仲裁裁决不予执行的审查依据为：（1）行为能力缺失；（2）仲裁协议无效；（3）裁决事项超出仲裁协议的范围或者根据香港特区的法律不能仲裁；（4）仲裁庭的组成或仲裁程序违反仲裁协议的约定或仲裁协议没有约定但违反仲裁地法律；（5）被申请执行人未得到关于委任仲裁员或关于仲裁程序的恰当通知，或未能在仲裁程序中进行陈述；（6）仲裁裁决已被撤销或中止；（7）违反公共政策，或法院认为予以拒绝是公正的。

相比可见，强制执行仲裁裁决的审查依据与《仲裁条例》第 81 条关于撤销仲裁裁决的审查依据基本相同。对于超出仲裁协议范围作出的仲裁裁决，与撤销部分仲裁裁决相类似，可拒绝强制执行部分仲裁裁决。如该仲裁裁决除包含对已提交仲裁的事宜作出的决定（仲裁决定）外，亦包含对未提交仲裁的事宜作出的决定（非相关决定），根据第 84（3）条的规定，则该裁决只在它关乎能与非相关决定分开的仲裁决定的范围内，可予强制执行。

需要指出的是，《仲裁条例》额外扩大了原讼法庭行使自由裁量权的范围，即法院认为予以拒绝执行仲裁裁决是公正的任何其他原因。虽然法律赋予法院对仲裁裁决进行实体审查更宽泛的裁量权，但实践中法官应对实体审查保持克制。

（二）公约裁决的强制执行

《仲裁条例》第 10 部第 2 分部第 87~90 条是对强制执行公约裁决的规定。关于澳门特区仲裁裁决的强制执行的规定与公约裁决的强制执行的规定内容相同，因此对澳门特区裁决强制执行的理解可参考公约裁决，不再另述。

1. 受理

《仲裁条例》第 87 条（公约裁决的强制执行）规定，"（1）在本分部的规限下，公约裁决——（a）可藉原讼法庭诉讼而在香港强制执行；或（b）可按强制执行第 84 条适用的裁决的同样方式，在香港强制执行，而该条据此而适用于公约裁决，犹如在该条中提述裁决，是指公约裁决。（2）可按第（1）款所述般强制执行的公约裁决，须就一切目的而言，视为对各方具约束力，而任何一方均可据此于在香港进行的任何法律程序中，倚据该裁决作为抗辩或抵销，或以其他方式倚据该裁决。（3）在本分部中，提述强制执行公约裁决，须解释为包括倚据公约裁决。"

《仲裁条例》第 88 条（为强制执行公约裁决而提供证据）规定，"寻求强制执行公约裁决的一方，须交出——（a）该裁决的经妥为认证的正本，或该裁决的经妥为核证的副本；（b）有关仲裁协议的正本，或有关仲裁协议的经妥为核证的副本；及（c）（如该裁决或协议并非采用一种或两种法定语文）由官方翻译人员、经宣誓的翻译人员、外交代表或领事代理人核证的一种法定语文的译本"。

由此可见，与受理强制执行香港特区仲裁裁决的法院相同，申请强制执行公约裁决亦由高等法院管辖。不同的是，强制执行公约裁决除了可以适用与《仲裁条例》第84条规定强制执行香港特区仲裁裁决相同的方式申请法院强制执行外，法律还赋予当事人通过向原讼法庭提起诉讼的方式实现的权利。借原讼法庭诉讼而强制执行仲裁裁决体现了普通法的特点。

向法院申请执行公约裁决须提交的材料与《仲裁条例》第85条规定申请强制执行香港特区仲裁裁决应提交的材料相同。

值得一提的是，《仲裁条例》第87条中提到“倚据”公约裁决。“倚据”一词用于在香港特区进行的法律程序中援引为抗辩、抵销或其他用途的语境中。因此，不管裁决是否被执行，任何公约裁决对裁决双方均具有约束力，裁决可在任何法律程序中被用作抗辩理由或抵销债务。

2. 审查依据

《仲裁条例》第89条（拒绝强制执行公约裁决）规定，“（1）除按本条所述外，不得拒绝强制执行公约裁决。（2）如某人属强制执行公约裁决的对象，而该人证明有以下情况，则该裁决的强制执行可遭拒绝——（a）根据适用于有关仲裁协议的一方的法律，该方缺乏某些行为能力；（b）有关仲裁协议根据以下法律属无效——（i）（凡各方使该协议受某法律规限）该法律；或（ii）（如该协议并无显示规限法律）作出该裁决所在的国家的法律；（c）该人——（i）并没有获得关于委任仲裁员或关于仲裁程序的恰当通知；或（ii）因其他理由而未能铺陈其论据；（d）除第（4）款另有规定外——（i）该裁决所处理的分歧，并非提交仲裁的条款所预期者，或该项分歧并不属该等条款所指者；或（ii）该裁决包含对在提交仲裁范围以外事宜的决定；

（e）有关仲裁当局的组成或仲裁的程序，并非按照——（i）各方的协议所订者；或（ii）（如没有协议）进行仲裁所在的国家的法律所订者；或（f）该裁决——（i）对各方尚未具约束力；或（ii）已遭作出该裁决所在的国家的主管当局撤销或暂时中止，或（如该裁决是根据某国家的法律作出的）已遭该国家的主管当局撤销或暂时中止。（3）如有以下情况，公约裁决的强制执行亦可遭拒绝——（a）根据香港法律，该裁决所关乎的事宜是不能藉仲裁解决的；或（b）强制执行该裁决，会违反公共政策。（4）如公约裁决除包含对已提交仲裁的事宜作出的决定（仲裁决定）外，亦包含对未有提交仲裁的事宜作出的决定（非相关决定），则该裁决只在它关乎能与非相关决定分开的仲裁决定的范围内，可予强制执行。（5）如任何人已向第（2）（f）款所述的主管当局，申请将公约裁决撤销或暂时中止，而某方向法院寻求强制执行该裁决，则该法院——（a）如认为合适，可将强制执行该裁决的法律程序押后；及（b）可应寻求强制执行该裁决的该方的申请，命令属强制执行的对象的人，提供保证。（6）任何人不得针对第（5）款所指的法院决定或命令提出上诉”。

《仲裁条例》第 89 条对拒绝强制执行公约裁决审查依据的规定基本采纳了《纽约公约》第 5 条。据此，拒绝执行公约裁决的审查依据可归纳为以下几点：（1）行为能力缺失。（2）仲裁协议无效。（3）裁决事项超出仲裁协议的范围或者根据香港特区的法律不能仲裁。（4）仲裁庭的组成或仲裁程序违反仲裁协议的约定或仲裁协议没有约定但违反仲裁地法律。（5）被申请执行人未得到关于委任仲裁员或关于仲裁程序的恰当通知，或未能在仲裁程序中进行陈述。（6）仲裁裁决已被撤销或中止。（7）违反公共政策。

拒绝强制执行公约裁决的审查依据与《仲裁条例》第 86 条拒绝强制执行香港特区仲裁裁决的审查依据基本相同，但两者也存在不同之处。《仲裁条例》第 89 条一方面明确规定“除按本条所述外，不得拒绝强制执行公约裁决”；另一方面少了“由于任何其他原因，法院认为予以拒绝是公正的”的规定。由此可见，对于拒绝公约裁决的强制执行，法律没有额外赋予原讼法庭以公正为由进行自由裁量的权力。

（三）内地仲裁裁决的强制执行

香港特区的法院依据《香港安排》享有强制执行内地仲裁裁决的权力。《香港安排》具体规定在《仲裁条例》第 2 条、第 92 条、第 94~96 条、第 98 条。《仲裁条例》上述条款的规定是对《香港安排》的相关规定在香港特区的具体实施。

《仲裁条例》第 2 条规定，内地裁决指按照《仲裁法》作出的仲裁裁决。

1. 受理

《仲裁条例》第 92 条（内地裁决的强制执行）规定，“（1）在本分部的规限下，内地裁决——（a）可藉原讼法庭诉讼而在香港强制执行；或（b）可按强制执行第 84 条适用的裁决的同样方式，在香港强制执行，而该条据此而适用于内地裁决，犹如在该条中提述裁决，是指内地裁决。（2）可按第（1）款所述般强制执行的内地裁决，须就一切目的而言，视为对各方具约束力，而任何一方均可据此于在香港进行的任何法律程序中，倚据该裁决作为抗辩或抵销，或以其他方式倚据该裁决。

（3）在本分部中，提述强制执行内地裁决，须解释为包括倚据内地裁决”。

根据上述规定，强制执行内地仲裁裁决的途径与公约裁决相同，也是两种：一是通过向原讼法庭提起诉讼的方式强制执行仲裁裁决；二是适用《仲裁条例》第 84 条规定的同样方式申请法院强制执行。

《仲裁条例》第 92（2）条、第 92（3）条同样提到“倚据”一词，以形容强制执行内地仲裁裁决的内涵。与第 87 条所提到的“倚据”意思相同，强制执行内地仲裁裁决不仅系直接强制执行该仲裁裁决本身，还包括不管裁决是否被强制执行，就一切目的而言，仲裁裁决对当事人均具有约束力，裁决可在任何法律程序中被用作抗辩理由或抵销债务。

2020 年 11 月 27 日，最高人民法院与香港特区政府签署《补充安排》，将之前《香港安排》第 2 条第 3 款修改为：“被申请人在内地和香港特区均有住所地或者可供执行财产的，申请人可以分别向两地法院申请执行。应对方法院要求，两地法院应当相互提供本方执行仲裁裁决的情况。两地法院执行财产的总额，不得超过裁决确定的数额。”

《仲裁条例》第 96 条（本分部某些条文不适用于内地裁决）规定，“（1）除第（2）款另有规定外，本分部就内地裁决的强制执行具有效力。（2）如——（a）某内地裁决在 1997 年 7 月 1 日前的任何时间，属当时有效的《旧有条例》第Ⅳ部所指的公约裁决；及（b）该裁决曾在《2000 年仲裁（修订）条例》（2000 年第 2 号）第 5 条生效前的任何时间，根据当时有效的《旧有条例》第 44 条遭拒绝强制执行，则第 92 至 95 条并不就该裁决的强制执行具有效力”。

《仲裁条例》第 98 条（保留某些内地裁决）规定，“尽管某内地裁决曾在 1997 年 7 月 1 日至《2000 年仲裁（修订）条例》（2000 年第 2 号）第 5 条生效的期间内的任何时间，根据当时有效的《旧有条例》在香港遭拒绝强制执行，则除第 96（2）条另有规定外，该裁决仍可根据本分部强制执行，犹如该裁决先前未曾如此遭拒绝强制执行一样”。

第 96 条排除了香港回归前部分内地仲裁裁决受该部的约束。该部第 92 条、第 94 条、第 95 条不应当影响内地裁决在 1997 年 7 月 1 日前的任何时间依当时法院属公约裁决，而该裁决曾在《2000 年仲裁（修订）条例》（2000 年第 2 号）第 5 条生效前的任何时间，根据当时有效的《旧有条例》第 44 条遭拒绝强制执行。

同时，第 98 条保留 1997 年 7 月 1 日至《2000 年仲裁（修订）条例》（2000 年第 2 号）第 5 条生效期间内的任何时间，遭香港特区法律拒绝强制执行的内地裁决仍可依 2011 年《仲裁条例》该部强制执行的效力，即上述在香港特区遭拒绝强制执行的内地裁决，除第 96（2）条另有规定外，该裁决仍可根据该分部强制执行，犹如该裁决先前未曾如此遭拒绝强制执行一样。

向法院申请强制执行内地仲裁裁决须提交的材料与《仲裁条例》第 85 条规定申请强制执行香港特区仲裁裁决应提交的材料相同。《仲裁条例》第 94 条（为强制执行内地裁决而提供证据）规定，“寻求强制执行内地裁决的一方，须交出——（a）该裁决的经妥为认证的正本，或该裁决的经妥为核证的副本；（b）有关仲裁协议的正本，或有关仲裁协议的经妥为核证的副本；及（c）（如该裁决或协议并非采用一种或两种法定语文）由官方翻译人员、经宣誓的翻译人员、外交代表或领事代理人核证的一种法定语文的译本”。

2. 拒绝强制执行的审查依据

《仲裁条例》第 95 条（拒绝强制执行内地裁决）规定，“（1）除按本条所述外，不得拒绝强制执行内地裁决。（2）如某人属强制执行内地裁决的对象，而该人证明有以下情况，则该裁决的强制执行可遭拒绝——（a）根据适用于有关仲裁协议的一方的法律，该方缺乏某些行为能力；（b）有关仲裁协议根据以下法律属无效——（i）（凡各方使该协议受某法律规限）该法律；或（ii）（如该协议并无显示规限法律）内地法律；（c）该人——（i）并没有获得关于委任仲裁员或关于仲裁程序的恰当通知；或（ii）因其他理由而未能铺陈其论据；（d）除第（4）款另有规定外——（i）该裁决所处理的分歧，并非提交仲裁的条款所预期者，或该项分歧并不属该等条款所指者；或（ii）该裁决包含对在提交仲裁范围以外事宜的决定；（e）有关仲裁当局的组成或仲裁的程序，并非按照——（i）各方的协议所订者；或（ii）（如没有协议）内地法律所订者；或（f）该裁决——（i）对各方尚未具约束力；或（ii）已遭内地的主管当局撤销或暂时中止，或已根据内地的法律撤销或暂时中止。（3）如有以下情况，内地裁决的强制执行亦可遭拒绝——（a）根据香港法律，该裁决所关乎的事宜是不能藉仲裁解决的；或（b）强制执行该裁决，会违反公共政策。（4）如内地裁决除包含对已提交仲裁的事宜作出的决定（仲裁决定）外，亦包含对未有提交仲裁的事宜作出的决定（非相关决定），则该裁决只在它关乎能与非相关决定分开的仲裁决定的范围内，可予强制执行”。

《仲裁条例》第 95 条完全体现对《香港安排》的实施，其中第 95（2）条当事人申请拒绝强制执行公约裁决事由的规定与《香港安排》第 7 条的内容一致，仅在排序上稍有微调，以使与《仲裁条例》第 86 条、第 89 条的法律语言和逻辑相一致。

与拒绝强制执行香港特区仲裁裁决相比，拒绝强制执行内地仲裁裁决的审查依据有两个明显不同之处：一是没有对一方申请撤销仲裁裁决、另一方向法院寻求强制执行该裁决的情形如何处理作出规定；二是与拒绝公约裁决的强制执行一样，法律没有额外赋予原讼法庭以公正为由进行自由裁量的权力。

【案例】IN THE HIGH COURT OF THE HONG KONG SPECIAL ADMINISTRATIVE REGION COURT OF FIRST INSTANCE CONSTRUCTION AND ARBITRATION PROCEEDINGS（建筑与仲裁程序）NO.35 OF 2012，原告 GUO × KAI（郭某开）v. 被告 WING SHING CHEMICAL CO. LTD.（永成化工有限公司）申请执行［由中国国际经济贸易仲裁委员会（CIETAC）华南分会作出的］仲裁裁决案，郭某开向香港特区法院申请执行仲裁裁决，永成化工有限公司以向深圳市中级人民法院申请撤销仲裁裁决为由向香港特区法院申请撤销或不予执行上述仲裁裁决。法院支持原告郭某开的观点，判决驳回永成化工有限公司关于撤销或不予执行的申请。

法院认为：永成化工有限公司申请不予执行的理由是根据《仲裁条例》第 95（2）f 条，即（i）裁决对各当事人尚无拘束力；（ii）或裁决已被内地主管机关或依照内地法律规定被撤销或暂停执行。

关于《仲裁条例》第95（2）f（i）条“裁决对各当事人尚无拘束力”，法官在判决书中认为，“在我看来，根据我所得到的内地法律证据，该裁决只可在内地以与裁决事件实质无关的理由提出质疑，而不可就事件实质提出上诉。因此，该裁决具有约束力，并不仅仅因为永成已向深圳法院申请撤销该裁决而不再具有约束力”。

关于《仲裁条例》第95（2）f（ii）条“裁决已被内地主管机关或依照内地法律规定被撤销或暂停执行”，法官在判决书中认为，“在我看来，考虑到这些规定本身的条款以及当事人关于内地法律的书面意见，《仲裁法》第64条和《仲裁法解释》第25条关注的是仲裁在内地法院执行的情况。他们并不打算告诉收到执行申请的其他司法管辖区法院，如果有人向内地法院申请不予执行裁判，这些法院应该怎么做。由于在这个案件中当事人并没有向内地法院申请不予执行裁决，我认为这些条文并没有直接适用。此外，这两个条款规定的是，如果内地法院在条文规定的情况下应中止执行相应仲裁裁决。当事人对于不予执行仲裁裁决的申请，不会自动中止裁决本身或其效力。《仲裁法》第57条规定，裁决书自作出之日起发生法律效力。第62条规定，当事人应当履行裁决。永成提到的内地法律并没有任何内容表明，一旦向内地法院提出申请，裁决就会以某种方式被普遍地中止或撤销”。

后　记

编写《中国内地与香港特别行政区诉讼程序研究》一书缘起内地与香港特区法律生学习交流项目，本书系继 2015 年《中国内地与香港司法制度比较》出版之后，为交流项目所编的又一本法律研习著作。前作从宏观制度层面剖析了内地与香港特区不同法域的司法体系，在法律学界与实务界引发了广泛关注。但司法制度的有效运行离不开具体诉讼程序的支撑，因此，聚焦内地与香港特区诉讼程序规则，以直观的方式呈现二者的特点，为法律同仁提供更便捷的研习素材，便成为本书创作的初衷。

本书章节除刑事诉讼、民事诉讼、行政诉讼三大诉讼部门法外，还特别增设了“仲裁司法审查程序”专章。这不仅是对近年来仲裁制度蓬勃发展的理论呼应，更是对司法支持仲裁现状的实证深耕。本书的编写团队由资深法律人士组成，他们既有内地审判实务经验，又具备普通法研习背景。具体分工如下：第一章刑事诉讼程序由刘静坤编写；第二章民事诉讼程序由张玉环编写；第三章行政诉讼程序由刘晓华编写；第四章仲裁司法审查程序由姜裕峰编写。全书由姜裕峰统稿。

新书的诞生恰似孕育新生命，倾注了作者们的热忱、梦想与心血，同时，也汇聚了多方的关爱与支持。最高人民法院的大力支持与统筹指导，是本书从设想变为现实的关键；浙江省高级人民法院为本书编写提供了有力的组织保障，编写工作由此得以顺利开展；杭州市中级人民法院也对本书的编写给予了全力支持。在本书付梓之际，特别感谢法律出版社的李群女士和翁潇潇女士一直以来的支持和帮助。浙江省高级人民法院民四庭法官助理钟一鸣、徐弋涵，香港城市大学 JD 崔祎宁参与了本书的校对工作，香港城市大学中国高级法官法学博士班 2024 级和中国法官法学硕士班 2010 级的同学对本书相关章节内容提出了宝贵意见，在此一并致谢。

不可否认，由于作者学识有限，加之内地与香港特区法律体系的动态性与差异化，本书难免存在一些疏漏与不足。尽管如此，我们期望本书能起到抛砖引玉的作用，吸引更多学者关注这一领域，共同为完善“一国两制”下的法治协同机制贡献力量。